Otto Glagau

Der Börsen- und Gründungs-Schwindel in Berlin

Otto Glagau

Der Börsen- und Gründungs-Schwindel in Berlin

ISBN/EAN: 9783742894076

Hergestellt in Europa, USA, Kanada, Australien, Japan

Cover: Foto ©ninafisch / pixelio.de

Manufactured and distributed by brebook publishing software
(www.brebook.com)

Otto Glagau

Der Börsen- und Gründungs-Schwindel in Berlin

Vorrede.

Bis 1866 trieben wir in Preussen, und überhaupt in Deutschland, abstracte Politik. Die Schlagwörter waren „Einheit" und „Freiheit", bei denen Jeder sich etwas Anderes dachte. Auf Festen und Congressen, in den Vereinen wie in den Parlamenten declamirte man, regalirte man sich mit Phrasen. In den Handwerker-, Bezirks- und anderen Vereinen wurde in „Bildung" und „Aufklärung" gemacht, das Volk für die politischen Wahlen gedrillt: in den Parlamenten wurden doctrinäre Reden gehalten, unausführbare Beschlüsse gefasst. Unter den Massen, wie in den Köpfen der Führer und Volksvertreter, herrschte dieselbe Unklarheit, derselbe Wirrwarr.

Nach dem Kriege von 1866, mit der Neugestaltung Deutschland's zerfielen die bisherigen Parteien sammt und sonders, und es bildeten sich aus ihnen zwei neue, die man im Grossen und Ganzen Bismarckianer und Anti-Bismarckianer nennen darf, und die bald von gewisser Seite als „reichsfreundlich" und „reichsfeindlich" bezeichnet wurden. Die langersehnte „Einheit" hatte sich plötzlich eingestellt — nur war sie auf anderm Wege gekommen und von anderer Beschaffenheit, als man geträumt und geplant hatte. Diese Einheit führte nach Aussen zu Macht und Ruhm; und modificirte im Innern gar wesentlich das Verlangen und Streben nach „Freiheit".

Die grosse „liberale" Partei, welche jubelnd und huldigend sich um den Staatsmann drängte, den sie bisher so erbittert bekämpft hatte, mühte sich fortan weniger um die politische als um die wirthschaftliche oder eigentlich — manchesterliche „Freiheit"; welche Handwerk und Industrie, Handel und Speculation von jeder gesetzlichen Schranke befreit, an Stelle der staatlichen Aufsicht die „freie Concurrenz" setzt, und dem Capital jede Willkür gönnt. Statt Einer „Freiheit", erhielten wir jetzt eine Menge von Freiheiten; so die Theater-Freiheit, die Zug-Freiheit, die Wucher-Freiheit, und vor Allem — die Actien-Freiheit und die Börsen-Freiheit. Diese manchesterlichen Freiheiten stürzten wie ein Platzregen auf uns nieder, liessen uns gar nicht zur Besinnung kommen und haben uns arg in die Tinte geführt.

Die Schank-Freiheit vermehrte die Bierkneipen und Schnapsbuden in's Unglaubliche. Die Theater-Freiheit bescheerte uns eine Unzahl neuer Vorstadt-Bühnen und sogenannter „Tingel-Tangel", wo der Blödsinn herrscht und die Zote blüht; brachte das ohnehin im starken Sinken begriffene Deutsche Theater vollends auf den Hund. Die Zug-Freiheit entvölkerte das platte Land, entführte der Landwirthschaft die Arbeitskräfte, und überschwemmte die grossen Städte, wo seitdem Rohheit und Unsicherheit, Unzucht und Verbrechen, Noth und Elend, Seuchen und Sterblichkeit einen mächtigen Aufschwung nahmen. Die Gewerbe-Freiheit schädigte das Handwerk und zerrieb den Handwerkerstand, indem sie Pfuscherei und Stümperei begünstigte, indem sie den unreifen Gesellen oder Lehrling selbständig machte, dagegen den Meister zu einem Lohn- oder Fabrikarbeiter herabsinken liess. Die Wucherfreiheit privilegirte die „Halsabschneider", Pfandleiher und Rückkaufshändler; jene Vampyre und Blutegel, welche sich auf Kosten des Leichtsinns und der Noth mästen, und ihre Opfer unter allen Schichten der Gesellschaft fordern. Die Actien-Freiheit endlich — die schlimmste von allen — inaugurirte die berüchtigte Gründer- und Schwindleraera, setzte die grosse Börsen-Orgie in's Werk, wo man in der frechsten Weise das ganze Volk ausplünderte; und es folgte dann mit Nothwendigkeit die schwere Krisis, die seit Jahren Erwerb und Verkehr lähmt, und deren Ende noch gar nicht abzusehen ist.

Die „liberalen" Gesetzgeber in unseren Parlamenten sind vorwiegend Manchesterleute, und sie arbeiten, in Verbindung mit der „liberalen" Presse, hauptsächlich im Interesse des Capitals und der Börse. Die manchesterliche Gesetzgebung hat einen grossartigen Bankerott gemacht, und um denselben zu verdecken, namentlich um die Aufmerksamkeit von den

furchtbaren Folgen des verbrecherischen Börsen= und Gründ-
ungsschwindels abzulenken, warf man sich mit Wuth auf den
„Culturkampf" und zittert jetzt, dass der „Culturkampf" zu
Ende gehen könnte.

Auch in der Regierung sitzen Manchesterleute, und die
Regierung trägt die Mitschuld an der so unheilvollen wirthschaftlichen Gesetzgebung, die sie fast ausschliesslich den
„Liberalen" überlassen hat, denen sie nur hin und wieder
schwachen Widerstand leistete. Noch nach dem „Grossen Krach",
schon mitten in der Krisis, wussten die „Liberalen", unter Anführung der Herren Lasker und Bamberger, gegen den Willen
des Finanzministers Camphausen, der sich zuerst sträubte und
dessen Stellung in Frage kam — die Reichsbank durchzu-
setzen; diese gewaltige „Gründung" zu Gunsten der Geld- und
Börsenfürsten.

Unter den Regierungsmännern herrscht Zwiespalt und Rath-
losigkeit. Minister Delbrück betonte im Reichstag ausdrücklich die Wirthschafts-Krise, die noch längere Zeit anhalten
werde; Minister Camphausen wollte sie überhaupt nicht zugeben.
Im Abgeordnetenhause äusserte Herr Camphausen: Ich bin der
Ueberzeugung, dass die Lage unserer Arbeiter noch niemals so
günstig war als sie es gegenwärtig ist. Der kranken Industrie
empfahl er zur Heilung — die Herabsetzung der Arbeitslöhne.
Als ob die Löhne nicht schon von selber, ununterbrochen sinken;
als ob es nicht schon lange an Arbeit fehlt! Ein Beweis, wie
unbekannt der Minister mit den thatsächlichen Verhältnissen
ist! — Im Reichstag bemühte sich Herr Camphausen die Börse
und die Gründer auf Kosten des Publikums zu entlasten: —
„Das Publikum hat, verleitet durch Gewinnsucht, eine lange
Zeit hindurch schwindelhaften Unternehmungen Vorschub geleistet. Die ganze Nation war von einem gewissen Schwindel
mehr oder weniger erfasst. — „Heute überlässt sich das
Publikum einem viel zu weit getriebenen Misstrauen.
Heute werden die Capitalien zurückgehalten, während
sich in einer Menge der solidesten Papiere die loh-
nendste Anlage dafür bietet." — In Folge dieser famosen
Ministerrede versuchte die Berliner Börse Ende November eine
Hausse in Scene zu setzen, die aber kläglich misslang.

Wiewol alle Zweige der Industrie, alle Geschäfte darniederliegen, Verkehr und Handel stocken, täglich neue Bankerotte ausbrechen, täglich mehr Arbeiter brotlos werden — leugnen die Manchesterleute — Herr Lasker voran — und die „liberale" Presse doch jeden eigentlichen Nothstand; und sie bezeichnen diejenigen Blätter, welche gegen die manchesterliche Misswirthschaft auftreten und vor den Gefahren warnen, die daraus erwachsen — theils als „Scandalblätter", theils als „Revolverpresse".

Seit 1866 treiben wir wesentlich Social-Politik. Seit dem „Grossen Krach" dreht sich die Weltgeschichte nicht mehr ausschliesslich um den Fürsten Bismarck. Zwar ist der Ruhm ein berauschendes Getränk, aber er macht nicht satt; Jedermann verlangt trotzdem und verlangt zuerst des Leibes Nahrung und Nothdurft. Die wirthschaftlichen „Freiheiten" können nicht entschädigen für die wachsenden Steuern und Lasten, für die unnatürliche Theuerung der letzten Jahre, für die unbehaglichen und ungesunden Zustände, wie sie auf allen Gebieten hervortreten. Die manchesterliche Wirthschafts-Politik hat nur einer kleinen Minderheit, vornehmlich Finanzleuten und Speculanten, Vortheil gebracht; dem Volke hat sie tiefe Wunden geschlagen. Der Börsen- und Gründungsschwindel hat das Nationalvermögen um Milliarden gekürzt, allgemeine Missstimmung und Erbitterung erzeugt, und der Socialdemokratie Schaaren neuer Anhänger zugeführt.

Die Manchester-Politik ist gemein- und staatsgefährlich. Alle ehrlichen wohlmeinenden Leute müssen sie energisch bekämpfen und sich zu diesem Zwecke zusammenthun, gleichviel welcher Parteirichtung sie sonst angehören. Man kann auch bereits das Schauspiel wahrnehmen, wie Zeitschriften der heterogensten Tendenz, klerikale und demokratische, conservative und socialdemokratische, darunter auch jene angeblichen „Scandal-" und „Revolverblätter", sich die Hände reichen, und gegen die manchesterlichen „Liberalen" und „Volkswirthe" vorgehen, gegen die Ausbeutung des Volkes durch Börse, Schwindel und Wucher eifern. Noch ist die grosse Menge im Bann der „liberalen" Presse, von der sie gegängelt und geschoren wird; noch sind Viele, gar Viele dem Capital und der Börse durch Eigennutz oder aus Furcht verbündet; noch bilden die ehrlichen herzhaften Leute ein Häuflein, aber ihre Zahl ist sichtlich im Wachsen begriffen, und sie haben die allernächste Zukunft.

Die nachfolgenden, zuerst in der „Gartenlaube" veröffentlichten Artikel, woselbst sie December 1874 begannen, haben bereits ihre Geschichte.

Ich sah den ganzen Börsen- und Gründungsschwindel an mir vorüberziehen; ich verfolgte von Anfang an seine Symptome und seine Wirkungen; ich sammelte fortlaufend ein grosses Material von Zeitungen, Brochüren etc. Dass es ein Schwindel war, begriff ich sofort; aber erst allmälig erkannte ich seinen riesigen Umfang, seine furchtbare Gemeingefährlichkeit, die Frechheit und das Raffinement, womit er betrieben wurde, die Schamlosigkeit mit der fast die gesammte Presse ihn duldete, ihn beschönigte, die Feilheit, mit der sie ihm huldigte und ihm diente. Nur ganz vereinzelt erhob sich in der Presse oder in den Parlamenten eine anklagende oder warnende Stimme: sie wurde sofort übertönt, erstickt von dem lärmenden Chor der Gründer und Gründergenossen. August 1871 brachte die „Vossische Zeitung" eine Reihe von Artikeln, in welchen der Abgeordnete Hoppe den Rumänier-Schwindel klar legte, der damals just eine neue Phase beschritt; aber die „Nationalzeitung" trat diesen Artikeln sofort entgegen, und für den grossen „Doctor" Strousberg ein. Am 12. December 1871 sprach Virchow im Abgeordnetenhause: Ein hochgestellter Beamter nach dem andern geht in dem Gründungsschwindel unter! Ein schwaches „Hört!" antwortete ihm, und die Sache war zu Ende.

Ein grosses Berliner Journal, dessen politische Mitarbeiter inzwischen fast sämmtlich ausgeschieden sind, leistete dem Börsen- und Gründungsschwindel mächtigeren Vorschub als alle sogenannten Börsenblätter zusammen. Jene Mitarbeiter, lauter Männer von gediegener Bildung und strenger Ehrenhaftigkeit, wie sie unter den Journalisten nicht mehr häufig sind, sahen dem schnöden Treiben mit blutendem Herzen zu; aber sie waren ohnmächtig. Auch der Chef-Redacteur war völlig unmächtig gegenüber dem Eigenthümer der Zeitung und dem Börsen-Redacteur, der sich in sein Departement garnicht hineinreden liess, der seine Gehülfen selber answählte und engagirte.

Einer meiner Bekannten gab 1872 eine Feuilleton-Correspondenz für Zeitungen heraus, welche u. A. auch von mir zwei Artikel brachte, die das Treiben an der Berliner Börse und die Machinationen der Gründer, übrigens sehr glimpflich, schilderten. Der Herausgeber war von diesen Skizzen erbaut, und meinte, sie müssten auch ganz besonders seinen Abonnenten zusagen. Aber mit welcher Enttäuschung meldete er mir, dass die meisten Zeitungen meine Artikel gar nicht abgedruckt hätten! Nur einige kleine Blätter nahmen sie auf.

Am 7. Februar 1873 liess endlich Herr Lasker im Abgeordnetenhause seine „Enthüllungen“ los; und ich sah mit Erstaunen den rasenden Beifall, den sie in der Presse und im Publikum hervorriefen. Ich sah mit Erstaunen, wie im ganzen Hause Niemand aufstand und dem langathmigen Redner erwiederte: Warum sprichst Du von Strousberg und Consorten erst heute, wo sie längt abgethan sind? Warum sprichst Du nur von Dilettanten, wie Geheimrath Wagener, Fürst Putbus, Prinz Biron etc.; warum suchst Du die Gründer unter den Conservativen? Weisst Du denn nicht, dass die grossen professionellen Gründer vorwiegend Deinem Volke, den Kindern Israel, und Deiner eigenen Partei, den Nationalliberalen, angehören? Blick um Dich her: in Deiner nächsten Nähe, unter Deinen politischen Freunden sitzen die eigentlichen Gründer und Gründergenossen! — Niemand sprach so, Niemand fand eine Antwort. Es ist merkwürdig, wie arm die Conservativen an geschickten Federn und schlagfertigen Rednern sind.

Trotzdem sah auch ich in den „Enthüllungen“ Lasker's eine verdienstliche That, und ich habe dies in den nachfolgenden Artikeln (S. 240 ff.), ich habe es noch vor wenigen Monaten in der „Gartenlaube“ öffentlich ausgesprochen — allerdings, ohne dem grossen Manne Genüge thun zu können. Erst sein jüngstes Auftreten im Reichstag (S. 339 ff. u. 346), wo er, anstatt sein Versprechen einzulösen und auch gegen die „liberalen“ Gründer vorzugehen, die Conservativen von Neuem beschuldigte, hat mich erkennen lassen, dass seine „Enthüllungen“, wie schon mehrfach behauptet wurde, nur ein geschickter Coup, ein dreistes Manöver waren, um die Aufmerksamkeit von den Hauptgründern unter seinem Volke und unter seinen politischen Freunden abzulenken.

Im Mai 1873, bald nach den Lasker'schen „Enthüllungen", entlud sich in Wien der „Grosse Krach". In Berlin sah man mit pharisäischem Mitleid auf Wien herab; rief: So 'was kann bei uns nicht vorkommen; wir sind doch bessere Menschen! und setzte die Börsen-Orgie noch Monate lang fort. In Wien wie in Berlin glaubte man noch vor Ablauf des Jahres 1873 den „Krach" völlig überwunden zu haben. Herr Max Wirth und Herr Joseph Neuwirth, zwei manchesterliche „Volkswirthe", die beide eine grosse Börsen-Praxis haben, liessen jeder ein Buch erscheinen, das der Welt solchen Trost verkündete. Herr Max Wirth behandelte in seiner „Geschichte der Handelskrisen" bereits die „Reconvalescenz" der Krise; und Herr Joseph Neuwirth erklärte in seiner Schrift „Die Speculationskrisis von 1873": Es ist „eine streng localisirte Börsen-Krisis und nichts weiter." „Eine eigentliche Handelskrisis" existirt nicht. — Aber die „Reconvalescenz" war eine fromme Täuschung, und die „Handelskrisis" entwickelte sich in Oesterreich-Ungarn wie in Deutschland schärfer und schärfer.

Aber dort wie hier suchte die Presse die traurige Wahrheit zu vertuschen. Noch war über den heillosen Frevel und die zahllosen Frevler so gut wie nichts geschrieben, aber schon sprach man von einer „Krach-Literatur", und versicherte, dass es an derselben über und über genug sei.

Die Presse schien mir nicht zugänglich. Aber vielleicht das Theater? — Februar 1874 vollendete ich ein Schauspiel, das den Gründungsschwindel behandelte, und das im Manuscript einem Dutzend Theater-Directoren vorgelegen hat. Alle versicherten, es sei ein bühnengerechtes spannendes Stück, voll Leben und Handlung; Etliche behaupteten, die Urbilder der verschiedenen Charaktere persönlich zu kennen. Ich habe keinen Grund anzunehmen, dass alle diese Männer mir blos geschmeichelt, mir nur etwas vorgeredet haben. Alle erklärten aber auch: eine Aufführung nicht riskiren zu können, weil sie es sonst verderben würden mit der Börse und mit der Judenschaft. Und doch ist blos Einer meiner Gründerhelden mosaisch; der Andere bekennt sich zum Neuen Testament. — Herr Alexan-

der Meyer sagte kürzlich in einer hiesigen Zeitschrift: Die
Bühne lechzt nach dem modernen Gründer. Ei wirklich,
lechzt sie? Herr Meyer könnte das wohl wissen; er war früher
Feuilletonist und Kritiker, und ist jetzt Generalsecretär des
Deutschen Handelstages, und er wohnt zu Berlin im Börsen-
palais. Aber Herr Meyer scheint den Gründer als einen tragischen Helden zu betrachten. Das ist nun freilich nicht meine
Ansicht. Mein Gründer ist ein Halunke; aber ein genialer und
amüsanter Halunke. Ich glaube den Gründer idealisirt zu
haben, denn im gewöhnlichen Leben ist er weder genial noch
amüsant. — Ein Bühnenlenker redete mir zu, das Thema von
der gemüthlichen Seite zu nehmen. Ich solle das Schauspiel
zu einer Posse umarbeiten, den Gründer Couplets singen und
Cancan tanzen lassen. Wiewol diese geistreiche Wendung der
Wirklichkeit durchaus nicht widerspricht, so glaubte ich doch
mich dazu nicht verstehen zu können. Mein Schauspiel erscheint nächstens im Druck, und werde ich dann seine weiteren
Schicksale erzählen.

Nach diesen fehlgeschlagenen Versuchen wandte ich mich
im August 1874 an die „Gartenlaube", mit der ich seit acht
Jahren ausser Verbindung gewesen, und bot ihr eine Reihe von
Skizzen über den Börsen- und Gründungsschwindel an. Nebenbei bemerkt, habe ich sie diesem Blatt zuerst und allein angeboten.
Die Gartenlaube ist eine Tribüne, auf der es zu reden lohnt;
sie hat an 400,000 Abonnenten, und man spricht zu etwa
2 Millionen Leser. Auch ist der Herausgeber, Ernst Keil, ein
Mann, der an sich glaubt, der da glaubt, dass er eine Mission
habe; und diesem Glauben verdankt er seinen kolossalen Erfolg.
Trotzdem proponirte ich Herrn Keil nur eine Art von Feuilletons, wobei ich die Namen der Objecte und der Personen fingi-
ren wollte. Aber Herr Keil antwortete mir:

„Sollen die Artikel den beabsichtigten morali-
schen Eindruck resp. eine sittliche Empörung hinterlassen, so müssen dieselben, bei aller Lebendigkeit
der Darstellung, eine einfache Gruppirung der frap-
pirendsten Thatsachen enthalten, deren Authenticität
von keiner Seite angreifbar sein dürfte. In der Gartenlaube suchen die Leser rücksichtslose Wahrheit
u. s. w."

Das war weit mehr als ich gehofft hatte. Doch bemerkte ich Herrn Keil in einer längern Unterredung, die zwischen uns stattfand und bei der ich ihm mein Programm entwickelte, dass „rücksichtslose Wahrheit" etwas viel sei, und dass sie ihm leicht zu viel werden könne. Herr Keil gab das zu, und ich ging an's Werk. Abgemacht war, dass alle vierzehn Tage ein Artikel erscheinen, etwaige Streichungen, Aenderungen etc. bei der Correctur vereinbart, Reclamationen mir vorgelegt, und wie es selbstverständlich ist, nicht ohne meine Gegenbemerkungen abgedruckt werden sollten. Ich hätte die Aufsätze am liebsten anonym veröffentlicht, aber Herr Keil forderte als Garantie meinen Namen, und ich durfte mich dieser Forderung nicht entziehen.

Herr Keil konnte den ersten Artikel („Zur Einleitung") nicht rasch genug erhalten; aber als er ihn hatte, liess er ihn fast drei Monate liegen. Der Aufsatz erschien ihm viel zu scharf. „Ich will belehren, aber nicht erbittern und beleidigen", schrieb er mir; und in einem zweiten Briefe: dass er die Fortsetzungen „nach der ersten Probe zu fürchten habe". Nun ist es sehr schwer, einen verbrecherischen Schwindel zu entlarven, die Schuldigen zu brandmarken, „sittliche Empörung" zu hinterlassen, und doch nicht zu „erbittern" und zu „beleidigen". Aber dieser Widerspruch erklärt sich ganz einfach. Herr Keil hatte von dem ganzen Schwindel keine Ahnung, und er lernte ihn gleichfalls erst aus meinen Artikeln kennen. Er erschrak als ich Personen nannte, die eine grosse Stellung haben, oder Solche, zu denen er selber in Beziehungen stand; und er äusserte zu einem gemeinsamen Bekannten: er könne sich um meiner Artikel halben doch nicht mit alten Freunden und Mitarbeitern überwerfen. Es widerstrebte ihm, sowol Bekannte wie Gegner zu nennen. Er erschrak als ich an die Spitze der Gründer das Haus S. Bleichröder und die Disconto-Gesellschaft stellte; als ich unter den Gründerbanken die Deutsche Genossenschaftsbank von Soergel, Parrisius & Co. aufführte. War doch sein Freund, Herr Schulze-Delitzsch, Mitgründer und Aufsichtsrath dieser Bank; auch während der Schwindelperiode, wo unter „Aufsicht" des Herrn Schulze die Bank ihr Actiencapital fortwährend erhöhte, immer wieder „junge Actien" mit hohem Agio ausgab, und eine Reihe fauler Gründungen vollbrachte; wo Herr Schulze alljährlich eine erkleckliche Tantième bezogen hatte.

Nach vielem Hin- und Herschreiben erschien endlich December 1874 der erste Artikel, und fünf Wochen später der zweite. Beide Artikel, und auch die meisten andern, kamen übrigens ohne wesentliche Aenderungen zum Abdruck; und will ich hier gleich bemerken, dass Herr Keil mir insofern stets nachgab, als er nie einen Namen unterdrückt hat.

Da der zweite Artikel so lange verzog, schrieb ein ungeduldiger Leser: Wo bleiben die Fortsetzungen? Hat sich die „Gartenlaube" etwa auch kaufen lassen? — Herr Keil ergriff diese passende Gelegenheit, um sein Herz zu erleichtern, und seine von der meinigen abweichende Meinung zu verlautbaren. Er glaubte an das durch die Presse, zu Gunsten der Schwindler, so eifrig colportirte Märchen von der „Spielsucht des Publikums" und von der „Gewinnsucht der kleinen Leute"; und er gab diesem Aberglauben nun im „Briefkasten" Ausdruck — ohne mich davon zu benachrichtigen, also gegen unsere ausdrückliche Abmachung. Wie man sich denken kann, musste diese Briefkasten-Erklärung als ein Desaveu meiner Artikel erscheinen; sie machte die Leser stutzig und gab den Gründern Aufwasser. Es hing an Einem Haar, und unsere Verbindung wäre gelöst gewesen. Da aber die Interessen gegenseitig waren, einigten wir uns wieder, und ich richtete an den Herausgeber der „Gartenlaube" einen „Offenen Brief" (S. 323 ff.), worin ich jenen Eindruck zu verwischen suchte, und jedes meiner Worte aufrecht hielt.

Alsbald befreundete sich Herr Keil mit meinen Artikeln — selbstverständlich machte auch ich ihm Concessionen — und er sprach sogar seine Verwunderung aus, dass die Presse von diesen Aufsätzen so gar keine Notiz nähme, sie nicht anerkennend und lobend erwähne. Ich antwortete ihm, dass dies von der Presse, die ich doch fortwährend als Mitschuldige des Schwindels kennzeichne, nicht gut zu verlangen sei. Auch unter dem Leserkreise der „Gartenlaube" erweckten die Artikel nicht gleich die Theilnahme, welche Herr Keil erwartete. Andere Themata, wie z. B. die „Leipziger Puppen-Doctorin", „Zimmer-Springbrunnen" oder gar die blutschwitzende Louise Latean, die in der „Gartenlaube" wol ein halb Dutzend Mal

tractirt wurde, trugen der Redaction stets eine Sündfluth von
Briefen ein; während Briefe über meine Artikel in der ersten
Zeit nur spärlich einliefen.

Trotzdem verursachten diese Aufsätze sofort ungemeines
Aufsehen. Gleich der erste wirkte wie eine Brandrakete. In
den betheiligten Kreisen begriff man sofort, dass es sich hier
nicht um allgemeine Redensarten und verschämte Anspielungen
handle, sondern dass ich entschlossen sei, dem Schwindel ernstlich zu Leibe zu gehen. Gleich nach dem ersten Artikel liess
man mir melden: ich ruinire das Börsengeschäft vollends; liess
man mir einen Antrag machen, auf den ich später zurück-
komme. Fast täglich erhielt ich von nah und fern Besuche;
von Leuten, die entweder für sich oder Andere besorgt waren,
oder aber Andere einweichen wollten; die mich auszuforschen
trachteten, mich für oder wider zu bestimmen versuchten.
Ich darf wol bemerken, dass diese Leute, mit geringen Aus-
nahmen, dem auserwählten Volk angehörten. Auch fing das
Publikum, wunderlich wie es ist, an, mich als einen neuen
Börsen-Rathgeber zu betrachten. Mündlich und schriftlich
kamen fortwährend Anfragen: welche Papiere wol zu verkaufen
und welche zu kaufen(!) wären. Ich habe die zahlreichen
Briefe nicht alle beantworten können, aber mündlich wie
schriftlich gab ich stets die Antwort, dass ich über den An-
oder Verkauf von Börsen-Effecten keinen Rath ertheile.

Man kann sich vorstellen, dass die Gründer und Gründergenossen das Mögliche aufboten, um die Redaction der „Gartenlaube" zum Einstellen der Artikel zu bewegen. Aus allen
Gegenden Deutschland's, ja aus England und Amerika, liefen
Briefe ein, die sich gegen meine Aufsätze erklärten. Leider
waren diese Briefe fast alle anonym, aber sie zeigen eine
rührende Uebereinstimmung. Sie beginnen fast sämmtlich mit,
der naiven Frage: Was haben diese Artikel für einen Zweck?
Und unmittelbar darauf antworten sie stets selber: Diese Artikel haben gar keinen Zweck! Sie kommen viel zu spät. Sie
hätten vor Jahren, in der Gründungsperiode selber, erscheinen
müssen; da hätten sie noch nützen, nämlich warnen können.
Heute sind sie veraltet, sie enthalten nur längst und allgemein
Bekanntes. Kein Mensch liest sie mehr. — —

Da diese Vorstellungen nichts fruchteten, ging man weiter

und schrieb von zwanzig Enden: Die Artikel thun dem Publikum grossen Schaden; sie entmuthigen es und schädigen es nur noch mehr; sie verschärfen die Krisis und arbeiten der Baisse und den Fixern in die Hände. — Ein Correspondent verstieg sich zu dem Ausspruch: „Diese Artikel kosten dem Publikum schon Millionen!" — Andere hatten wieder andere Bedenken, z. B.: „Welchen praktischen Werth hat es, die Namen der Gründer zu nennen? Diese Leute kennt man, und der Tag der Abrechnung wird auch für sie kommen!" — Besonders erwähnenswerth ist ein Brief aus Chicago. Der Schreiber meint: es sei lächerlich von dem Schwindel in Deutschland so viel Aufhebens zu machen: da solle man erst nach Amerika kommen. „O, beschränktes Deutschland", ruft er aus, „wie lange wird es währen, bis Du auf derselben Stufe angelangt bist, auf dem sich dieses junge Land und seine Bewohner schon lange befinden!" — Der Mann hat Recht. Wir sind in Deutschland noch nicht ganz so weit wie in Amerika; aber wir sind auf dem besten Wege, dahin zu kommen.

Ein anderer Brief erhebt sogar den Vorwurf, „die »Gartenlaube« habe dem gefährlichen Treiben der Gründer nicht schweigend zugesehen". Wahrscheinlich soll damit auf gewisse Artikel über Strousberg, Quistorp und Hermann Geber, beziehentlich über deren Unternehmungen, angespielt werden, welche vor Jahren in der „Gartenlaube" erschienen sind. Aber Herr Keil hat gewiss im guten Glauben gehandelt; er hat wol nie mit Bewusstsein und Absicht für Jemanden Reclame gemacht. Jene Artikel wurden ihm von alten Mitarbeitern zugesandt, auf die er sich verlassen zu können meinte, die aber leider von Strousberg und Consorten gewonnen waren. Ein Redacteur kann unmöglich alle Themata selber auswählen; und ebenso findet er nicht immer für jedes Thema gleich einen Bearbeiter; er muss abwarten, bis ihm Offerten gemacht werden. Ich zweifle nicht mehr daran, dass Herr Keil auch schon früher, während der Gründungsperiode selber, Artikel gegen den Schwindel gebracht hätte — wiewol sie damals noch viel mehr Opposition, noch weit ärgere Machinationen erfahren haben würden — aber es hatte ihm eben Niemand Anerbietungen gemacht.

Was mich selber betrifft, so will ich jenen liebenswürdigen
Correspondenten jetzt folgende Antwort geben:

Ich glaube nachgewiesen zu haben, dass es mir zu keiner
Zeit an gutem Willen und an Muth gefehlt hat. Aber Artikel,
wie ich sie jetzt geschrieben, waren früher kaum möglich.
Erst nachdem der heillose Schwindel offen vor aller Augen
liegt, und unter seinen grässlichen Folgen die ganze Welt
leidet: erst jetzt können diese Artikel Glauben finden und ihre
volle Wirkung üben. Ich bin der Erste gewesen, der es ge-
wagt hat, die Dinge und die Personen beim Namen zu nennen,
ohne Anschn der Person und ohne Rücksicht auf die Parteien
und die Regierung. Ich habe die Bahn gebrochen, und mein
Vorgehen hat bereits mehrfache Nachahmung gefunden.

Meine Artikel sind historische Schilderungen. Man
pflegt aber nicht schon die Geschichte des künftigen Jahres,
auch nicht die des laufenden Jahres, sondern erst die des ver-
gangenen Jahres zu schreiben. Bevor ich die Unthaten schil-
derte, mussten sie doch erst geschehen sein. Ich gebe eine
historische Darstellung des Schwindels, des Krachs und der
Krisis. Die Krisis ist leider noch lange nicht abgeschlossen,
sondern wir befinden uns noch mitten darin; und sogar der
Schwindel wird, wie spätere Artikel zeigen werden, noch munter
fortgesetzt; z. B. bei den heute so beliebten Liquidationen oder
gewaltsamen Entgründungen; oder indem die Herren Aufsichtsräthe und Directoren zahlreicher nicht lebensfähiger Banken
und Industriegesellschaften auch noch den Rest des Capitals
verpulvern. Meine Schilderungen dürften also doch vielen
Actionären zum Nutzen gereichen, auch in dieser Hinsicht noch
nicht zu spät kommen.

Im Grossen und Ganzen ist freilich nichts mehr zu „warnen“, kaum noch etwas zu retten. Die meisten Industrie- und
auch viele Bank-Actien sind eben garnichts werth; und die
Course sind nur nominell, in Wirklichkeit nicht mehr zu erreichen. Daher „schädige“ ich auch nicht, und bin überhaupt
nicht im Stande, zu „schädigen“: meine Schilderungen können
unmöglich den wirklichen innern Werth eines Papiers schmälern
und kürzen. Auch habe ich nur solche Gesellschaften behandelt, deren Faulheit zweifellos und allbekannt ist; ich habe
kein Papier „heruntergerissen“, wiewol viele Papiere noch viel

zu hoch im Course stehen, und diesen Cours nur ganz künstlich behaupten. Auch ohne diese Artikel geht die Entwerthung der Börsen-Effecten unaufhaltsam fort; denn täglich enthüllen die Bilanzen der Actiengesellschaften die kolossalsten Verluste, herbeigeführt durch wahnsinnige Geschäftsleitung, oder durch grobe Diebstähle und Veruntreuungen. Meine Artikel vermögen das Publikum nicht mehr zu schädigen, weil das Publikum bereits strangulirt ist. Wie die Berichte sämmtlicher Zeitungen beweisen, hält sich das Publikum, gezwungener Massen, schon lange von der Börse fern, und es treiben hier ihr Wesen nur noch die Jobber oder Spieler, die schliesslich, wie in einem verfallenen Saale die Ratten, sich gegenseitig auffressen werden.

Von den zahlreichen Agitationen, die gegen meine Artikel versucht wurden, ist die folgende besonders interessant. Ein Reichstagsmitglied, das ich als mehrfachen Gründer bezeichnet hatte, und das ich hier A. nennen will, wandte sich an einen seiner Collegen, der B. heissen mag, und der mit Herrn Keil befreundet ist, und suchte dessen Vermittelung nach, um ferneren „Angriffen vorzubeugen". Herr A. schrieb an Herrn B.: Es dürfte ziemlich bekannt sein, „dass ich mich an industriellen Unternehmungen nicht betheiligt habe, um Schätze zu sammeln, sondern lediglich um mir zu ermöglichen, ohne Vermögensverluste meine parlamentarische Thätigkeit wahrzunehmen."

Höre, Deutsches Volk und merke es Dir! Dein Erwählter ist unter die Gründer gegangen, um „ohne Vermögensverluste" als Gesetzgeber wirken zu können. — — — Und wie einträglich muss das „Gründen" sein, wenn Herr A. nebst Familie in jedem Jahr etwa neun Monate „ohne Vermögensverluste" in Berlin leben und hier einen grossen Haushalt mit Dienerschaft, Equipage etc. führen kann! In der That, ein sehr praktischer Volksvertreter!!

Herr B. schickte diese Reclamation an Herrn Keil und befürwortete sie folgendermassen: Schreiber dieses (A.) ist mir seit lange bekannt, „und möchte ich für seine ganz unbedingte Anständigkeit und Ehrenhaftigkeit einstehen, und bin für meinen Theil überzeugt, dass er in seiner besonderen Sache Recht hat. Er hat aber auch im Allgemeinen Recht; auf den Gründertaumel ist eine Gründerhatz gefolgt, die gleichfalls das Publikum benachtheiligt". — —

Ich liess dem Fürsprecher durch Herrn Keil erwiedern, dass mir von einer „Gründerhatz" leider noch nichts bekannt wäre, dass meine Schilderungen der allererste Versuch seien, den Schuldigen wenigstens moralisch beizukommen, und dass weder Herr B. noch sonst Jemand, auch selbst Herr Keil nicht, mich in diesem Unternehmen behindern sollten. Ich erlaubte mir, Herrn B., der auch bei einer „Entgründung" mitwirkt, bemerklich machen zu lassen, dass sein warmes Eintreten für Herrn A. vielleicht etwas unvorsichtig sei; insofern er doch wissen müsse, dass die öffentliche Meinung es bereits für geboten halte, die Parlamente von den Gründern und Gründergenossen zu säubern, und diese Erkenntniss sich mehr und mehr auch in Parlamentskreisen selber Bahn breche.

Herr B. beehrte mich hierauf mit einem Briefe, worin er versicherte, dass er meine „Meinungen und Bestrebungen vollkommen theile"; und schien im Uebrigen geneigt, Herrn A. aufzugeben.

Im Laufe des Sommers wurden ferner mehre Klagen, wegen angeblicher „Verleumdung", gegen mich angestrengt. Da ich dieselben jedoch nur als Einschüchterungsversuche nahm und mich erbot, den Beweis der Wahrheit auch vor Gericht zu führen, wurden sie alsbald, und zwar ohne jedes Zuthun meinerseits, wieder zurückgezogen.

Die grösste Aufregung, eine ungemeine Erbitterung riefen meine Aufsätze unter der Judenschaft hervor. Und doch hatte ich weiter nichts gesagt als: Die Juden vermehren sich in Berlin heftig. Es sind durchgehends wohlhabende und reiche Leute (S. 148). Die schönsten Häuser und Villen in Berlin gehören den Juden (S. 102). Herr Keil, der, wie seine Briefe bekunden, jedes meiner Worte abwog, hatte diese Sätze nicht im mindesten beanstandet. Nun regnete es von allen Seiten Beschwerden und Vorstellungen, die wieder eine merkwürdige Uebereinstimmung in Worten und Wendungen bekunden. Man beklagte sich stets über „Intoleranz" und „Inhumanität", doppelt auffällig und unwürdig im „aufgeklärten 19. Jahrhundert", „wo die Welt von Freigeistern regiert wird". Man bezeichnete jene Sätze als gehässige Denunciationen; gleichviel, ob man ihre Richtigkeit bestritt oder zugab. „Es ist ja nun einmal Thatsache", schreibt ein Anonymus, der sich „Ein Kämpfer für Recht und Wahrheit!" unterzeichnet — „dass die Juden, trotz ihrer kleinen Anzahl, im Besitze des meisten Geldes sind. Sie haben sich durch Klugheit, Besonnenheit und grosse Erfahrung im Handel diese vielen Geldmittel zu verschaffen gewusst. — „Der liebe Gott weiss stets, wem er Gutes zu geben hat oder nicht, und hat er auch hier wiederum bewiesen, dass die richtigen Menschen mit Reichthum bedacht worden sind." — —

Die Reclamationen kamen von Gebildeten und Ungebildeten, von Männern und — Frauen. Ein Fräulein M., „erste ordentliche Lehrerin an der jüdischen Gemeinde-Mädchenschule zu Berlin". hat, um nachzuweisen, dass jene Sätze. die „besonders Hass und Verachtung gegen die Juden erregen", „faktisch Unrichtiges" enthalten, einen drei Bogen langen Brief geschrieben und eine Fülle statistischen Materials beigebracht, wodurch sie darthun will, dass die Juden in Berlin sich keineswegs so heftig vermehren, und die hiesige jüdische Gemeinde gar viele Arme, Kranke etc. zu unterhalten habe. Im Uebrigen meint sie: „Was Wunder, wenn das »auserwählte Volk«, dessen einziges Erbtheil der Handel war, durch Jahrhunderte der Verfolgung und Erniedrigung, allein und in Verbindung mit den Geschäftsfreunden christlichen Glaubens, sowie mit den Vertretern unserer höchsten Aristokratie (Lasker's „Enthüllungen"!), wiederum in die Anbetung des goldenen Kalbes verfiel!"

Verschiedene Correspondenten beschwerten sich über Ausdrücke wie „auserwähltes Volk", „Kinder Israel". „Nachkommen Abrahams". Die Juden schämen sich als oihrer Geschichte und ihrer Vorfahren; was freilich begreiflich wird, wenn man bemerkt, wie sie sich überhaupt ihres Namens schämen. Sie wollen nicht mehr „Juden" genannt werden; höchstens „jüdische Leut'". Sie verändern ihre Vornamen, machen aus Wolf — Wilhelm, aus Jacob — Jacques, aus Enoch — Eduard, aus Löb — Louis oder gar Luigi. Und ebenso verwandeln sie ihre Zunamen. Es ist erklärlich, wenn ein zarter Lyriker nicht Heymann Levi heissen mag, ein dramatischer Dichter auf dem Theaterzettel nicht Katzke Lubliner genannt werden will; aber sehr unnöthig erscheint es, dass auch Privat- und Geschäftsleute ihre Namen ändern und besonders gern französiren; z. B.

Mosse statt Moses, Veit statt Veitel, Salingré statt Zallinger, Cerf statt Hirsch etc.

Wie empfindlich die Juden sind und wie man, beim besten Willen, ihnen nicht genug thun kann, wird aber folgendes kleine, geradezu komische Vorkommniss lehren. Ich hatte geschrieben (Vgl. S. 104): „Die Gerechtigkeit verlangt zu vermerken, dass der Häuserschacher nicht ausschliesslich von Börsenrittern betrieben wurde." Herr Keil, von der edlen Absicht geleitet, die Schuld nicht allein auf das auserwählte Volk fallen zu lassen, schaltete hier ein: „von Börsenrittern und Israeliten". Aber siehe da! Sofort meldete sich ein jüdischer Advocat aus Frankfurt a. M., erklärte diesen Zusatz für „unpassend und tactlos" und verlangte energisch, die Gartenlaube solle sich nicht „zum Tummelplatz mittelalterlicher Vorurtheile missbrauchen lassen". — „Intoleranz!" „Inhumanität!!" „Jahrhunderte der Verfolgung und Erniedrigung!!!" „Mittelalterliche Vorurtheile!!!!" Es ist, als ob die Juden auf solche Schlagworte dressirt werden. Wenn man Herrn Giskra und Consorten wegen der „Trinkgelder-Theorie" zur Rede stellt, so werfen sie sich stets in die Brust und donnern: „Nieder mit den Jesuiten!" Ebenso darf man nicht Juden als Gründer oder Wucherer bezeichnen, keine Anklage, keine Ausstellung gegen Juden erheben, ohne dass ganz Israel empörfährt und über „mittelalterliche Vorurtheile" schreit. — Mir aber schien der Zusatz des Herrn Keil eine wesentliche Verbesserung, und so habe ich denselben auch in die Buchausgabe übernommen.

Die Presse war klug genug, auf meine Artikel nicht zu reagiren. Nur in wenigen Blättern wurden sie gelegentlich erwähnt. Ein kleiner Gründer wollte sich an Herrn Keil und mir durch einen Angriff rächen, aber sämmtliche Leipziger Zeitungen verweigerten die Aufnahme des Inserats. Nur ein Berliner Localblatt, dessen Redacteur mit jenem Gründer befreundet zu sein scheint, liess sich zu einem humoristisch sein sollenden Feuilleton gegen mich herbei. Ebenso brachte die in Breslau erscheinende „Schlesische Presse", welche einem Consortium jüdischer Financiers gehört, folgenden „Sprechsaal":

„An gut redigirten und anständig geschriebenen Wochenschriften, welche der Unterhaltung und Belehrung der grossen Menge gewidmet sind, ist Deutschland nicht gerade reich zu nennen. Zu den wenigen, welche es verdienten, freundliche Aufnahme in allen Kreisen und Schichten unseres Volkes zu finden, gehörte in erster Reihe die Gartenlaube. Wir sagen absichtlich „gehörte", weil sie auf dem besten Wege ist, durch Herrn Otto Glagau einen guten Theil des an ihr gerühmten Vorzuges zu verlieren. Seit Monaten erscheint aus der Feder des genannten Schriftstellers eine Reihe von Artikeln, welche die Namen derjenigen Männer dem erstaunten Deutschland ins Gedächtniss zurückrufen sollen, die mit Glück und Geschick es verstanden haben, durch allerlei gewagte und kühne Operationen — „Gründungen" genannt — sich kolossale Reichthümer zu verschaffen. Wir sind weit entfernt, das Unternehmen an sich zu missbilligen, ja wir halten es sogar für verdienstlich, die Gründungs-Millionäre hin und wieder daran zu erinnern, dass man die Quelle ihrer Reichthümer kennt und ihnen deshalb diejenige Achtung versagt, welche sonst im öffentlichen Leben jeder ehrliche und redliche Arbeiter findet. Die Art und Weise aber, in der die Gartenlaube ihr moralisches Bedürfniss befriedigt, verdient ernste Missbilligung. Es genügt ihr nicht, einzelne Personen an den Pranger zu stellen, nein, sie brandmarkt mit einem bei ihrer Geschäftsroutine eigentlich unverzeihlichen Leichtsinne ganze Klassen, die so unschuldig an den Verirrungen der Jahre 1871 und 72 sind, wie unsere Enkelkinder. Weil neben Fürsten, Herzögen und Grafen sich unter den professionellen Gründern eine Anzahl Juden und zwar nicht etwa in überwiegender Zahl befunden haben, inaugurirt die Gartenlaube eine neue „Hep Hep"-Periode. Wie kommt sie dazu, die 50,000 Juden Berlins für die Sünden einiger vereinzelter Glaubensgenossen mit verantwortlich zu machen? Warum richtet sie ihren beissenden Spott und ihre hetzenden Worte gegen diese vielen Tausende um der Sünden Einzelner willen? Herr Glagau müsste denn glauben, das Gründen sei ein jüdisches Dogma? Um gerecht zu sein, hätte er doch mindestens den hohen Gründungsadel und die liirten adligen und bürgerlichen Gefährten in protestantische, neu- und altkatholische rubriciren müssen, vielleicht hätte er dann kostbares Material für die Statistiker geliefert. Herr Glagau ist aber auch so ungeschickt, zu vergessen, dass von den mehr als eine Million zählenden Einwohnern Berlins nur ein einziger

Mensch den Muth gehabt hat, die Sonde in die klaffende
Wunde zu legen, und dass dieser eine Mann ein Jude gewesen
ist, dass er mithin am wenigsten ein Recht hat, bei dieser
Gelegenheit „hep hep" zu rufen. Wenn irgend etwas confess-
sionslos gewesen ist, so waren es die Gründungen. Christen
und Juden haben in gleicher Weise gesündigt; das Christenthum
hat die einen weder davor zurückgehalten, noch das Judenthum
die Anderen dazu veranlasst. Es ist mehr als geschmacklos,
in heutiger Zeit, die das ausgesprochene Bestreben hat, das
trennende Moment zu beseitigen, das bisher in der Verschieden-
heit der Glaubensbekenntnisse bestanden, auf mittelalterliche
Velleitäten zu verfallen. Macht dies der Gartenlaube Spass,
so wird sie bald empfinden, dass ein Theil ihrer bisherigen
Leser diesen Geschmack nicht theilt.   X."

Man merke wohl: wieder „mittelalterliche Velleitäten", und wieder Reclame für Lasker's „Enthüllungen"!
Der „Gartenlaube" war also, wie die „Deutsche Eisenbahn-
Zeitung" bemerkte, „die grosse jüdische Excommuni-
cation angedroht"; ich aber nöthigte, gestützt auf das Press-
gesetz, die „Schlesische Presse" nachstehende Berichtigung
abzudrucken:

„Es ist nicht wahr, sondern eine geflissentliche Verdrehung,
dass ich in meinen, seit December v. J. in der „Gartenlaube"
erscheinenden Artikeln „Der Börsen- und Gründungs-Schwindel
in Berlin" — Gründerthum und Judenthum irgendwie identi-
ficirt habe. Es ist nicht wahr, dass ich die jüdischen Gründer
etwa schärfer behandelte als die christlichen, sondern ich
that just das Gegentheil; wie dies jeder Artikel und in
jedem Artikel eine Reihe von christlichen Namen beweisen.
Ich vergass auch nicht den Gründungsadel, die adligen und
hochadligen Genossen und Gehülfen der Gründer, sondern ich
habe sie gleich im ersten Artikel und dann noch verschiedentlich sonder Schonung gekennzeichnet. Ich war endlich auch
nicht so „ungeschickt", Herrn Lasker's „Enthüllungen" zu übersehen, sondern ich habe dieser „Enthüllungen" gleich wieder
im ersten Artikel gedacht, und ihre Bedeutung auf das richtige
Mafs zurückzuführen versucht.

Ich kann aber nicht dafür, dass — wie ich dies allerdings
mit Zahlen nachweisen werde — von den Gründern und Bör-

sianern gut 90 Prozent Juden und höchstens 10 Prozent Christen sind. Es ist eine arge Empfindlichkeit und Ueberhebung der Juden, dass sie, selbst in Verbindung mit Christen, keine Rüge vertragen können. Es ist ein alter verbrauchter Kunstgriff, dass die Juden bei jedem Angriff auf Glaubensgenossen — auch wenn dieser Angriff nicht das Mindeste mit der Religion zu thun hat — über mittelalterliche Intoleranz schreien, und den Angreifer zu denunciren suchen als einen Solchen, der ein neues „Hep! Hep!" in Scene setzen wolle."

Diese meine Berichtigung wurde von verschiedenen Blättern übernommen, u. A. von der katholischen „Germania"; welche damals eine Reihe von Artikeln gegen die Judenschaft veröffentlichte, und nun auch meine Anführung — gut 90 Prozent der Gründer und Börsianer sind Juden — citirte.

Die Juden sind die wüthendsten „Culturkämpfer" gewesen. Wenn nicht Tact und Anstand, so hätte sie schon Klugheit und Vorsicht — denn sie können nicht wissen, was ihnen bevorsteht — zurückhalten müssen, sich in den Streit zwischen Staatsregierung und Katholicismus zu mischen. Aber gerade die Juden schürten diesen bedauernswerthen Kampf aus Leibeskräften. Was Wunder, wenn die katholische „Germania" endlich Revanche nahm und den Spiess umdrehte, indem sie die Auswüchse und Sünden des Judenthums entwickelte. Da schrieen die Juden Wehe und Zeter! Sie jammerten und erbosten sich ob der „Judenhetze", ohne zu bedenken, dass sie Jahre lang eine frische fröhliche „Katholikenhetze" betrieben haben. Der Rabbiner Philippson in Bonn, welcher die „Allgemeine Zeitung für das Judenthum" herausgiebt, woselbst er jeden Angriff auf die Judenschaft registrirt, und insbesondere die „Judenhetze" der „Germania" verdammt, entblödete sich nicht, ein Brandunglück in Paderborn als die böswillige That von „Ultramontanen" hinzustellen, und so den armen Abgebrannten die Liebesgaben zu kürzen; was eine öffentliche Erklärung und Widerlegung des Comité, bestehend aus Beamten und Einwohnern beider christlichen Confessionen, hervorrief.

Selbstverständlich secundirte den Juden gar treulich die „liberale" Presse; und namentlich die „90 Prozent", aus denen man im Handumdrehen „60 Procent" machte, wurden energisch in Abrede gestellt. Aber anstatt sich gegen mich und resp.

die „Gartenlaube", als die eigentlichen Urheber jener Behauptung zu kehren, war man wieder so schlau, uns Beide gänzlich aus dem Spiel zu lassen, und beschränkte sich auf ein Kreuzfeuer gegen die „Germania". Ein Börsenblatt rechnete schnell aus, dass von den Berliner Gründungen 58½ Prozent auf die Christen und nur 41½ Prozent auf die Juden kämen. Man hatte sogar die Dreistigkeit, die heftige Vermehrung der Juden in Berlin, ihre starke Einwanderung und starke Fruchtbarkeit, schlankweg abzuleugnen, und sich dafür auf das „Berliner Städtische Jahrbuch" zu berufen. Nun bestätigt aber gerade der neueste Jahrgang dieses Werkes meine desfallsigen Behauptungen und zeigt, wie sicher meine Schätzungen gewesen sind. Er widerlegt sowol die „erste ordentliche Lehrerin an der jüdischen Gemeinde-Mädchenschule" wie die edle „Volkszeitung" des Herrn Franz Duncker, welche sich jene famose Berechnung des Börsenblattes zu eigen gemacht hatte. Aus diesem Jahrbuche pro 1875 kann man auch (S. 141) ersehen, dass die hiesige jüdische Gemeinde nicht aus Verpflichtung, sondern freiwillig für ihre Armen, Waisen und Kranken sorgt. Erst ganz neuerdings, erst in Folge meiner Anführung, dass die Berliner Juden durchgehends wohlhabende und reiche Leute sind, hat die Judenschaft ihre Armen, um doch auch öffentliche Arme aufzeigen zu können, der Stadt überwiesen.

Meine andere, mir erst von der „Schlesischen Presse" abgenöthigte Behauptung: 90 Procent der Gründer und Börsianer sind Juden — kann wol nicht im Ernst bestritten, braucht nicht noch besonders bewiesen zu werden. Nicht nur in Berlin, Wien, Frankfurt a. M., nicht nur in Deutschland und Oesterreich-Ungarn sind die Börsianer zu neun Zehntel Juden resp. getaufte Juden: auch an den Börsen von London und Paris dominiren die Juden; auch hier stockt „an den hohen jüdischen Festtagen" das Geschäft. Ich stehe aber nicht an, auch zu behaupten: von den Gründungen der Schwindelperiode in Deutschland fallen gut 90 Prozent auf die Juden; und ich werde dies später durch eine besondere Zusammenstellung belegen. Einstweilen verweise ich auf „Saling's Börsen-Papiere" und auf die Schrift „Die Berliner Emissionshäuser und ihre Emissionen in den Jahren 1871 und 1872". In beiden Büchern mag man einfach die jüdischen Firmen und ihre Gründungen zusammenzählen, und die Summe mit der Zahl der von christlichen Bankhäusern verfassten Gesellschaften vergleichen.

In Sachen der „90 Prozent" brachte die demokratische „Staatsbürgerzeitung" einen Leitartikel „Das moderne Judenthum", aus dem ich nur einige Sätze übernehmen will: „Die liberalen Blätter aller Schattirungen haben dem Judenthum allezeit eine Connivenz bewiesen, welche die ruhelose Kritik unserer Tage weder dem Königthum noch der Kirche, weder dem Adel noch der Klerisei, weder der Bourgeoisie noch dem Arbeiterstande gewährt. Dem jüdischen Talent ist heute dieselbe freie Bahn geöffnet wie dem christlichen. Leider zeigt aber das moderne Judenthum sehr wenig Sinn für seine Emancipation, und betrachtet nach wie vor den rücksichtslosen Gelderwerb als einzigen Zweck seines Daseins. Es ist neuerdings ohne Widerspruch constatirt worden, dass 90 Prozent unter den Jobbern und Gründern der Schwindelperiode aus Juden bestand, während ihre Gesammtzahl doch nur den 76. Theil der Bevölkerung ausmacht. Es ist doch nicht christlich-germanische Schuld, sondern freiester Entschluss des Judenthums, dass es den Wucher in Generalpacht genommen hat. Von den Halsabschneidern der Aristokratie bis zu den Rückkaufshändlern, diesen Würgengeln der arbeitenden Classen, recrutiren sich die Wucherer durch ganz Deutschland fast nur aus Juden. — — „Der erste Schritt zur Besserung ist, jeden faulen Fleck rückhaltlos aufzudecken, unbekümmert um die Verdächtigung, als mittelalterlicher Hep-Hep-Schreier dargestellt zu werden, und ähnliche faule Witze. Es liegt in der Hand der Juden, aufzugehen im Volksganzen und redlich die harte Arbeit mit uns zu theilen. Beharren sie in ihrer Sonderstellung, so thun sie es auf eigene Gefahr. Und vor dieser Gefahr wollten wir warnen."

Solche Stimmen sind aber noch selten. Nur wenige Blätter — darunter namentlich die, welche die „liberale" Presse neuerdings als „Scandalblätter" oder „Revolverpresse" zu bezeichnen liebt — treten den Ausschreitungen und der Ueberhebung der Judenschaft entgegen. Sehr wahr äusserte der „Berliner Figaro": „Das ist ja das Charakteristische unserer Zeit, dass fast Niemand es wagt, seine Ueberzeugung offen und ehrlich auszusprechen."

Als im Sommer 1875 die officiöse „Provinzial-Correspondenz" der Berliner Börse ihre Sünden vorritt, traten für die Angeklagte sofort die „liberalen" Zeitungen in die Schranken; da zeigte es sich schlagend, dass fasst die gesammte Presse von der Börsen- und Handelswelt abhängig ist. Auch die biedere „Volkszeitung" fehlte unter den Advocaten der Börse nicht. Zwar declamirt das „Organ für Jedermann" zuweilen gegen das Gründerthum, d. h. es macht allgemeine Redensarten; zwar warf es bei Gründung der Bamberger'schen „Reichsbank" der „Nationalzeitung" „schamlose Berechnungen" vor, bezeichnete es dieses Blatt als „ganz und gar versunken im Dienste der Jobberei und Geldmacherei" — aber man braucht solche Scharmützel nicht so tragisch zu nehmen. „Nationalzeitung" wie „Volkszeitung" werden in der Hauptsache von Juden geschrieben; und Juden thun einander nicht Ueberlast, wissen sich immer wieder zu vereinigen. Herr Franz Duncker, der Verleger des „Organs für Jedermann", ist zwar nicht selber Gründer, hat aber unter den Gründern einen sehr nahen Verwandten; und daher ist Vorsicht, sind Rücksichten geboten!

Die „Nationalzeitung", die seit dem Tode des ehrenwerthen Friedrich Zabel, hauptsächlich von dem Dioskurenpaar Lasker und Bamberger geleitet wird, steht jetzt ganz und gar zu Diensten der Börse. Herr Bamberger, der parlamentarische „Jongleur" — so nannte ihn die „Vossische Zeitung" — treibt hier ungenirt seine manchesterlichen Künste; wie er's denn neulich fertig brachte, sein eigenstes Werk, die „Reichsbank", der Abwechselung halber, etwas anzugreifen. Herr Bamberger, der Gründer der „Deutschen Bank", der Erfinder der „Reichsbank", dem selbst die „Volkszeitung" „schamlose Berechnungen" vorwarf, und den verschiedene Blätter beschuldigen, er habe, als Mitbesitzer oder Hauptactionär eines Nickelbergwerks, im Reichstag so eifrig für Einführung der Nickelmünzen plaidirt, die sich jetzt als sehr unpraktisch erweisen — Herr Ludwig Bamberger war so unvorsichtig, auf der Tribüne des Parlaments von Mitgliedern der „Revolverpresse" zu sprechen, die in der Jahresversammlung des Vereins für Socialpolitik zu Eisenach erschienen wären und daselbst schutzzöllnerische Anträge gestellt hätten. Als nun der betreffende Antragsteller, Dr. Rudolf Meyer, Herrn Bamberger auf Pistolen forderte, wich dieser mannhaft zurück und betheuerte, Herrn Meyer garnicht gemeint zu haben. Sein Organ aber, die „National-zeitung", bezeichnete entrüstet die Herausforderung als ein Attentat auf die parlamentarische Redefreiheit, als die Ein-führung „amerikanischer Sitten". „Findet sie Nachahmung", ruft das jüdische Blatt aus: so würde man gut thun, Row-dies und Pistolenschützen in den Reichstag zu wählen, statt Männer, welche das öffentliche Wohl zu vertreten haben." Die Juden können eben Alles vertragen, nur keine Schiess-gewehre.

Herr Ludwig Bamberger, und mit ihm die „liberale" Presse, leiden an einer grossartigen Begriffsverwirrung, wenn sie solche Blätter, welche die manchesterliche Misswirthschaft enthüllen, die Ausplünderung des Volks durch Gründer und Börsianer ver-dammen — als „Revolverpresse" bezeichnen. Zur Revolverpresse gehören vielmehr die Börsenblätter, welche gegen Geld und gute Worte den frevelhaften Schwindel unterstützt und geför-dert haben, welche von den grossen Banquiers und Bankinsti-tuten einen Jahressold von je Tausenden und Zehntausenden regelmässig bezogen und zum Theil noch beziehen; welche von jeder Gründung ihren Antheil, baar oder in Actien, erhielten, und wenn sie ihn nicht erhielten, wie echte Presspiraten vorgingen, so lange drohten und scandalirten, bis ihnen der Mund gestopft wurde. Zur Revolverpresse gehören die Blätter, welche für die Gründungen des Herrn Ludwig Bamberger die unverschämteste Reclame machten, und diesen Finanzkünstler verschiedentlich als Ersatzmann für den Finanzminister Camp-hausen empfahlen.

Doch ich will von meinen Artikeln erzählen. Die Zu-schriften an die Redaction der „Gartenlaube" wurden häufiger und heftiger. Eine solche Epistel, unterzeichnet: Fr. Wilh. Schmidt, erklärte meine Mittheilungen für lauter erstunkene Lügen, und behauptete namentlich, ich hätte die Einnahmen der „Nationalzeitung" für Gründungs-Inserate viel zu hoch gegriffen. Eine Seite Annoncen koste, wenn das Inserat wieder-holt werde, nicht 125, sondern nur 75 Thaler, und der grosse Modewaarenhändler Rudolf Hertzog, der wöchentlich mehre Mal inserire, zahle sogar noch weniger als 75 Thaler pro Seite.

Der Schreiber scheint in der Expedition der „Nationalzeitung" ausserordentlich gut Bescheid zu wissen. — Andere schrieben: „Diese Artikel missfallen in vielen Kreisen"; oder: „Es wird erwartet, dass diese Artikel nicht fortgesetzt werden". Man hatte die Anmafsung, die Einstellung meiner Schilderungen kategorisch zu fordern, und nach Art der „Schlesischen Presse" mit dem Abspringen von Abonnenten zu drohen.

Alsbald verfiel man auch darauf, mir unlautere Motive unterzulegen und behauptete: ich wäre gedungen, um die Gründer und Gründergenossen an den Pranger zu stellen; ich würde dafür bezahlt. — Ach, meine Herren, das war sehr einfältig von Ihnen! Für „Enthüllungen" giebt der Jude nichts! Aber umgekehrt, wird ein Schuh daraus. Ich hätte grosse Summen nehmen können, würde ich die Artikel nicht geschrieben oder doch abgebrochen haben.

Diese Leute meinen, Jedermann sei für Geld zu haben; sie können sich nichts Höheres vorstellen, als gekauft zu werden; und ich glaube, dass sie Den, der sich nicht kaufen lässt, sogar verachten. Nun denn, ich will mich dieser Verachtung preisgeben und hier bekennen, dass mir mancherlei Anträge gemacht worden sind. Gleich nach dem ersten Artikel sagte man mir: Du hast gewiss auch an der Börse verloren? Wie viel ist es? Es soll Dir erstattet werden! — Später liess man mich mehr als einmal fragen: Was kostet es, wenn Du diese oder jene Gesellschaft nicht nennst? Was kostet es, wenn Du gewisse Namen verschweigst? — Selbstverständlich sagte und fragte man so nicht direct, sondern man suchte durch Dritte mit mir zu unterhandeln. Einer der letzten Bestechungsversuche war so fein, so plausibel, dass er mir eine gewisse Bewunderung abnöthigte, und ich entschlossen bin, ihn gelegentlich zu bearbeiten.

Ich darf wol bemerken, dass diese Anträge mir ausschliesslich von jüdischen Leuten gemacht wurden. Ich habe, soweit es mich persönlich betrifft, keine Namen genannt; aber falls man mich provociren sollte, werde ich sie auch nennen. Ich weiss, dass zum Theil dieselben Personen, die mich in anonymen oder pseudonymen Zuschriften an die „Gartenlaube" schmähten und verdächtigten, vor- oder nachher oder auch gleichzeitig mit mir unterhandelten. .

Besonders die Juden fühlten sich durch meine Artikel getroffen. Noch ehe ich's ausgesprochen, dass hauptsächlich ihnen der Börsen- und Gründungsschwindel zur Last fällt, trieb sie ihr böses Gewissen, gegen mich zu agitiren. Erst in Folge der Anfeindungen und Machinationen, die meine Aufsätze erfuhren; um dieselben vollends zu rechtfertigen und noch besser zu begründen; zugleich aber auch, um zu zeigen, dass ich mich nicht einschüchtern lasse — habe ich jetzt bei der Buch-Ausgabe, in Betreff der Juden, verschiedene Zusätze gemacht, wie sie sich namentlich S. 148 ff. und in den Nachträgen (S. 342 ff.) finden.

Um ehrlichen Missverständnissen vorzubeugen, unehrlichen Verdächtigungen und Denunciationen zu begegnen, erkläre ich aber ausdrücklich, indem ich eine Redewendung des Abgeordneten Windthorst-Meppen variire: Ich will die Juden nicht umbringen oder abschlachten, sie auch nicht aus dem Lande vertreiben; ich will ihnen nichts nehmen von dem, was sie einmal besitzen, aber ich will sie revidiren, und zwar funditus revidiren. Nicht länger dürfen falsche Toleranz und Sentimentalität, leidige Schwäche und Furcht uns Christen abhalten, gegen die Auswüchse, Ausschreitungen und Anmaßungen der Judenschaft vorzugehen. Nicht länger dürfen wir's dulden, dass die Juden sich überall in den Vordergrund, an die Spitze drängen, überall die Führung, das grosse Wort an sich reissen. Sie schieben uns Christen stets bei Seite, sie drücken uns an die Wand, sie benehmen uns die Luft und den Athem. Sie führen thatsächlich die Herrschaft über uns; sie besitzen eine gefährliche Uebermacht und sie üben einen höchst unheilvollen Einfluss. Seit vielen Jahrhunderten ist es wieder zum ersten Mal, dass ein fremder, an Zahl so kleiner Stamm die grosse eigentliche Nation beherrscht. Die ganze Weltgeschichte kennt kein zweites Beispiel, dass ein heimatloses Volk, eine physisch wie psychisch entschieden degenerirte Race, blos durch List und Schlauheit, durch Wucher und Schacher, über den Erdkreis gebietet.

Von den Juden können wir lernen. Vom getauften Minister bis zum polnischen Schnorrer bilden sie eine einzige Kette; machen sie, fest geschlossen, bei jeder Gelegenheit Front gegen die Christen. Fürst Bismarck ist, wie seine zahlreichen Strafanträge lehren, sehr empfindlicher Natur und gewiss ein gewaltiger Mann. Aber Ihr dürft zehnmal eher den Reichskanzler beleidigen als den schäbigsten Juden. Seht einen Trödeljuden nur schief an, und sofort erschallt von Gumbinnen bis Lindau, von Meseritz bis Bamberg und Oppenheim der Ruf: Israel ist in Gefahr! Mendel Frenkel, in einem galizischen Nest wegen Betrugs oder Diebstahls eingesperrt, verlangt im Gefängniss koschere Kost, und da er sie nicht erhält, schreit die ganze europäische Presse über Justizmord!

Ein Jude sorgt und kämpft stets für den andern; sie machen ununterbrochen für einander die wüthendste Reclame. Ihre Schriftsteller und Künstler, ihre Wissenschafter und Politiker sind in aller Leute Mund, paradiren täglich in den Zeitungen, werden mit Ehre und Lohn überschüttet. Hätte ein Christ die Lasker'schen „Enthüllungen" gemacht, sie wären wenig beachtet, schnell vergessen worden. So aber hoben die Juden den kleinen Lasker auf ein Piedestal von der Höhe des Montblanc, priesen und feierten ihn als die Uneigennützigkeit und Tapferkeit in Person, machten aus ihm einen jüdischen Heiligen. Auch Herr Lasker lebt nicht von der Luft, sondern von einer Sinecure, die er beim Städtischen Pfandbriefamt inne hat. Und vorher, als er nur unbesoldeter Assessor war, bezog er von der „Nationalzeitung" einen hübschen Redacteur-Gehalt. Ob er ihn noch bezieht, weiss ich nicht. Auch Eduard Lasker ist, ebensowenig wie die liebe Sonne, ohne Flecken. Ein solcher Fleck ist z. B. die Verbindung mit Herrn Pelckmann, der seinen Brotherrn, Geheimrath Wagener verrieth, um Lasker'n das Material zu den „Enthüllungen" zu liefern, und der jetzt wegen Unterschlagung im Gefängnisse sitzt. Ein solcher Fleck ist auch Lasker's unbezähmbare Eitelkeit, die er freilich mit seinem ganzen Volke theilt. Unmittelbar nach den „Enthüllungen" liess er die „Erlebnisse einer Mannesseele" erscheinen, worin er seine zahlreichen Liebesabenteuer (!) erzählt, und von denen der Herausgeber, Berthold Auerbach sagt: „Gedrungen und knapp in der Form, edel und reif im Gehalt, werden diese Blätter, nach meiner Ueberzeugung, von dauerndem Werth in der deutschen Literatur sein." Trotzdem wurde die ganze Auflage zurückgekauft, mit 5 bis 8 Thaler pro Exemplar bezahlt, weil Herr Lasker merkte, dass er sich, und verschiedene Familien dazu, arg compromittirt hatte. In der

Reichs-Justiz-Commission suchte Herr Lasker sich durch einen so wunderbaren Antrag bemerklich zu machen, dass er hinterher. „wegen Ueberbürdung mit Arbeiten", seinen Austritt nehmen musste. Neuerdings ist er. ziemlich unbemerkt, wieder eingetreten.

Der „Kulturkampf" war den Juden ein gefundenes Fressen, und sie können davon nicht genug bekommen. Der „Kulturkampf" soll den Börsen- und Grundungsschwindel vergessen lassen. über die schwere Krisis und den allgemeinen Nothstand täuschen. Wenn die Katholiken so klug wären, mit der Staatsregierung ihren Frieden zu machen — und es scheint jetzt, als ob die Geneigtheit dazu auf beiden Seiten vorhanden ist — würde man bald den gemeinsamen Feind erkennen; die wahren Reichsfeinde. welche den Ruf des Deutschen Volkes so arg geschädigt, den Glanz des jungen Reiches so schnell getrübt haben. Darum ist die „National-Zeitung" voll Sorge und Unruhe, und sie ruft: Kein Ausgleich! Wir verlangen die unbedingte Unterwerfung der Klerikalen! Selbst das Wort „Frieden" ist ihr anstössig, und sie schalt die „Provinzial-Correspondenz", die es gebraucht hatte. Als man im Reichstag Miene machte, sich nach gewissen fragwürdigen Eisenbahn-Prioritäten zu erkundigen, die dem Reichsinvalidenfonds angeschmiert sind, drohte die „National-Zeitung", dem Centrum wie einem kleinen Kinde. mit der „grossen und schreckhaft aussehenden schwarzen Mappe" des Reichskanzlers, welche über die Katholiken neue Kirchengesetze ausschütten werde; und um solch unliebsame Erkundigungen möglichst zu beschwichtigen, um den „Scandal" zu beschwören, begann sie ihrem gefürchteten Gegner, Herrn Windthorst zu schmeicheln, und sie schmeichelte sogar Herrn Bebel. Zu Anfang der Reichstagssession schwebte sie in grösster Angst, dass die Regierung sich von der Manchester-Politik lossagen werde; bis ein Artikel der „Provinzial-Correspondenz" sie wieder aufathmen liess. „Es bleibt beim Alten!" jubelte sie. und lobte begeistert plötzlich den „ernsten getragenen Stil" des officiösen Organs. Aber die Strafrechtsnovelle brachte sie wieder in Verlegenheit, und sie wusste nicht, wie sie sich drehen und wenden sollte. Einerseits zog sie Fürst Bismarck, andererseits schämte sie sich doch vor der Nation, fürchtete sie die bevorstehenden neuen Wahlen. „Alle Strafrechtsparagraphen der Welt können den Schaden nicht wieder gut machen. wenn die Einigkeit zwischen Regierung und Reichstagsmehrheit in Frage gestellt wird!" jammerte sie; und sie war dann auch wirklich wieder zu einem Compromiss bereit. Beim Jahresschlusse weist sie sich an die Brust und declamirt: „Fürst Bismarck ist eine in sich geschlossene Persönlichkeit, und die Nationalliberalen sind noch viel unwandelbarer." (!!) Nun, wir werden sehen! Wir wollen abwarten, was die Nationalliberalen und die Manchesterleute, um sich am Ruder zu erhalten, noch für Sprünge vollführen werden, und was bei den nächsten Wahlen von ihnen übrig bleiben wird!

Selbstverständlich konnten die Drohungen der Juden auch Herrn Keil nicht einschüchtern. Allein er wurde doch schwieriger. Er liess Worte, wie „Schmu", „koscher" etc., obwol sie den Juden selber sehr geläufig sind, nicht mehr passiren; er strich, nachdem ich schon die Correctur gelesen, alle Anspielungen auf das Judenthum und mancherlei Pointen; und wenn ich mich darüber beschwerte und auf unsere Abmachung verwies, so sprach er von seinem „Gerechtigkeitsgefühl" und von seinem „redactionellen Recht." Auch erschienen die Artikel sehr unregelmässig und in viel zu langen Pausen. Zahlreiche und häufig bogenlange Briefe wurden zwischen uns gewechselt; sie verdienen ebenfalls gedruckt zu werden, und sie würden in literarischen Kreisen nicht wenig interessiren.

Auch Herr Lasker fühlte sich durch meine Kritik seiner „Enthüllungen" (S. 244) beschwert, und unter dem Vorwande zu reclamiren, liess er durch einen „Freund" über sich eine breite Reclame ausgiessen (Vgl. S. 341); welche in der „Gartenlaube", wieder ohne mein Wissen, erschien. Sie erregte selbst in „liberalen" Kreisen Kopfschütteln, man wollte aus ihr folgern, dass die „Gartenlaube" sich im vollen Rückzuge befinde, und einige Blätter erhoben, zu meinem aufrichtigen Bedauern, sogar den Vorwurf, die »Gartenlaube« sei „jämmerlich zu Kreuz gekrochen". Ich hege diese Ansicht durchaus nicht; ich habe im Gegentheil Herrn Keil sofort mein Compliment gemacht, seinen Tact und sein Geschick gerühmt, dass er die plumpe Reclame ihrem vollen Umfange nach zum Abdruck brachte. Gewiss wollte er sie dem Urtheil der Leser überlassen; gewiss meinte er, dass sie sich selber richte.

Ueberhaupt muss ich Herrn Keil meine grosse Anerkennung aussprechen; er hat sich um das Publikum sehr verdient gemacht. Kein anderes Blatt von Bedeutung hätte den Muth gehabt, diese Artikel zu bringen; kein anderes mir gestattet zu sagen, was ich hier gesagt habe. Allerdings kann die Gartenlaube auch viel mehr riskiren; ihre Verbreitung ist zu riesig und nicht leicht zu erschüttern. — Heute freilich, nachdem diese Artikel über ein Jahr erschienen, würden auch andere Journale die Fortsetzung bringen. Nach dem Vorgehen der „Gartenlaube" begannen kleine wie grosse Zeitungen gleichfalls in „Enthüllungen" zu machen; d. h. à la Lasker, mit der nöthigen Vor- und Rücksicht, und in der frommen Absicht, sich selber weiss zu waschen. Verschiedene grosse Zeitungen, die den Schwindel einst mit Begeisterung colportirt, und sich dabei fett und dick gefüttert haben, sitzen heute über den Schwindel strenge zu Gericht; und man konnte, z. B. in Breslau, Köln, Frankfurt a. M., das erbauliche Schauspiel beobachten, wie sie sich untereinander ihre Gründungssünden vorwarfen, sich gegenseitig „Spitzbuben!" nannten.

Die jetzt gesammelten Artikel haben mich über ein Jahr beschäftigt, und fast ausschliesslich. Das Sichten des grossen Materials, die zahllosen Recherchen, der Briefwechsel mit Herrn Keil und mit dem Publikum kosteten viel Mühe und Arbeit. Bald begann auch das Publikum mitzuarbeiten; aus allen Schichten und Kreisen der Gesellschaft, selbst aus Parlaments- und Börsenkreisen gingen mir Beiträge und — Anerkennung zu. Selbst Börsenleute, selbst Juden sprachen mir ihren Beifall aus; und ebenso Männer der Wissenschaft — natürlich nicht manchesterliche „Volkswirthe" — aber sowol Freihändler wie Schutzzöllner. Auch stehen meiner Auffassung und meinen Ausführungen verschiedene Fachschriftsteller zur Seite — ich nenne nur F. Perrot, Georg Hirth, Rudolf Meyer, F. Stöpel, Emil Richter— deren einschlägige Schriften ich später heranziehen werde.

Vielleicht ist es nicht überflüssig zu bemerken, dass ich mich weder zu den Conservativen noch zu den Socialdemocraten, weder zu den Ultramontanen noch zu den Particularisten zähle; dass ich mindestens so „liberal" zu sein glaube, wie die Nationalliberalen und die Fortschrittsleute zusammen genommen. Diese

Artikel sind von keinem politischen oder confessionellen Partei-
standpunkte geschrieben, sondern ohne Rücksicht auf die Parteien und ohne Ansehen der Person. ohne Animosität, ohne
Jemanden zu schonen oder zu begünstigen. Selbst Personen.
zu denen ich in Beziehung gestanden, habe ich verdienter-
massen verrmerkt. Der Regel nach sind dagegen nur solche
Namen genannt, die in der Geschichte des Schwindels mehrfach vorkommen; Leute, die sich zufällig und nur einmal verlaufen, liess ich fast immer bei Seite.

Meine Artikel haben in der öffentlichen Meinung einen
grossen Umschwung herbeigeführt: die Gründer und Gründergenossen sind moralisch bereits gerichtet. Und auch die Nemesis
schreitet vor — freilich noch sehr langsam. Schon nahm sich
mancher jener Elenden das Leben; neuerdings packt auch hin
und wieder Einen der Staatsanwalt.

Wie ich wol nicht erst betonen darf, gehen diese Aufsätze
weit hinaus über Jobber und Gründer, über Börse und Judenschaft. Sie richten sich gegen die Corruption in der Gesellschaft,
die von oben bis unten mit unsaubern Elementen durchsetzt
ist. Sie richten sich gegen die Corruption in der Presse, die im
Grossen und Ganzen unendlich gesunken, eine feile Dirne geworden
ist. Sie richten sich gegen die Corruption in den Parlamenten,
die einer scharfen Säuberung bedürfen. Möge das Deutsche
Volk sich bei den nächsten Wahlen vorsehen, möge es sich die
Gründer und Gründergenossen wohl merken! Wenn Herr Lasker
in Betreff seiner politischen Freunde, die da gegründet haben,
zwischen soliden und unsoliden Gründungen, zwischen
solider und unsolider Theilnahme daran, unterscheiden
will, so ist das blosse Sophistik. Es giebt aus der Zeit der
Schwindelperiode keine solide Gründung und keinen soliden
Gründer oder Mitgründer. Wer beim Gründen geholfen, ist dafür auch bezahlt worden, und zwar stets auf Kosten der ge-
schorenen Actionäre. Wer als Volksvertreter und Gesetzgeber
wirken will, muss vor Allem reine Hände haben: die aber hat
kein Gründer und kein Gründergehilfe!

Die Artikel, wie sie ursprünglich in der „Gartenlaube" erschienen, sind jetzt wol um das Doppelte erweitert. Vieles, was aus räumlichen Gründen und anderen Rücksichten dort wegblieb, ist hier aufgenommen; Vieles ist neu hinzugekommen, und das Ganze bis in die allerjüngste Zeit fortgesetzt. Es liegt daher so ziemlich ein neues Buch vor.

Selbstverständlich ist aber das Thema noch nicht entfernt durch- und zu Ende geführt; noch bleibt Vieles abzuhandeln. In den folgenden Artikeln werde ich die Fabriken, Berg- und Hüttenwerke, die Banken und Eisenbahnen vorführen, und ausserdem namentlich illustriren: Die Generalversammlungen und die Verwaltungsräthe; Die Banquiers und das Publikum; Die Makler, die Bleistifte und das Börsenspiel; Die Presse im Dienste der Börse und der Gründer; Die nächsten Folgen des Schwindels; Die Ueberspeculation und der „Krach"; Die Geschäfts- und Arbeitskrisis; Die „Entgründungen"; Die Gründer im Parlament; Die Gründer vor Gericht; Das Haus S. Bleichröder und die Disconto-Gesellschaft; Der Reichsinvalidenfonds; Die Münzen- und Notenhetze; Die Reichsbank; Die Mängel und Schäden des Actienwesens; Die Börse auf ihre natürliche Bedeutung zurückgeführt.

Die Course anlangend, so sind dieselben während dieses Buch im Druck sich befand, noch viel tiefer gesunken. Die Hausse, Ausgangs November, verunglückte; dagegen haben die grossen Bankinstitute, um die Bilanzen günstiger abschliessen zu können, zum Jahreswechsel eine Courstreiberei durchgesetzt; und seit Neujahr sind den zahllosen Papieren, welche keine Dividende geben, die famosen „Börsenzinsen", gewöhnlich 4 Prozent, zugeschlagen. Dieselben bröckeln jedoch schnell wieder ab, und auch im Uebrigen wird das Sinken der Course wahrscheinlich noch lange fortgehen.

Berlin, Januar 1876.

Otto Glagau.

I.

Zur Einleitung.

Speculation und Schwindel sind die beiden Mächte, die heute auf dem Thron der Welt sitzen, unter deren Herrschaft die civilisirte Menschheit seufzt und stöhnt, siecht und verkümmert. Wenn Speculation und Schwindel einen ausserordentlichen Fang gethan haben, wenn in ihrem Netze Hunderttausende und Millionen zappeln, wenn auf der ausgeplünderten und ausgesogenen Gesellschaft ein allgemeiner Nothstand lastet — dann spricht die moderne Volkswirthschaft von einer Krisis, die sie bald eine Handels- oder Geschäfts-, bald eine Geld- oder Wirthschafts-Krisis nennt. Solche Krisen kehren seit dem letzten Vierteljahrhundert immer häufiger, mit erschrecklicher Regelmässigkeit wieder, und die Herren Nationalökonomen scheinen sie schon als ein nothwendiges Uebel zu betrachten, indem sie dieselben als krankhafte Zeitströmungen erklären, nach Art eines klinischen Lehrers die „Diagnose" der angeblichen Krankheit stellen, und die „therapeutischen Mittel" zu ihrer Bewältigung abhandeln. Das heisst aber doch, die Begriffe verkehren, die Thatsachen verdrehen; es heisst, die Schuldigen unterschlagen, und dafür die armen bethörten Opfer anklagen wollen. Fürwahr, ein Hohn, wie er grausamer nicht zu denken ist!

Der jüngste Schwindel geschah 1871/72; er übertraf seine Vorgänger weitaus an Umfang und an Frechheit; und an den Wunden, die er geschlagen, blutet noch immer ganz Europa und Amerika. Die Veranlassung gab unter Anderem der glorreiche Krieg gegen Frankreich. Das Deutsche Volk, plötzlich geeint und mächtig, musste sein erwachendes Selbst- und Frohgefühl sofort theuer bezahlen. Die Dämonen des Schwindels stürzten darüber her und überrumpelten es in seiner Siegesfreude und nationalen Begeisterung. Die heiligsten Gefühle eines Volkes wurden von der Speculation und von dem Schwindel für ihre schnöden Umtriebe, für ihre verbrecherischen Zwecke ausgebeutet.

Freilich, der Boden war schon früher vorbereitet.

Schon seit 1866 begann das Börsentreiben, das bis dahin hauptsächlich in Paris blühte, sich auch nach Deutschland zu verpflanzen, und auch hier üppig emporzuwuchern. Die Berliner Börse überholte die Plätze von Hamburg und Frankfurt a. M. und fing an mit ihrer Schwester in Wien mächtig zu wetteifern. Der Börsen-Verkehr nahm, wie der Börsen-Jargon sich ausdrückt, einen internationalen Charakter an; das heisst, die Geldmächte aller Länder reichten einander die Hände zum schönen Bunde. Allerhand fremde „Fonds", darunter die famosen „Italiener", und die noch famoseren „Türken"; allerhand unsagbare „Lotterie-Anleihen", z. B. Bari-, Bukarester-, Finnische-, Madrider-, Neuenburger-, Schwedische-, Venetianische- etc. Loose, wurden gleichzeitig an den Börsen eingeführt, und das Geld floss in einem Gewirr von Bächen und Kanälen ins Ausland ab. Hundert Banken und Bänkchen überschwemmten die Deutschen Staaten mit ihren Noten, und die Papiergeldwirthschaft bedrohte und schädigte das Publikum über die Mafsen. Gewisse Effecten, wie die Actien der Oesterreichischen Credit-Anstalt, der Oesterreichischen Südbahn und der Oesterreichisch-Französischen Staatsbahn (kurzweg „Credit", „Lombarden" und „Franzosen" genannt), wurden zu Spielpapieren an allen europäischen Börsen; und das sogenannte Differenz- oder Zeitgeschäft, wo man verkauft, was man gar nicht hat, und wo man kauft, was man nie beziehen will — bildete wie früher in Paris und Wien, nun auch in Berlin den eigentlichen Börsen-Verkehr, gegen welchen das Cassageschäft, das sind die wirklichen Käufe und Verkäufe, immer mehr in den Hintergrund trat.

Mancherlei Projektenmacher, Glücksjäger und Industrieritter kamen nach Berlin und excellirten hier wie kaum anderswo. Am Himmel der Speculation schoss ein neues Gestirn herauf, ein Komet mit riesigem unendlich langem Schweife, und der eigenthümlich schillernde und glitzernde Schein, den er verbreitete, verdunkelte bald alles sonstige Licht, namentlich auch das in dem Hirn seiner neuen Mitbürger. Dieser Komet nannte sich Strousberg: er war ein Sohn des auserwählten Volks und gebürtig aus dem polnischen Ostpreussen, da wo Fuchs und Wolf sich Gute Nacht sagen. Seine Thaten und seine Erfolge harren noch ihres eigentlichen Sängers, aber sie waren so wunderbar, so fabelhaft, dass eifrige Jünger und ehrliche Schwärmer ihn den „Eisenbahn-König" hiessen, ihn als einen „Cultur-Heros" feierten. Wie das Leben aller

Heroen und Halbgötter ist auch die Geschichte Strousberg's ein — Mythos. Als zwölfjähriger Bocher wanderte Baruch Hirsch Straussberg nach England
und traf zwanzig Jahre später als Doctor Bethel
Henry Strousberg in Berlin ein. Was er inzwischen
getrieben? Wahrscheinlich alles Mögliche. Er selber
lässt erzählen, dass er in der Fremde Commis, Re-
porter. Lehrer, Speculant, Rentier, Redacteur und
Dichter (!) gewesen sei. Ohne Frage führte er ein
wechselvolles abenteuerliches Leben, aber es wollte ihm
nicht glücken: John Bull und Bruder Jonathan waren
nicht dümmer wie er, und so kehrte er nach Deutschland zurück. wo er sein Genie endlich verwerthen
konnte. Zunächst war er eine Art Agent oder Com-
missionär, bis er sich auf den Eisenbahnbau warf, indem er die „General-Entreprise", oder wie der Abgeordnete Lasker so treffend sich ausdrückte, das
„System Strousberg" erfand. Er baute binnen
wenigen Jahren wol ein Dutzend Eisenbahnen, und
zwar in der originellsten Weise. Er baute mit fremdem
Gelde, denn er selber hatte nur Schulden; und er
baute im Uebrigen so schlecht wie nur möglich, und
so theuer wie nur denkbar. Natürlich mussten dabei
Millionen abfallen, nicht nur für ihn, sondern auch

für seine Verbündeten und Helfershelfer. Bald schätzte man ihn einen 20 bis 50fachen Millionär, nannte ihn den modernen Crösus, einen zweiten Grafen Monte Cristo.

Sein Heraufkommen war rapid, aber doch nicht ohne Hindernisse und ohne Schwierigkeiten. Die Börse und die ganze Geschäftswelt betrachtete ihn mit grossem Misstrauen. Lange wies man seine Wechsel zurück, und er konnte sie nur mit ungeheuerem Damno (Verlust) unterbringen. Die von ihm geschaffenen Eisenbahn-Actien und Eisenbahn-Prioritäten fanden nur widerwillige Aufnahme, er musste sie förmlich verschleudern, er schlug sie zu jedem Preise los; aber er fabricirte immer wieder neue und in immer grösseren Massen. So machte er Geld, und mit dem Gelde fand sich alles Uebrige. Zwar lachte und spottete man über den verwegenen Abenteurer, über den dreisten plumpen Parvenu, aber seiner Einladung folgte doch die vornehmste Gesellschaft und schmauste und zechte mit ihm. Er besoldete Literaten aller Grade, er beschenkte Journalisten und setzte ihnen Pensionen aus, und so gewann er die Presse. Fortan konnte man in allen Zeitungen Anekdoten und Notizen über den grossen „Doctor“ lesen, über seinen luxuriösen Haushalt, über

seine Freigebigkeit und Mildtbätigkeit, über seine Projecte und Unternehmungen. Herr von Bismarck musste
es sich gefallen lassen, in den pikanten Artikelchen
der Localblätter neben Strousberg und neben der Lucca
zu figuriren, und diese oder jene Zeitung warf allen
Ernstes die Frage auf: wer denn grösser sei, der
„eiserne Graf" oder der „Eisenbahn-König"? Auch
die Witzblätter behandelten den „Wunderdoctor" in
Wort und Bild, und diese Witze sollen ausserordentlich honorirt worden sein.

So wurde Strousberg zum Tagesgespräch. die
grösste Berühmtheit Berlin's. An den Schaufenstern
der Buch- und Kunsthandlungen erschien der mehr
robuste als geistreiche Kopf des grossen „Doctors",
sowie eine „Biografische Karakteristik" (buchstäblich!),
geschrieben von einem Literaten, der sich einen Ma-
gyaren zu nennen liebt, und das ellenlange Verzeichniss seiner „Werke" stets bei sich führt, wie im „Don
Juan" Leporello die Liste von den Liebschaften seines
Herrn. Strousberg legte sich endlich auch noch eine
eigene Zeitung bei, die „Post"; sie erforderte, wie man
behauptet, einen Zuschuss von jährlich 40 bis 80,000
Thalern, hatte zu Mitarbeitern eine gar seltsame Ga-

lerie von Charakteren und Capacitäten, leistete aber trotzdem kaum das Mittelmässigste.

Um seine „Geschäfte" in's Werk zu setzen, um allerhand Connexionen zu gewinnen und dadurch von den Regierungen die Concessionen zu erlangen, hatte der „Wunderdoctor" nur Eine Maxime, die ihn aber nie im Stich liess. Sie lautete: Ein goldner Schlüssel öffnet jede Thür, und ein mit Gold beladener Esel übersteigt jede Mauer. In jedem Bureau war Strousberg bekannt, in jeder Behörde bis zu den Ministerien hinauf hatte er seine Freunde und Gönner, die ihm Auskunft und Rath ertheilten, die seine Interessen mit Begeisterung verfochten. Verschiedene hohe Beamte mussten um seinetwillen ihren Abschied nehmen. „Der Mann, der Alles kauft", lautete die Ueberschrift eines Artikels, den ein Localblatt dem grossen „Doctor" widmete. In der That kaufte Strousberg Alles — das war sein offenes Geheimniss. Zu guter letzt kaufte er sich noch den hohen und höchsten Adel, Grafen und Herzoge, und zog mit ihnen nach Rumänien. Seine letzte Schöpfung waren ca. 65 Millionen Thaler 7 $\frac{1}{2}$ procentige Rumänische Eisenbahn-Obligationen. Dieselben kamen 1868 zum Course von 71 an die Börse und wurden hier unter „Ausländische

Fonds" notirt, während sie blos von Herrn Strousberg und seinen Genossen: Herzog von Ujest, Herzog von Ratibor und Graf Lehndorff "fundirt" waren; — eine von den vielen Täuschungen, die die unglücklichen Käufer dieses Papieres erfahren mussten! Als Herr Strousberg und Consorten zu Neujahr 1871 die garantirten Zinsen nicht mehr zahlten, während der betreffende Eisenbahnbau selber liegen geblieben war, sanken die „Rumänier" bis auf einen Cours von 40 herab, worauf sie durch Vermittelung Dritter in 5procentige Actien umgewandelt wurden. Wie viel die hochadligen „Mitconcessionäre" bei diesem sauberen Geschäft verdient haben, ist nicht genau bekannt geworden; dem grossen „Doctor" jedoch rechnete Herr J. Hoppe in der „Vossischen Zeitung" (1871 No. 205) nach, dass er mindestens 10 Millionen Thaler in die Tasche gesteckt habe und über fast ebenso viel die Abrechnung schuldig geblieben sei. Mit den „Rumäniern", die doch zu viel Gestank verbreiteten, trat der „Wunderdoctor" einstweilen vom Schauplatz ab, und seine Hinterlassenschaft übernahmen die „Discontogesellschaft" und das Haus S. Bleichröder, indem sie die betrogenen Gläubiger zu einer Actiengesellschaft vereinigten. Man verlangte, dass die Attentäter von

ihrer Beute ca. 25 Millionen Thaler herausgeben sollten, aber Herr Strousberg bewilligte nur 6 Millionen,
und man musste wohl oder übel damit zufrieden sein,
denn der „fünfzigfache Millionär" war inzwischen ein
bettelarmer Mann geworden. All' seine Häuser, Paläste, Schlösser, Güter und sonstigen Liegenschaften
hatte er an seine Frau abgetreten.

Seitdem kamen die „Schöpfungen" des grossen
„Doctors" sehr in Verruf. Seine Eisenbahnen waren
von wahrhaft frevelhafter Beschaffenheit, konnten entweder gar nicht in Betrieb gesetzt werden, oder verursachten doch bald mancherlei Unglücksfälle. Die
meisten seiner Eisenbahnen werden in diesem Jahrhundert keine Dividende mehr abwerfen, die Unmasse
der von ihm fabricirten Actien ist zum grössten Theile
Maculatur. Wie viel blutige Thränen sind über diesen
Mann geweint worden, wie viel Flüche und Verwün-
schungen haben sich auf sein Haupt ergossen, wie
viel Jammer, Elend und Verzweiflung hat er zu verantworten!! Die unter dem Nimbus seiner hochadligen
Genossen, mit allen Mitteln vertriebenen „Rumänier"
wurden zu einer wahren Landseuche, die Tausende
von Existenzen gefressen hat. Gar mancher Besitzer

von „Rumäniern" legte Hand an sich, gar mancher wanderte in's Armen- oder in's Irrenhaus.

Und diesen Mann nannte die Presse und das von ihr geleitete Publicum einen „Wohlthäter der Menschheit", einen „Culturheros"! — Und in gewissem Sinne war er wirklich ein Heros, nämlich eine Art von Herkules. Herkules der Hellene reinigte bekanntlich die Ställe des Königs Augias; Strousberg der Semite aber füllte und hinterliess uns einen solchen Stall, einen Augiasstall voll Corruption und Fäulniss. Er corrumpirte die Presse, er corrumpirte die Beamtenwelt und den Adel, er umging und höhnte die Gesetze, er schlug der Moral öffentlich in's Gesicht!! — — Und gegen diesen unseligen Menschen und sein verbrecherisches Treiben erhob sich keine Stimme, auch in unsern Parlamenten nicht, wiewol darin seit 1865 auch schon Herr Lasker sass. Alles blieb stumm und still! Erst Februar 1873, als Strousberg längst abgethan war, enthüllte und verdammte Herr Lasker das „System Strousberg". Und hierin war ihm sogar die Presse zuvorgekommen. Nach dem Sturze Strousberg's ermannte sich auch die Presse, und wie eine losgelassene Meute fiel sie über den „Wunderdoctor" her. Dieselben Zeitungen, die früher vor ihm gekrochen, traten ihn nun mit Füssen. Dasselbe Localblatt, welches ihn einst unter dem Titel „Der Mann, der Alles kauft" verherrlicht hatte, erklärte jetzt feierlich, wie es sich nie mit Strousberg befasst, sondern ihn stets weit von sich gewiesen habe. — Ja, es geht nichts über Consequenz und über ein reines Gewissen!

Strousberg hat eine Schule hinterlassen, eine sehr zahlreiche Schule — und um dessentwillen haben wir uns so lange mit ihm aufgehalten. Manche seiner Jünger und Trabanten werden wir unter den Gründern der grossen Schwindelperiode finden, und sie haben sich ihres Meisters durchaus würdig bewiesen. Andererseits war wieder Strousberg nicht recht möglich ohne unsere moderne Volkswirthschaft, ohne die Herren des Laissez faire oder das Manchesterthum. Dieses, welches noch immer fast die ganze Presse hinter sich hat, die volkswirthschaftlichen Congresse erfüllt, und auch unsere Juristen wie Verwaltungsbeamte beeinflusst — kennt und lehrt als ersten und letzten Grundsatz: die freie Concurrenz, wonach der Staat sich in Handel und Industrie nicht einmischen darf, sondern die Dinge ruhig und ungestört ihren Gang gehen lassen soll. Namentlich verbieten die Manchesterleute dem Staat den Bau von Eisenbahnen, indem solcher allein der

Privat-Concurrenz überlassen bleiben müsse. Dieser
Lehre verdankt denn auch Herr Strousberg seine Carrière. Er concurrirte um eine Eisenbahn nach der
andern, und er schlug bald alle Mitconcurrenten aus
dem Felde. Graf Itzenplitz, der damalige Preussische
Handelsminister, übrigens ein ehrlicher wohlmeinender,
aber nicht entfernt scharfsinniger Mann, verhandelte
sogar am liebsten mit Strousberg, der ihm Alles so
bequem zurechtzulegen verstand, und liess sich von
dem „System Strousberg" dermafsen berücken, dass
er mehr und mehr von Staatsbahnen absah und die
einträglichsten Linien an Privatunternehmer vergab,
allerdings unter dem Einfluss hoher und höchster Personen auch wol vergeben musste.

Aber Strousberg, wie wenig er sich auch um
Recht und Gesetz schor, sah sich doch von gewissen
Schranken umgeben, die selbst ihm unübersteiglich
blieben. Da thaten sich die Manchesterleute zusammen
und lösten der „freien Concurrenz" auch die letzte
Fessel. Am 20. Mai 1870, während die Tage des
Reichstags gezählt waren, und er deswegen mit ver-
doppelter Dampfkraft arbeitete, berieth man das Ge-
setz, welches die Actien-Gesellschaften fortan von jeder
Genehmigung und Aufsicht des Staats befreien sollte.

Hei, wie ging Herr Miquel in's Zeug, und wie tapfer secundirten ihm Herr Hammacher und Herr Braun-Wiesbaden! Herr Miquel vergass sich sogar etwas stark, indem er dem Aufsichtsrath resp. Vorstand einer Actiengesellschaft gewisse Täuschungen und „Verschleierungen" freigeben wollte; worauf er sich von Herrn Lasker zur Besinnung gerufen sah. Nun, das Gesetz war in vier Tagen fix und fertig; dass es aber ein übereiltes, höchst mangelhaftes ist, dass es den jüngsten grossen Schwindel entschieden mitverschuldet hat und dringend einer Revision bedarf, haben hinterher auch Diejenigen zugestehen müssen, die da selber es gemacht haben. Am 27. Juni ward das neue Actiengesetz publicirt, und nun konnte der Hexensabbath losgehen; aber plötzlich brach der Krieg aus, und so musste man sich schon noch etwas gedulden.

II

Der Tanz um das Goldene Kalb.

Der Feldzug gegen Frankreich und die Börse — Die 120 Millionen Anleihe des Norddeutschen Bundes — „Das Kapital hat kein Vaterland" — Amerikanische Eisenbahn-Prioritäten — Lüttich-Limburg, Schweizer Union, Tamines-Landen — „Börsenzinsen" — „Neue Werthe" — Die fünf Milliarden — Die Gründungen in Berlin und die in Wien — Gründerfirmen und Gründerbanken — Gewerbebank II. Schuster u. Co. — Geheimrath Wagener — Lasker's „Enthüllungen" — Eduard Mamroth und die Centralbank für Bauten — Preussische Boden-Credit-Actien-Bank — Landrath Jachmann, Richard Schweder und Wilhelm Paradies — Preussische Credit-Anstalt — Dannenberger'sche Kattunfabrik — Seine Excellenz Gustav von Bonin — Heinrich Quistorp — Westend und die Vereinsbank — Nur „commissionsweise" Gründungen — „Bruder Grund-Ehrlich".

Niemand — auch unsere lorbeergekrönten Feldherren nicht — Niemand ahnte und konnte ahnen die beispiellos schnellen und gewaltigen Erfolge, womit der Feldzug gegen Frankreich begann. Aber von vornherein war das Deutsche Volk voll Hoffnung und Vertrauen, und es zeigte eine Begeisterung und einen Opfermuth, die wahrlich an die Zeit der Befreiungskriege erinnerten. Ganz anders die Börse. Dank ihrem „internationalen", das heisst vaterlandslosen Charakter, wusste die Börse sich vor Angst und Zweifel nicht zu lassen. Noch hatte der Kampf nicht einmal angefangen, da liess die Börse schon Consolidirte Preussische Staatsanleihe, also ein Papier, das nur mit dem Preussischen Staate selber fallen kann, und das heute mit ca. 105 notirt wird — bis auf 80 stürzen!! In Folge dieses Börsenfiebers wurden auch die in jedem Augenblick einlösbaren Noten der Preussischen Bank im Klein- wie im Grossverkehr vielfach zurückgewiesen, und das Silber- und Gold-Agio (Aufgeld) erstieg eine unsinnige Höhe.

Einmüthig bewilligte der Reichstag die Mittel zur Führung des Krieges. die 120 Millionen-Anleihe des Norddeutschen Bundes; und der Reichskanzler legte dieselbe zu dem sehr bescheidenen Course von 88 auf. Aber was geschah?! — Die Zeichnungen fielen höchst kläglich aus; an der Berliner Börse wurden kaum 3 Millionen gezeichnet. Die Börse traute dem Norddeutschen Bunde nicht; auch war den Börsen-Matadoren der Subscriptionspreis von 88 noch nicht niedrig genug, und überhaupt grollten sie dem Reichskanzler, dass er dem Preussischen Finanzminister, und nicht ihnen. das „Geschäft" übertragen hatte. Die Herren fanden, dass nicht genug zu „verdienen" sei, man intriguirte sogar gegen die Anleihe, und daher rührt der

Misserfolg. Am 4. August lag die Anleihe zur Subscription auf: und am selben Tage erstürmte der
Kronprinz von Preussen die Linien von Weissen-
burg. — Ach, wäre dieser glänzende Sieg doch schon
bekannt gewesen, um wieviel „patriotischer" hätte sich
dann die Börse bewiesen! Gewiss, die Anleihe wäre
voll gezeichnet; nein, zehnmal überzeichnet worden!
Wie lüstern schielten die Herren jetzt nach dem noch
unbegebenen Rest der Anleihe! Aber Herr Camphausen, der Finanzminister. sagte: Kuchen! und gab
diesen Rest zu einem weit höhern Course der Seehandlung ab; die trotzdem ein gutes „Geschäft" machte,
denn, wie bekannt, ging die Norddeutsche Bundes-
Anleihe bald über Pari (100).

„Das Capital hat kein Vaterland!" — Dies ist die
wahre Gesinnung, ja der offene Wahlspruch der Börse;
und demgemäss handelte auch einer ihrer Angehörigen,
der jüdische Banquier G . . . . in Berlin, indem
er, noch während wir mit Frankreich im Kriege lagen,
flott auf die Französische Anleihe zeichnete. Erst der
Staatsanwalt und die Anklage auf Landesverrath konnten
ihn zum Bewusstsein seiner Preussischen Staatsangehö-
rigkeit bringen.

Es folgten die Siege von Wörth und Spicheren, es

kam der Tag von Sedan — und nun war Niemand „patriotischer", Niemand von Jubel so voll und so toll wie die Börse. Während unsere Soldaten den Feind vor sich her trieben, trieb die Börse die Course in die Höhe; während die Französischen Gefangenen Deutschland überschwemmten, überschwemmte die Börse den Markt mit ausländischen Papieren. Zunächst führte sie die Amerikanischen Eisenbahn-Prioritäten ein, immer eine nach der andern: die seitdem so berüchtigt gewordenen Alabama-Chattanooga, Oregon und California, Georgia Aid, Port Royal, Peninsular, Rockford Rock-Island etc. etc.; schliesslich 26 an der Zahl. Diese famosen „Prioritäten" fanden in Amerika selber keine „Nehmer", folglich musste Deutschland damit beglückt werden, wo sie in der Hauptsache auch wirklich untergebracht sind. Zum Course von 70 bis 90, namentlich in Berlin und in Frankfurt a. M., eingeführt, stehen sie heute durchschnittlich etwa 10 bis 20, weil sie fast alle keine Zinsen mehr zahlen; viele werden gar nicht mehr notirt, da sie völlig unverkäuflich sind, denn die betreffenden Bahnen haben Bankerott gemacht, oder sie liegen unvollendet in Ruinen da. Auf diesem Wege sind an hundert Millionen Thaler in's Ausland geflossen, und nicht viel

weniger dem Deutschen Publicum aus der Tasche ge-
stohlen worden. Aber die Lockpfeife der Börse klang
auch gar so süss! Die „Prioritäten" versprachen
einen Zinsgenuss von 8 bis 12 Procent, sie konnten
und mussten noch bedeutend im Course steigen; sie
wurden dem Capitalisten als eine feste Anlage empfohlen, und von diesem sehr häufig mit den sogenannten Amerikanischen Bonds, den Schuldverschreibungen
der Nordamerikanischen Union verwechselt: also für
ein Staatspapier genommen. das sich inzwischen be-
währt hatte.

Nach den Amerikanischen „Prioritäten" debütirte
die Börse mit einer Sorte von Actien, gegen welche
selbst die Strousberg'schen Fabrikate solide genannt
werden müssen. Es handelte sich um Eisenbahnen,
von deren Existenz bisher Niemand in Deutschland
eine Ahnung gehabt hatte; wie Lüttich-Limburg,
Schweizer Union, Tamines-Landen. Schon der
Einführungscours (18 bis 24) liess auf den eigentlichen
Werth der Waare schliessen; aber eben dieser niedrige
Cours verführte zum Kaufen. „Das Effect ist so billig,
dass es steigen muss"! liessen die betheiligten Bankhäuser anstrompeten; und auch der kleine Mann, auch
Hausknechte und Wäscherinnen gaben ihre Sparpfen-

nige für Schweizer Union und Tamines-Landen her.
Dazu hatten die Papierchen noch einen besonderen
Aufputz: Sie, die nie einen Heller Dividende gegeben
haben, und nie einen geben werden, sie wurden
trotzdem mit 4 Procent Zinsen gehandelt, und zwar
dem vollen Nennwerth nach. 24 oder gar 18 Thaler
wurden angeblich mit 4 Thalern, 100 Thaler also mit
16 bis 22 Procent verzinst. Das sind die sogenannten
„Börsenzinsen"; natürlich eine blosse Fiction! Der
glückliche Besitzer zahlt die enormen Zinsen an sich
selber, aus seiner eigenen Tasche. Diese federleichten
Actien wurden nun zu reinen Spielpapieren, auch in
der Hand des Privatmannes; denn Jeder wollte an
ihnen nur verdienen, die übermässigen Zinsen einstrei-
chen, und ausserdem wo möglich noch am Course profitiren. Wirklich wurden Lüttich-Limburg und Schweizer Union bis auf 35 hinaufgetrieben, aber heute stehen
sie ca. 10 und resp. 5; während Tamines-Landen
glücklich bei 3, sage Drei! angelangt sind. Man sieht,
die Börse kann Alles brauchen, und sie versteht's, in
ihren Netzen Gross wie Klein einzufangen.

Trotz der Menge von fremden Effecten, die sämmtlich unter die Leute gebracht wurden, verspürte man
doch empfindlichen Mangel; und um diesem abzuhel-

fen, beschloss man, neue Papiere zu machen. Man schuf „neue Werthe", man legte sich auf's Gründen.

Noch tobte der Krieg, da begannen schon die Gründungen emporzuschiessen; wenn auch noch schüchtern und scheu, wie die ersten Gräschen im März. Noch im Jahre 1870 erblickten, Dank dem eben fertig gewordenen Actiengesetz, in Preussen 34 neue Actien-Gesellschaften das Licht der Welt. Die meisten davon kamen natürlich auf Berlin, und fast alle fanden Eingang an der Berliner Börse. Doch dies war nur ein kleines Vorspiel. Das eigentliche Drama begann 1871, erreichte seinen Höhepunkt 1872, und fand den Abschluss erst in der zweiten Hälfte 1873, erst viele Monate nach dem Wiener „Krach". Auch nach dem „Grossen Krach" fuhr man in Berlin noch munter zu gründen fort. Und darum ist es nöthig, schon jetzt eine viel verbreitete und von mehreren Seiten eifrig genährte Ansicht zu berichtigen: als ob nämlich die Berliner Börse im Gründen hinter ihrer Wiener Schwester zurückgeblieben wäre. — Just das Gegentheil! In Berlin ist weit mehr gegründet, und dabei mindestens ebensoviel gesündigt worden als in Wien.

Kaum war der Friede geschlossen, als die Börse ihren Freudentanz begann, den verzückten rasenden

Tanz um das Goldene Kalb. Es tanzten die „grossen Häuser" vor, es tanzten die andern „Häuser" nach; und an die Meister und Lehrer schloss sich ein grosser tagtäglich wachsender Schwarm von Jüngern und Anhängern, darunter Leute jeden Standes und jeder — Religion. Man tanzte von früh bis spät, man tanzte mit Schreien und Jauchzen durch Monde und Jahre. Nur ein paar Mal brach der wüste Reigen jäh ab. So Ausgangs 1871, Frühling 1872, und Ende 1872. Die Tänzer erbleichten und erbebten plötzlich, sie hielten den Athem an und lauschten. Aber es blieb still, der Himmel schien noch immer blau, und so tanzte man weiter. Als nun im Mai 1873 das Ungewitter endlich in Wien losbrach, da wollte man in Berlin die grausen Donnerschläge nicht hören, die den ganzen Himmel überfluthenden und die Erde tief aufwühlenden Blitze nicht sehen, sondern man versuchte auch jetzt noch fortzutanzen. Aber der Boden wankte, die Tänzer stürzten nieder, und viele standen nicht mehr auf.

Die fünf Milliarden nebst Zinsen, welche Graf Bismarck, unter Assistenz des Herrn Gerson Bleichröder, von Thiers und Favre erstritt — betrachtete die Börse von vornherein als ihr Eigenthum, indem sie

meinte, diese fabelhafte Summe müsse direct oder indirect ihr zufliessen. Dazu verkündete sie einen un-
endlichen Aufschwung in Handel und Wandel, ein
unendliches Steigen der Preise von Grund und Boden.
Nach den Versicherungen der Börse und der mit ihr
verbündeten „Volkswirthe", waren wir Alle, vom Kaiser
bis zum Bettler, plötzlich reich geworden, das Nationalvermögen hatte sich verzehnfacht, und um dieses kolossale Plus nicht brach liegen zu lassen, mussten damit
neue Unternehmungen entrirt, „neue Werthe" geschaffen
werden.

Und es geschah also. Während der beiden
Jahre 1871 und 1872 wurden in Preussen etwa
780 Actien-Gesellschaften gegründet. — Um
diese Zahl gehörig zu würdigen, muss man wissen,
dass von 1790—1870, d. h. in 80 Jahren, zusammen
nur ca. 300 solcher Gesellschaften entstanden sind.
Während der beiden Jahre 1871 und 1872 kam also
in Preussen durchschnittlich auf jeden Tag eine Gründung. — Diese 780 Actien-Gesellschaften wurden zum
grössten Theil in Berlin gegründet, oder doch mit-
gegründet, und fast alle an der Berliner Börse eingeführt; während die Zahl der Gründungen und Emissionen in Oesterreich-Ungarn für denselben Zeitraum

nur gegen 400 beträgt. Somit ist der Beweis geführt, dass die Gründungsepidemie in Berlin weit ärger gewüthet hat als in Wien.

Zu den Hauptgründern gehören in erster Reihe folgende Firmen: S. Bleichröder und Disconto-Gesellschaft; Berliner Handelsgesellschaft, G. Müller & Co. und H. C. Plaut; S. Abel jr., Jacob Landau, Julius Alexander, Delbrück = Leo & Co., F. W. Krause & Co., Platho & Wolff, Ries & Itzinger, Robert Thode & Co., A. Paderstein und Eduard Mamroth; Deutsche Genossenschafts-Bank (Soergel, Parrisius & Co.) und Norddeutsche Grund-Credit-Bank; Meyer Ball, Carl Coppel & Co., Meyer Cohn, Feig & Pincus, Hirschfeld & Wolff, Joseph Jacques, Moritz Löwe & Co. etc.

Diese Firmen vollbrachten einzeln oder in Gruppen vereint, die Kreuz und die Quer, mit- und durcheinander, die grössten und wuchtigsten Gründungen. S. Bleichröder und Disconto-Gesellschaft, die bekanntlich einen Weltruf und Verbindungen über die ganze Erde haben, gründeten häufig in Verbindung mit dem Hause Rothschild und der Oesterreichischen Credit-Anstalt, mit Wilhelm Behrens (L. Behrens & Söhne) in Hamburg, Wilhelm von Born in Dortmund, Mewissen und Freiherr Abraham von Oppenheim in Cöln etc.; und diese

Gründungen erstrecken sich nicht nur über ganz Deutschland, sondern auch über Oesterreich-Ungarn, Russland, Schweiz, Italien, Frankreich etc. Bei der Centralbank für Handel und Industrie, die deshalb in Börsenkreisen auch die Bezeichnung „Repräsentationsbank" erhielt, betheiligten sich gut ein Dutzend Bankhäuser und Bankinstitute in Berlin, Leipzig, Frankfurt a. M., Stuttgart, München, Wien, Pest, Hamburg, Mailand und Rom — und man könnte hiernach fast auf den Gedanken kommen, dass solche Gründung doch ein äusserst schwieriges und mühsames Werk ist. Berliner Gründer waren in der Regel auch in der Provinz überall mit thätig, wo sie in Verbindung mit den Eingebornen eine Unzahl von Gründungen, und darunter die bösesten, verübten. So namentlich in Stettin, Breslau, Görlitz, Grüneberg, Posen, Magdeburg, Hannover, Erfurt, Mühlhausen, Leipzig, Dresden und Chemnitz.

Ferner zeichneten sich durch die Menge der Gründungen folgende Banken aus, von denen merkwürdiger Weise die meisten soeben selber gegründet waren: Deutsche Union-Bank, Centralbank für Handel und Industrie, Berliner Bank, Berliner Bankverein, Berliner Wechsler-Bank, Deutsche Bank, Centralbank für Genossenschaften, Allgemeine Depositen-Bank etc. Sie haben alle schwer gesündigt und viel zu verantworten, aber sie waren noch lange nicht die schlimmsten. Als solche, als eigentliche Gründerbanken, die das Gründen gewerbsmässig und zum Theil fast ausschliesslich betrieben, kennt und nennt man in ganz Deutschland: Gewerbebank H. Schuster & Co., Centralbank für Bauten, Preussische Boden-Credit-Actien-Bank und Vereinsbank Quistorp. Der bessern Uebersicht halber wollen wir diese Gründerbanken schon jetzt skizziren.

Die Gewerbebank H. Schuster & Co. ist sehr berühmt geworden durch die Lasker'schen „Enthüllungen" am 7. Februar 1873; weit berühmter, als sie es eigentlich verdient. Sie that sich 1864 mit einem baar eingezahlten Capital von 250,000 Thalern auf, ging aus conservativen Kreisen hervor und betonte als ihren Zweck „die Hebung des Credits von Handwerkern und Fabrikanten". Gewiss ein plausibler Zweck; und ein Institut, das einem Bedürfnisse entsprach! Zu den Gründern gehörte der frühere Chef-Redacteur der „Kreuzzeitung", der damalige Justizrath Herr Wagener, später Wirklicher Geheimer Ober-Regierungsrath und vortragender Rath beim Staatsministerium. Die Bank scheint auch mehrere Jahre hindurch ein ganz solides Geschäft betrieben zu haben, bis sie dem Gründungsschwindel verfiel und ihr Capital von ursprünglich $1/4$ Million rasch auf 6 Millionen Thaler erhöhte. Der persönlich haftende Gesellschafter, Herr Schuster, gründete mit zwei Aufsichtsräthen der Bank, den Herren Oder und Wagener, kurz vor Ausbruch des neuen Actien-Gesetzes die famose Pommersche Centralbahn; deren Actien mit $102^{1}/_{2}$ an der Börse eingeführt, heute 0 stehen. Das überaus kunstvolle Gewebe dieser Gründung, bei welcher das Gesetz ein Dutzend Mal in der ergötzlichsten Weise umgangen ist, enthüllte, als die Krisis bereits heranzog, eben Herr Lasker. Der Fall „Schuster-Oder-Wagener" machte, weil er der erste war, der zur öffentlichen Sprache kam, ein gewaltiges Aufsehen, und namentlich die Berufsgenossen der Attentäter, die Schaar der Gründer und ihre Helfershelfer, wussten sich vor Entrüstung und Abscheu nicht zu lassen. An der Börse aber witzelte man ganz laut: Herr Wagener verdiene sein Schicksal, weil er es so billig gemacht habe — um lumpige 40,000 Thaler, die er noch mit Oder und Schuster theilen müssen.

In der That war Herr Wagener ein blosser Dilettant, nicht werth, den eigentlichen Gründern die

Schuhriemen aufzulösen; und neben der Pommerschen Centralbahn hat die Gewerbebank Schuster noch eine ganze Reihe fauler Gründungen vollführt, über die man bisher kein Wort verlor. Da ist die Schlossbrauerei Schöneberg, da sind die Norddeutschen Eiswerke (vormals Bolle), die Chemnitzer Maschinenbau-Fabrik (vormals A. Münnich & Co.), und da ist der Bauverein Thiergarten-Westend, von der Börse gleich bei der Einführung „Sumpfend" getauft — lauter Gesellschaften, deren unglückliche Actionäre heute über die Urheber Ach und Weh schreien. Dazu hatte die Gewerbebank H. Schuster & Co. über das ganze Land, vorzugsweise in den Mittel- und Kleinstädten, ein Netz von Filialen und Agenturen ausgeworfen, und in diesen Maschen fingen sich, angelockt durch das Aushängeschild „Gewerbebank", ehrliche Land- und Handwerksleute, die ihr gutes Geld gegen buntbedrucktes Papier eintauschten, mit dem sie nun die Pfeife anbrennen können.

Eine der grössten Blasen, die aus dem Hexenkessel emporstieg, war die Centralbank für Bauten, die zum Verfasser Herrn Eduard Mamroth hat. Sie erwarb und verkaufte Häuser und Baustellen, baute und übernahm Bauausführungen, lieh Baugelder und handelte mit Baumaterialien, und betrieb daneben „Bank- und Handelsgeschäfte jeder Art". Aber daran nicht genug, sie legte sich auch auf's Gründen; sie gründete in Berlin und ausserhalb; sie gründete Eisenwerke und Eisengiessereien, eine Centralfactorei für Baumaterial, und nicht weniger als 4 Zweig-Bau-Gesellschaften: Ostend, Südend, City und Cottage. Nach zehnmonatlichem Bestehen vertheilte die Centralbank bereits eine Dividende von 43 Procent — wie das gemacht wird, werden wir später erfahren — und in Folge dessen ging der Cours im April 1873, kurz vor dem „Krach", bis 420 hinauf. Von dieser wahnsinnigen Höhe stürzte er in den nächsten sechs Monaten bis unter 50.

Ein Gutsbesitzer hatte sein Gut verkauft und kam mit einem Baarvermögen von 250,000 Thalern nach Berlin, um hier als Rentier zu leben. Er liess sich überreden, sein Capital in Centralbank anzulegen, und kaufte zum Course von 400 für 80,000 Thaler Actien, die ihm also 320,000 Thaler kosteten. Den Rest mit 70,000 Thaler schoss der Banquier bereitwilligst zu, und behielt die Actien als Unterpfand in Verwahrung. Der Cours begann zu sinken und sank ohne Aufhören; der Banquier verlangte Deckung, und da diese nicht geleistet werden konnte, liess er die Actien im Wege der Execution an der Börse verkaufen. Der ehemalige Gutsbesitzer hatte in noch nicht einem halben Jahre sein ganzes Vermögen verloren, und war dem Banquier auch noch 20,000 Thaler schuldig. — So ging es mit der Centralbank für Bauten, aber mit den Tochtergesellschaften ging es noch schlechter. Ostend, im Frühjahr 1873 auf 118, notirt jetzt ca. 12; Südend damals 126, jetzt 4; und Cottage damals 96, heute 1, schreibe Eins. Wie schnell auch der Ruhm der Welt schwindet, noch schneller schwinden an der Börse die Course.

Die Preussische Boden-Credit-Actien-Bank besteht seit 1869 und hatte, ihrem Namen entsprechend, den Zweck: die Förderung des Real-Credits, besonders durch Gewährung und Vermittelung von Hypotheken. Speculationsgeschäfte waren ihr durch die Statuten ausdrücklich verboten. Als Director fungirte Herr Jachmann, Landrath ausser Dienst und Gemahl der bekannten Sängerin und späteren Schauspielerin Johanna Wagner. Die Bank war an der Börse ziemlich unbekannt, bis sich Herr Richard Schweder ihrer annahm. Dieser kam von der Disconto-Gesellschaft, wo er nur eine bescheidene Stellung bekleidet hatte, und wusste jetzt sein Talent dermafsen geltend zu machen, dass ihn Herr Jachmann zum Mitdirector erhob, ja bald vor ihm völlig in den Hintergrund trat. Herr Schweder wurde die Seele und das eigentliche Haupt der Preussischen Boden-Credit-Actien-Bank, und als die Gründungsperiode begann, ging sein Ehrgeiz darauf los, sich an der Disconto-Gesellschaft, die ihn nicht zu würdigen verstanden, zu rächen, ihr womöglich den Rang abzulaufen. Wenn ihm dies auch nicht ganz gelang, so ward er ihr doch ein furchtbarer Nebenbuhler. Er liess rasch hintereinander eine stattliche Zahl von Gründungen aufmarschiren, die alle an der Börse grossen Anklang fanden und ihn dort zu einem gesuchten vielumworbenen Manne machten. Wie ein Feldherr stand er an seinem Platze, neben ihm sein Adjutant, Herr Wilhelm (Wolf) Paradies; beide mit Bleistiften bewaffnet, und undrängt, umfluthet von Hunderten, die an dem auf den Markt gebrachten neuen „Effect" alle „betheiligt" sein wollten, alle heisshungrig nach Linden-Bauverein (heutiger Cours 17) oder nach „Albertinenhütte" (heute 6) oder nach Baltischen Waggons (heute 0) schrieen. Daneben vermehrte Herr Schweder fortwährend das Capital der

Bank, gab immer wieder neue Actien aus, mit immer höherem Agio, und diese Actien wurden zu einem Haupt-Spielpapier der Börsen-Jobber.

Plötzlich fiel es Herrn Schweder ein, dass solche Speculationsgeschäfte doch eigentlich gegen die Statuten der Bank verstiessen; und um sein Gewissen zu entlasten, schuf er flugs eine andere Gründer-Bank, die Preussische Credit-Anstalt. Nun sah man das Schauspiel, beide Banken, Mutter und Tochter, zärtlich Arm in Arm wandeln und gleichzeitig, gemeinschaftlich oder jede für sich, rechts und links neue Gründungen ausstreuen. Dieses schöne Paar war noch weit enger zusammengewachsen, als die weiland so angestaunten siamesischen Zwillinge. Beide, Mutter und Tochter, hatten nur Einen Kopf, nämlich den Director Schweder, und beide hatten nur Eine rechte Hand, nämlich den Procuristen Paradies. Herr Schweder und Herr Paradies blieben die Mignons der Börsenritter, bis sie im Frühjahr 1873 ihr letztes Kind, die Dannenberger'sche oder eigentlich, Liebermann'sche Kattunfabrik, in die Welt setzten. Die Börse gerieth in Aufruhr, man umdrängte und verfolgte Herrn Paradies, aber diesmal nicht mit Bitten und Schmeicheleien, sondern mit Drohungen und Vorwürfen.

Man überschüttete ihn mit Verbal-Injurien und machte Miene, zu Real-Beleidigungen überzugehen. Da erhob Herr Wolf Paradies seine Rockschösse und entfloh. Er lief durch den langen Saal der Fonds-Börse und durch den langen Saal der Waaren-Börse in das Kündigungs-zimmer der letzteren, und rettete sich hier vor den Wuth schnaubenden Verfolgern, welche die „Stücke", mit denen man sie bei „Dannenberger" „betheiligt" hatte, um jeden Preis wieder los werden wollten.

Der Dannenberger'sche, oder richtiger, Liebermann'sche Kattun, der in der Wäsche arg einlief und keine Spur von Farbe hielt, kostete der Preussischen Boden-Credit-Actien-Bank Ruf und Ansehen; und damit ver-lor sie auch jeden sittlichen Halt. Sie übertrug das ganze Sünden-Register und wälzte alle Verluste auf die Preussische Credit-Anstalt; sie wurde zu einer wahren Rabenmutter und trennte sich mit einem ge-waltigen Schnitte von der Tochter, die seitdem ohne Kopf und ohne Hände, ein ungestalteter blutiger Rumpf, in einem dunkeln Winkel der Börse liegt. Herr Schweder zog sich, nicht ganz freiwillig, in's Privat-leben zurück, und ihm blieb der Trost einer — — Million, die er, vorher ein armer Commis. in zwei bis drei Jahren verdient hatte. Mit seinem Rückzuge sanken die von ihm zu 280 hinaufgetriebenen Actien der Bank bis 55 und tiefer. **Herr** Paradies und **Herr** Jachmann folgten ihrem genialen Freunde bald nach, und auch sie gingen selbstverständlich nicht mit leeren Taschen. Zur Ehre des Herrn Jachmann sei's gesagt: er war dem ganzen Gründungstreiben fremd geblieben — denn er verstand nichts davon. Er hatte immer nur seinen Namen unterschrieben, und dafür, ausser dem festen Gehalt, eine Tantième bezogen, gegen welche das Jahreseinkommen, z. B. des Reichskanzlers, eine blosse Bagatelle ist.

Noch muss hervorgehoben werden, dass die Preussische Boden - Credit - Actien - Bank nicht blos, wie andere Actien-Gesellschaften, einen gewöhnlichen „Aufsichtsrath", sondern ein — „Curatorium" hat, das die Directoren in ihrer Thätigkeit controliren soll; dass also Herr Schweder seine statutenwidrigen Gründungen Jahrelang unter den Augen des hohen Curatoriums beging, und dass an der Spitze desselben stand und noch heute steht: Seine Excellenz der Wirkliche Geheime Rath und Staats - Minister a. D. Herr Gustav von Bonin, zugleich Mitglied des Preussischen Abgeordnetenhauses und Mitglied des Deutschen Reichstags. Ausserdem fungirt nach § 53 der Statuten bei dieser

Bank auch ein Staatscommissarius, der den Geschäftsbetrieb zu überwachen, aber wie es scheint, sich auch nicht veranlasst gesehen hat, den Schöpfungsdrang des Herrn Schweder irgendwie zu zügeln. Erst unter Leitung der gegenwärtigen Directoren ist das Institut zu seiner ursprünglichen Bestimmung und zu einer soliden Thätigkeit zurückgekehrt, und seitdem hat sich auch der Cours der Actien wieder um das Doppelte gehoben.

Herr Schweder war gross, aber Herr Quistorp war noch grösser. Erinnert jener an einen unverantwortlichen Premierminister, so ist dieser einem absoluten Monarchen zu vergleichen. Wie Napoleon Bonaparte, schuf auch Heinrich Quistorp Alles selber und allein, und gewissermassen Alles aus — Nichts. Nachdem er zunächst in seiner Vaterstadt Stettin, und wenn wir nicht irren, dann in England Schiffbruch gelitten, kam er ohne Mittel, ohne Bekanntschaften nach Berlin. Sein erster „Versuch" war die Villen-Colonie „Westend", belegen an der Chaussee nach Spandau, noch hinter Charlottenburg, auf einer kahlen, sterilen, allen Winden preisgegebenen Anhöhe. Hier steckte er Strassen ab, denen er die lieblichsten hochpoetischen Namen gab wie: Ahorn-Allee, Akazien-

Allee, Platanen-Allee etc. und baute in jeder Allee ein oder gar zwei Häuser; zugleich aber auch einen Restaurant ersten Ranges, ein grossartiges Casino und eine Wasserkunst. Trotzalledem wollten sich keine Käufer, nicht einmal Miether finden, und die luftigen Villen, bei deren Anblick man einen leichten Rheumatismus verspürt, wurden Jahre lang nur von Quistorp und seinen Freunden bewohnt.

Anfang 1870 gründete die **Westend-Gesellschaft Quistorp & Co.** die **Vereinsbank Quistorp & Co.** in Charlottenburg. Diese patriarchalische Ackerbürgerstadt, wo der Berliner „Sommer wohnt", sah sich plötzlich mit einer Bank beglückt, die hier jedoch schlechterdings nichts zu thun fand und deshalb bald nach Berlin wanderte. Damit beginnt Quistorp's eigentliche Wirksamkeit. Er hatte es verstanden, für sich zu werben; er hatte Gönner und Förderer bis in die höchsten Kreise hinauf gefunden. Die in Charlottenburg wohnende Königin Wittwe, deren Frömmigkeit, Wohlthätigkeit und Gutmüthigkeit bekannt war, unterstützte ihn reichlich; auch andere Mitglieder der Königlichen Familie sollen ihm ansehnliche Summen vorgestreckt haben. Er wusste sich bei den Behörden, bei hochstehenden und einflussreichen Personen einzu-

schmeicheln, und namentlich gelang es ihm, auch bei
der Preussischen Bank Fuss zu fassen. Er warb
gewisse „Volkswirthe" und Literaten zu seinem Privat-
gebrauch an, und er bewog etliche Regierungsräthe,
aus dem Staatsdienst in den seinigen überzutreten.

Hinter der Universität, in einem philosophischen
Winkel, kurz zuvor „Hegelplatz" getauft, baute er
sich und der Bank ein stolzes Palais, und liess von
hier aus in rastloser Aufeinanderfolge einige dreissig
Gründungen und Emissionen in die Welt gehen —:
Feilen-, Tabacks-, Papier-, Waggon-, Fass-, Werk-
zeug-, chemische, optische und andere Fabriken, Bau-,
Fuhr-, Pferde-Eisenbahn-, Brauerei-, Dampfschiffs-,
Bergbau- und Hütten-Gesellschaften, die zum Theil
in Berlin, zum Theil über ganz Deutschland sassen.
Quistorp betonte stets, dass die Vereinsbank die
Gründungen nur „commissionsweise" betreibe. also
selber dabei nicht weiter betheiligt sei; und dass die
jedesmaligen Verhältnisse von ihr genau geprüft würden, also eine unsolide Gründung gar nicht möglich
wäre. Von jeder Neu-Gründung bezog die Vereinsbank Agio, so dass sie für 1871 nicht weniger als
15 Procent, 1872 sogar 19 Procent Dividende vertheilte. Alle die Gesellschaften wurden mit der Ver-

einsbank verknüpft, indem man den Actionären der letzteren immer ein Bezugsrecht auf die neue Emission einräumte, welches von jenen auch stets benutzt ward, so dass sich zuletzt ein industrieller Rattenkönig gebildet hatte, in dessen Mitte Herr Heinrich Quistorp sass.

Aber dieser Mann verstand's, sich dermaßen als „Biedermeier" aufzuspielen, dass er nicht nur das Publicum, sondern sogar die Börse berückte. Die Börse, welche sonst Niemandem, nicht einmal sich selber traut, glaubte an — Quistorp. Während sie Herrn Schweder nur eine glückliche Hand nachrühmte, hielt sie Quistorp für den leibhaftigen Bruder Grund-Ehrlich. Die „Quistorp'schen Werthe" fanden ein ganz besonderes Ansehen, eine ausserordentliche Zugkraft; sie wurden von den Banquiers in der besten Absicht ihren solidesten Kunden als „hochfeine" Capital-Anlage empfohlen, und mit Vorliebe von dem schlichten Bürgersmanne genommen. Selbst nach dem „Grossen Krach" behaupteten sie noch eine Zeit lang ihren Nimbus; und als endlich auch die Vereinsbank fiel, glaubte man in gewissen Kreisen das Ende der Welt gekommen.

Herr Heinrich Quistorp ist unter den Helden der Gründerperiode einer der merkwürdigsten, und wir werden noch öfter Gelegenheit haben, uns mit ihm zu beschäftigen.

III.

Gründer und Gründer-Praktiken.

„Die Woche fängt gut an!" sagte Jener. Er sagte so am Montag, und da wurde er aufgeknüpft. — Bekanntlich nennt man diese Art von Laune den Galgenhumor. Auch ein armer Sünder kann unter Umständen noch Humor zeigen, aber nie und nimmer der Henker. Der hat höchstens Witz. Und genau im selben Falle befindet sich die Börse. Auch ihren Angehörigen ist der Humor, als ein Product des Gemüths und des Herzens, versagt: aber dafür machen sie in Witz. Sie reissen Witze, die wie Scheidewasser schmecken und wie Höllenstein brennen. Als die Gründungen florirten, sang die Börse, während sie die Leimruthen legte, mit solchem Henkerwitz:

Erst kommt der Erfinder.
Dann kommen die Gründer oder die Schinder;
Beide brauchen sie Rinder,
Und wenn's gut geht, machen sie Kinder.

Die Rinder sind, mit Respect zu sagen — das liebe Publikum; während die Kinder hier den Vorgang andeuten. welchen sonst nur das Thierleben auf der untersten Stufe zeigt. Nach Art der ekelhaften Schmarotzerthierchen vermehrten sich auch die Gründer und die Gründungen mit reissender Schnelligkeit. Eine heute geborene Bank oder dergleichen gründete morgen schon lustig selber; oder sie „emittirte" immer wieder „junge Actien", sie kam aus dem „Jungen" nicht heraus. Wir lassen einstweilen „Kinder" und „Rinder" bei Seite, und betrachten zunächst „Erfinder" und „Gründer".

Schon das obige Verslein verräth, dass Beide nicht immer dieselben, sondern häufig verschiedene Personen waren. Der „Erfinder" hatte die „Idee", der „Gründer" übernahm die Ausführung. Jener war meistens ein Schlaukopf, dieser nicht selten ein blosser Taps.

Dafür wurde der „Erfinder" oft mit einem Trinkgeld abgespeist, während der „Gründer" eine Million für sich in Anspruch nahm. Der Erfinder wusste zu finden und zu erfinden: sein Auge sah lauter Gründungsobjecte, und wo er schlechterdings gar nichts sah, da half die Phantasie ihm aus. Die damals entstandene „Neue Börsenzeitung" entwarf davon eine artige Schilderung, die etwa so lautete: Im einsamen Thal entdeckt der Gründer (Erfinder) einen verlassenen Schornstein, und aus dieser Ruine macht er flugs eine — Maschinenfabrik. Auf dem Berge sieht er eine Windmühle, ein altersschwaches Gehäuse mit lahmen Flügeln — und sofort ist ein Mühlen-Etablissement auf Actien fertig. Am Ufer eines Baches stolpert er über einen umgestülpten Kahn — und ein „Lloyd", ein binnenländischer „Lloyd" lässt seine Dampfer hin und her fliegen. Und wie beginnt die Geschichte jener Verblend-Ziegelei auf Actien? Es war einmal ein Thonlager . . . . . u. s. w. Des Gründers Phantasie macht aus einem Zimmermann, der Balken ausschält, ein Lieferungsgeschäft für Baumaterial; aus dem verwegenen Knaben, der eine Rakete steigen lässt, eine chemische Fabrik; und — — nehmt Eure Wäscherinnen in Acht! Lasst sie nicht mehr allein über die

Strasse gehen, sonst macht sie der Gründer über Nacht
zu einer Actien-Wäscherei.

Es wurde öffentlich und insgeheim, durch Zeitungs-
inserate und unter der Hand nach Gründungsobjecten
gesucht, es wurde förmlich Jagd gemacht auf schon
bestehende Fabriken, Berg- und Hüttenwerke, Brauereien etc.; und natürlich in erster Reihe auf altrenom-
mirte Etablissements. Der Inhaber einer bekannten
grossen Färberei und „Garderobe-Reinigungsanstalt"
in Berlin erhielt so viele Anfragen und Anerbietungen,
dass er seine ablehnende Antwort: er sei nicht geneigt, sich gründen zu lassen — bald nicht mehr
geschrieben, sondern nur noch lithographirt versandte.
Wol die härtesten Anfechtungen hatte Borsig, der
„Locomotivenkönig", zu bestehen. Man bot ihm verschiedentlich für seine grossartigen Werke geradezu
fabelhafte Summen — bis 12 Millionen Thaler, wie
eine Version lautet; und man würde ihm überhaupt
jeden Preis gegeben haben, den er nur gefordert hätte;
aber er war klug genug, um sich nicht verblenden
zu lassen. Andere Fabrikherren dagegen zeigten sich
weniger prüde, und so verwandelten sich viele solide
wohlberufene Privatgeschäfte in lauter faule und anrüchige oder doch zweifelhafte Actiengesellschaften;

z. B. Maschinenfabriken von Egells, Webers, Eckert und Freund, Porcellan-Manufactur von Schumann, Lampenfabrik von Stobwasser, Ofenfabrik von Dankberg, Kammgarn-Spinnerei von Schwendy, Wagenbauerei von Neuss, Tabackshandlung von Brunzlow & Sohn etc. etc.

Herr Egells verkaufte seine Etablissements sogar zweimal, zum zweiten Mal natürlich zu einem höhern Preise, worauf der erste Käufer oder das erste „Gründungs-Comité" die Hülfe des Richters anrief. Durch solche Umwandlungen zeichneten sich wieder aus Herr Schweder von der Preussischen Boden-Credit-Actien-Bank und Herr Quistorp. Herr Schweder „gründete" die Glasfabrik Albertinenhütte, die Maschinenanstalt Pollack, Schmidt & Co. in Hamburg, die Maschinenfabrik von Wöhlert, das Bergwerk Redenhütte, das Soolbad Salzungen etc. Herr Quistorp „gründete" die chemische Fabrik von Schering, die Fabrik für Wasser- und Gasanlagen von Mattison & Brandt, die Feilenfabrik von Schaaf, die Papierfabrik Wolfswinkel, das Fuhrgeschäft von Gebrüder Besekow, die Brauerei von Scholtz in Breslau, das Tabacksgeschäft von Prätorius, die Schraubenfabrik von Ludewig, die Holzhandlung von Gebrüder Saran in Potsdam, die

Brillenfabrik von Emil Busch in Rathenow, die Böttche-
rei von Wunderlich in Zwickau etc.

Alle diese Geschäfte wurden ihren Inhabern um
Summen abgekauft, welche jene noch kurz vorher sich
nicht hatten träumen lassen; und nun als Actien-Gesellschaften mit einem so riesigen Capital belastet,
dass eine Rentabilität in Zukunft unmöglich war.
Gewisse Verkäufer, wie Wöhlert u. A., liessen vor
Freude über die ungeheure Kaufsumme, welche ihnen
zugefallen, Beträge bis 50,000 Thaler und mehr unter
ihre früheren Beamten und Arbeiter vertheilen. Verschiedenen dieser „gegründeten" Fabrikherren war beim
Essen der Appetit gewachsen; und um ihre Mufse
ordentlich auszunutzen, gingen sie selber unter die
Gründer, mit denen sie nun brav wetteiferten. So
thaten z. B. Egells, Stobwasser, Schering,
Schwendy etc.

Auch die Etablissements und Geschäfte zweiten
und dritten Ranges kamen an die Reihe. Auch sie
wurden entweder aufgesucht, oder sie suchten selber
nach Gründern umher. Ihre Besitzer waren zuweilen
verschuldet, oder sie standen gar schon auf der Kippe,
oder sie trachteten doch, den günstigen Zeitpunkt
wahrzunehmen. Sie traten mit einem Bankhause oder

mit einem namhaften Gründer direct in Verbindung, oder sie übertrugen die Vermittelung einem Agenten, der sich nun von beiden Theilen eine erkleckliche Provision ausbedang. Wollte der Besitzer oder der Agent die Gründung selber in die Hand nehmen, so musste er Verbündete und Patrone gewinnen, die man an der Börse kannte und respectirte. Es mussten Namen angekauft werden, und diese waren nicht billig. So bot man dem Chef eines Bankhauses, wenn er den ihm vorgelegten Gründungsprospect mit unterzeichne, die runde Summe von 10,000 Thalern. Aber er entgegnete mit vornehmem Lächeln, dass seine Unterschrift für diesen Preis noch nicht zu haben sei.

Wie es Gründerbanken gab, so gab es auch eine ganze Anzahl von Personen, die das Gründen als Beruf erfassten, und dabei so gut fuhren, dass sie bald die öffentliche Aufmerksamkeit auf sich zogen. In einer fragt die damals auf der Kroll'schen Bühne erschien, Posse, der Vater seinen Sohn: „Was willst Du werden?" „„Gründer!" " ruft der kleine Bursche, zum Entzücken des Publicums, das wüthend Beifall klatschte. — Von diesen professionellen Gründern hatten Manche ihr besonderes Fach. Der Eine gründete hauptsächlich Bauvereine, der Zweite Brauereien, der Dritte Banken, der Vierte Maschinenfabriken, der Fünfte Berg- und Hüttenwerke, und so fort. Die Mehrzahl freilich trieb ihre Kunst, sonder Auswahl und Beschränkung, auf allen möglichen Gebieten. Manche genossen den Ruf besonderer „Feinheit" und „Gerissenheit", oder sie hatten doch lauter Erfolge aufzuweisen, so dass man sich bei neuen Unternehmungen eifrig um sie bemühte, sie zum Gelingen der Gründung für unentbehrlich hielt. Andere wieder verstanden es, sich bald hier, bald dort einzudrängen; oder man liess sie zu, um ihnen den Mund zu stopfen, damit sie das Project nicht etwa befehden und schädigen möchten. Endlich bildeten die Gründer verschiedene Cliquen; und innerhalb dieser Cliquen sorgte der Eine stets für den Andern, dass der Andere nicht vergessen wurde.

Der Gründungsprocess selber war mehr oder weniger verzwickt und weitläuftig. Wir wollen ihn an einem Beispiel illustriren. Aus den zahllosen Gründungen jener Tage greifen wir Eine heraus, die wol als Muster der Gattung gelten darf, und verändern nur die Namen.

Fabrikbesitzer Flau und Gründer Bär sind durch einen Aufspürer oder Agenten einander zugeführt worden. Flau will seine Fabrik verkaufen, die einen reellen Werth von 250,000 Thaler haben mag. In Anbetracht der Zeitverhältnisse und der eigenthümlichen Umstände fordert und erhält er dafür aber 400,000 Thaler. Das heisst, er erhält sie einstweilen noch nicht. Er überlässt die Fabrik für diesen Preis dem Gründer Bär; mittelst eines sogenannten Schlussscheins, der in der Regel nur eine einseitige Verpflichtung enthält und die Gültigkeit des Abkommens auf einen gewissen Zeitraum beschränkt. Während der nächsten vier oder sechs Wochen steht die Fabrik für die genannte Summe zur Verfügung Bär's; Flau darf sie nicht anderweit veräussern; wol aber ist Bär befugt, von dem Vertrage, sobald es ihm beliebt, ohne jedes Reugeld zurückzutreten. Den Schlussschein in der Tasche, verständigt sich Bär mit seinen Kameraden und Geschäftsfreunden; die Rollen des Gründungscomité's, der ersten Zeichner, des Aufsichtsraths und Vorstandes werden vertheilt, und es beginnt jetzt, um dem Gesetz in der Form zu genügen, eine Reihe von Komödien.

Als „Gründungscomité" traten Wolf und Fuchs auf. Sie schliessen eine offene Handelsgesellschaft, die sie etwa „Vulkan" nennen, und verlautbaren vor einem Notar das Statut oder den Gesellschaftsvertrag. Als Gegenstand des Unternehmens geben sie den Erwerb

einer Maschinenfabrik oder dergleichen an — der
Zweck der Gesellschaft wird gern so unbestimmt und
vieldeutig wie nur möglich gelassen, damit man hinterher aus ihr Jedes und Alles machen kann. Noch am
selben Tage kaufen sodann Wolf und Fuchs die Maschinenfabrik von vormals Flau. Sie erwerben sie von
Bär für den soliden Preis von — Einer Million Thaler;
nachdem sie vorhin im Statut das Actienkapital auf
1.200,000 Thaler festgesetzt haben. Der Ueberschuss
von 200,000 Thaler soll als „Betriebscapital" dienen.
um der Fabrik noch einen höhern Aufschwung zu
geben. Noch am selben Tage findet, wieder unter
Zuziehung eines Notars, die erste sogenannte „consti-
tuirende Generalversammlung" des „Vulkan" statt.
Es sind anwesend: Bär, Wolf und Fuchs, dazu noch
Fröhlich und Selig, und Grün und Gelb; zusammen
also 7 Personen.

Diese Sieben sind die ersten Actionäre des „Vulkan",
die „ersten Zeichner". welche das Actiencapital von
1,200,000 Thaler aufbringen; das heisst. wie man
sehen wird, blos auf dem Papier. Bär zeichnet 300,000
Thaler. Wolf und Fuchs je 200,000 Thaler, Fröhlich
und Selig je 150,000 Thaler. und Grün und Gelb je
100,000 Thaler. Macht zusammen wie oben. Die

7 Actionäre und ersten Zeichner genehmigen einstimmig das ihnen vorgelegte Gesellschaftsstatut, und ebenso einstimmig genehmigen sie den Erwerb der Fabrik von vormals Flau für 1.000.000 Thaler: sowie die Zahlung dieser Summe an Bär. Darauf wählen diese Sieben den „Aufsichtsrath" der Gesellschaft, der nach dem Gesetz aus mindestens drei Personen bestehen muss. Es werden mit grosser Majorität Fröhlich und Selig zu Mitgliedern, und Wolf zum Präsidenten des Aufsichtsraths gewählt. Mit derselben überwältigenden Majorität wird Bär zum ersten Director des „Vulkan" und Fuchs zu seinem Stellvertreter ernannt. Die fünf Würdenträger nehmen an dem langen Tische des Vorstandes Platz, und auf den Bänken der Actionäre sitzen nur noch — — Grün und Gelb. Der amtirende Notar aber hat den Verlauf der Generalversammlung protocollirt und gehörig überwacht; er hat die Versammelten mit seinem juristischen Rathe unterstützt, und namentlich darauf gesehen, dass die verschiedenen Genehmigungen, Versicherungen und Wahlhandlungen in vorschriftsmässiger Form geschahen.

Nach diesem öffentlichen Schauspiel, zu dem freilich nur die Acteure, keine unbetheiligten Zuschauer zugelassen werden, macht man das Weitere hinter den

Coulissen ab; und zwar so heimlich, dass es noch kein
Staatsanwalt und kein Richter hat erforschen und erweisen können. Indem Flau nicht direct, sondern zunächst an Bär, und dieser wieder an das Gründungs-
Comité verkauft, ist eine Mittelsperson gewonnen, und
so dem Gesetz eine Nase gedreht; denn „es ist ein
unanfechtbarer Rechtsgrundsatz, dass Jeder verkaufen
und kaufen darf, zu welchem Preise er wolle, und
dass es auch Niemanden etwas angeht, was der Verkäufer mit der Kaufsumme mache.“

Die gesammten 1,200,000 Thaler Actien werden
dem Bankhause Gebrüder Israel, das gleichfalls zu
den Gründern gehört, aber von den officiellen Verhandlungen sich fern gehalten hat, zum Vertriebe über-
geben. Die Zeichnungen der sogenannten ersten Zeichner sind blosse Scheinzeichnungen; Gebrüder Israel
schiessen die zehn Procent des Grundcapitals vor, die
nach dem Gesetz mindestens eingezahlt werden müssen,
und darauf geschieht die Eintragung des „Vulkan“ in
das Handelsregister. Binnen einigen Wochen oder
Monaten ist es den Gebrüdern Israel gelungen, die
Actien zum Theil über, zum Theil unter Pari (100)
abzusetzen, das heisst, dem Publikum anzuschmieren.
Sie bringen von dem Erlös ihre Provision in Abzug,

4*

welche etwa $16^2/_3$ Procent oder 200.000 Thaler beträgt, und führen den Rest von 1,000,000 Thaler an
den Director des „Vulkan", Herrn Bär, ab, welcher
nun die Theilung des Raubes vornimmt.

Grün und Gelb sind blosse Sta-
tisten gewesen und erhalten jeder
10,000 Thaler, zusammen also   20,000 Thlr.
Fröhlich und Selig haben grössere
Ansprüche, weil sie höhere Summen zeichneten und ausserdem
als Aufsichtsräthe fungiren; auf
sie entfallen je 20,000 oder zusammen   40,000   „
Wolf und Fuchs endlich sind die
beiden Intimusse von Bär, mit
denen er stets zusammengeht,
und die ihn nächstens bei Gründungen, wo Einer von ihnen die
Hauptrolle spielt, in gleicher
Weise zuziehen und „betheiligen".
In Anbetracht dessen, in Erwägung ihrer Zeichnungen und mit
Rücksicht auf ihre einflussreichen
Stellungen als Präsident des Auf-

Transport   60,000 Thlr.

sichtsraths und resp. stellvertre-
tender Director erhalten Wolf
und Fuchs je 50,000 oder zusammen . . . .   100,000 „

Bär zahlt also seinen Verbündeten   160,000 Thlr.
und da er von Gebrüder Israel   1,000,000 „

empfangen, bleiben noch . .   840,000 Thlr.
Hierin stecken die Kaufsumme für
Flau mit 400,000 Thlr. und das
„Betriebscapital" mit 200,000 =   600,000 „

so dass Bär selber etwa . . .   240,000 Thlr.
profitiren würde.

Es ist jedoch sicher anzunehmen, dass er auch mit
Flau ein geheimes Abkommen getroffen hat, und an
diesen nicht 400,000 Thaler voll, sondern höchstens
350,000 Thaler zahlt. Aehnlich verhält es sich mit
dem „Betriebscapital" von 200,000 Thaler, dessen
Schicksal ganz in den Händen des Directors Bär und
seines Stellvertreters Fuchs ruht, und das in der Regel
schon im ersten Geschäftsjahr der neuen Gesellschaft
wegzuschmelzen pflegt, wie der Schnee im April. Was
Wunder, wenn die mit 100 an der Börse eingeführten

Actien des „Vulkan" schnell auf ein Sechstel des Nennwerths sinken?! Was Wunder, wenn nach einem Jahre der „Vulkan" bereits um seine Existenz ringt, zu einer Anleihe schreiten muss, oder in Concurs geräth, und die Actionäre auch nicht einen Heller mehr retten?!!

Der Leser aber darf überzeugt sein, dass diese Vorgänge und diese Zahlen keinem blossen Phantasiegebilde entnommen sind, sondern auf Thatsachen beruhen, die sich hundertmal wiederholt haben, und bei dem Gründungstreiben überhaupt die Regel bildeten. Jene Summen sind durchaus nicht übertrieben, sondern die Gründer haben in vielen Fällen noch weit grössere Beuteantheile davongetragen; ja es ist, namentlich bei Banken und Bergwerken, mehrfach vorgekommen, dass überhaupt gar kein oder doch nur ein eingebildetes, in Wahrheit völlig werthloses Gründungsobject vorhanden war, das aber trotzdem die Actionäre mit Millionen bezahlt haben.

Man gestatte uns noch einen Augenblick zum „Vulkan" zurückzukehren, um daran einige Erläuterungen zu knüpfen. Herr Bär konnte die Gründung nicht allein vollführen, er bedurfte dazu der anderen Personen als seiner Gehülfen. Um die Posse der „constituirenden Generalversammlung" in Scene zu setzen,

um den obligaten „Aufsichtsrath" und „Vorstand"
wählen zu können. sind 5 bis 10 Schauspieler nöthig.
Dieses müssen Leute von Vermögen oder Credit sein.
sonst vertreibt kein namhaftes Bankhaus die Actien.
sonst findet das „Effect" an der Börse keinen Anklang
und überhaupt keine Aufnahme.

Selbstverständlich giebt sich nun aber zu solchen
Diensten Niemand umsonst. Niemand aus blosser Ge-
fälligkeit her — am wenigsten ein Geldmann; sondern
wer beim Gründen hilft, verlangt auch seinen Antheil.
Und mit Recht. Denn jeder Mitgründer trägt eine
moralische. wie eine gesetzliche Verantwortlichkeit. die
ihm Geld und Freiheit kosten kann. Achtung und
Ehre meistens gekostet hat: und wenn er als „erster
Zeichner" auftritt. übernimmt er auch ein Risico.
Selbst wo er nur zum Schein gezeichnet, wo z. B. das
angeworbene Bankhaus für ihn die Einzahlung leistet,
bleibt er demselben doch verhaftet, falls die Gründung
verunglückt. oder die Actien nicht abgesetzt werden.
Daher sind alle die Personen, welche je beim Gründen
irgendwie Pathen standen, dafür auch bezahlt worden,
und in der Regel überreichlich. Auch pflegten sich
die „ersten Zeichner", gleichviel ob wirkliche oder nur
Scheinzeichner. ausserdem noch gewisse einträgliche

Vorrechte nach der Zukunft hin zu wahren, z. B. für den Fall der Ausgabe neuer Actien.

Verkaufte der Besitzer direct, oder unternahm er selber die Gründung, so hatte er natürlich seine Helfershelfer abzufinden, und stellte demgemäss die Verkaufssumme oder das Actiencapital so hoch als nur irgend angänglich. „Lieber etwas mehr Capital!" war fast überall die Losung; und die Vorstände gewisser Actiengesellschaften, die nachher in Concurs geriethen, oder zur Liquidation (Auflösung) schreiten mussten, suchten sich mit der Behauptung zu entschuldigen: das Actiencapital sei zu klein gewesen! Man that's in der Regel nicht unter einer Million, da man sonst nicht die Gründungsspesen herausschlug, und weil es sonst auch nicht recht lohnte, damit an die Börse zu kommen.

Weil man blos „gründete" um zu gründen, musste man die Leitung der Fabrik oder der Bank etc. oft in den Händen des Verkäufers lassen. So heisst es in dem Prospect der Märkisch-Schlesischen, Maschinenbau- und Hütten-Actien-Gesellschaft, vormals F. A. Egells: „Die Mitwirkung der früheren Besitzer ist für das neue Unternehmen gesichert". Und in der Ankündigung der so berüchtigt gewordenen Thüringer

Actien-Gesellschaft für Fabrikation von Eisenbahn-Material, Erfurt-Gotha — eingeführt durch die Bankhäuser Rauff & Knorr und S. Frenkel, die beide noch eine Reihe ähnlicher Gründungen leisteten — liest man: „Der bisherige Chef der Fabrik in Erfurt, Herr Julius Unger, eine technische Autorität für Eisenconstructionen, ist für die Oberleitung des neuen Unternehmens gewonnen, dem damit die Erfahrungen und Verbindungen des alten zu Gute kommen". Der Verkäufer oder Vorbesitzer, der nicht selten der eigentliche Gründer war, liess sich auch in vielen Fällen zum Präsidenten des Aufsichtsraths oder zum Director der neuen Actiengesellschaft ernennen. Als solcher bezog er dann einen Ministergehalt und eine vielleicht noch höhere Tantième, und verfuhr im Uebrigen nach Willkür und Belieben. Entweder er that gar nichts und liess die Dinge gehen, wie sie wollten; oder er that zu viel, begann zu bauen und zu vergrössern, schaffte die theuersten Maschinen an, experimentirte in der kostspieligsten Weise und verschwendete in Materialien und Löhnen — lauter Dinge, vor denen er sich früher wol gehütet hatte.

Um bei einer Gründung vorsichtig und sicher zu gehen, um sich gegen Verluste und Rückschläge zu

decken, und um das Risico möglichst zu theilen —
bildete man wol auch nicht blos ein Consortium (Genossenschaft), sondern mehrere hintereinander. Der
interessanteste Fall dieser Art ist der folgende.

Herr H., ein von Statur nur kleiner, aber in Ge-
schäften sehr gewandter und darin auch stets äusserst
glücklicher Mann, verband sich im November 1871
mit guten Bekannten zur Gründung eines „artistischen‟
Unternehmens. Nachdem die Zeichnungen geschehen,
verkaufte das erste Consortium die Actien an ein zweites
Consortium zum Course von 75, worauf sie ein drittes
Consortium zum Course von 85 übernahm und sie
einem vierten Consortium zum Course von 93 überliess. Dieses endlich brachte die Actien an die Börse
zum Course von — — 110, und schlug sie zu diesem Preise auch wirklich los. Der Leser schüttelt ver-
wundert den Kopf. Aber er wird sich erst recht wun-
dern, wenn er hört, dass der kleine geschickte muntere
Herr H. allen vier Consortien angehörte. In der That,
Herr H. trat viermal hintereinander, zugleich als Verkäufer und als Käufer, als „Geber‟ und als „Nehmer‟
auf, und verdiente natürlich jedesmal doppelt, nach
rückwärts wie nach vorwärts hin.

Und wir sind noch nicht zu Ende. Zeigt dieser

sich beständig steigernde Consortial-Gewinn von dem
Genie des kleinen Mannes, so war die eigentliche
Gründung doch noch genialer. Es handelte sich um
ein sehr bekanntes, sehr verbreitetes Journal. Der
Eigenthümer, Herr Sch., wollte sich, wie Borsig, keineswegs gründen lassen; er sträubte sich dagegen mit
Händen und Füssen. Half ihm aber nichts — er
wurde gewaltsam gegründet. Der kleine H. bot ihm
Preis auf Preis, einen immer anständiger als den andern; und da Sch. keine Raison annahm, besann sich
H. nicht lange und kündigte flugs ein Concurrenzblatt
an. Er kündigte es nicht blos an, sondern er liess
auch ein paar Nummern erscheinen, und gleichzeitig
entführte er seinem Gegner die ganze Redaction und
die ganze Expedition, indem er das gesammte Personal
beider bis zum Laufburschen herab zum Uebertritt
bewog und in seine eigenen Dienste nahm. Selbstverständlich war damit des Andern Trotz gebrochen,
er capitulirte schleunigst, er verstand sich zum Verkauf und empfing von H. 400,000 oder 500,000 Thaler — wir wissen es nicht genau. Wir wissen aber,
dass das Grundcapital der neuen Actiengesellschaft
etwa noch einmal so viel — 850,000 Thaler betrug,

dass die Actien mit 110 an die Börse kamen und hier guten Abgang fanden.

Trotzdem war die Gründung eigentlich keine unsolide; nein! sie ist vielleicht mit die solideste der ganzen Periode; denn die Gesellschaft hat seit drei Jahren $10^1{}_2$ bis $8^1{}_{/2}$ Procent Dividende vertheilt, und ihre Actien stehen selbst heute, wo die Börse an der galoppirenden Schwindsucht darniederliegt und die Mehrzahl aller Effecten am Course fast neun Zehntel eingebüsst hat, über 100. Die Moral von der Geschichte aber mag der Leser sich selber sagen.

IV.

Die „Prospecte".

Wie die Zeitungen anschwellen — Annoncen-Fluth und Annoncen-Ebbe —
Poetische Prospecte — Altenburger Zuckerfabrik — „Rentabilitäts-Berech-
nungen" (Flora, Berlin-Charlottenburger Bauverein, Maschinenfabrik Egells,
Eilenburger Kattun, Joseph Beer selige Wittwe, Oderwerke, Remscheider
Stahl) — „Märkische Todtengräberei" — Herr Jean Fränkel und seine
Thaten — Der junge Koch im koschern Restaurant Ritzewoller — Herr
Robert Baumann und seine Werke — Berliner Nordbahn, Thüringer Bank-
verein, Deutsche Buchhändlerbank — Herrn Baumann's „deutscher Stil"
und Commerzienrath Meyer Cohn — „Garantirte Dividenden" — Herr
Leuffgen, Albertinenhütte und Marezzo-Marmor — Aachener Tuch, Stral-
sunder Mühlen, Harkort's Brückenbau, Brauerei Hasenhaide — Die
Spener'sche Zeitung unter Herrn Wehrenpfennig — Sudenburger Maschinen-
fabrik — Insertionsunkosten — „Nachdruck wird nicht honorirt" — „Dies
Kind, kein Engel ist so rein" — Der „Vulkan" des Herrn Leopold Hadra.

In den Jahren 1871 und 1872 sah man die Berliner und auch die grösseren Provinzial-Zeitungen so
unförmlich anschwellen, wie etwa eine Person, die an
der Wassersucht leidet. Nicht den politischen Theil
oder das Feuilleton — die vielmehr merklich zusammenschrumpften — wol aber die Börsenabtheilung und
die Annoncen. Zeitungen, wie die Nationale und die
Vossische, glichen in jeder Nummer einem dicken
Actenstück, brachten täglich ein 5 bis 10 Bogen Bei-

lagen, die von oben bis unten nur mit Inseraten bedeckt waren; und zwar in der Hauptsache mit solchen, die Gründungen und Emissionen verkündigten. Jede Nummer brachte ein paar „Prospecte"; und jeder „Prospect" nahm eine oder ein paar Folio-Seiten ein, indem er in Druckerschwärze und in weissen Zwischenräumen wahrhaft schwelgte, in der denkbar fettesten Schrift und in riesigen zollhohen Buchstaben sich präsentirte.

Das war eine fette Zeit für die Zeitungen, und sie verstanden's, das Fett abzuschöpfen. Sie liessen die Annoncenspalten schmäler und schmäler werden, und erhöhten trotzdem die Insertionsgebühr in raschen Sprüngen um das Doppelte und Dreifache. Grosse Blätter mögen damals für Inserate 2 bis 5000 Thaler täglich eingesäckelt haben. Aber der „Grosse Krach" hat auch die Einnahmen der Zeitungen stark beschnitten. Statt der goldnen Inseratenfluth von damals ist heute die kläglichste Ebbe eingetreten; es werden nicht mehr so viel Hunderte eingenommen, wie früher Tausende.

Die „Prospecte" waren Entbindungs-Anzeigen. Eine neue Gründung war vollbracht, eine neue Actiengesellschaft hatte das Licht der Welt erblickt; und das

liebe Publikum wurde zur Gevatterschaft eingeladen.
„Prospect" heisst bekanntlich zunächst: Anblick,
Aussicht, Fernsicht: und deshalb ist das Wort
sehr glücklich gewählt, überaus bezeichnend. Die
„Prospecte" können nicht besser verglichen werden
als mit den Guckkastenbildern, wie man sie auf Kir-
messen und Jahrmärkten zeigt. Man guckt in den
Kasten und glaubt ein herrliches Schloss zu sehen.
oder ein Bergwerk in vollem Betriebe, oder eine para-
diesische Landschaft: aber in Wahrheit ist es nur eine
grobe dicke Farbenkleckserei. In der ersten Zeit der Gründungen freilich waren die Prospecte nicht solch plumpe,
sondern eine feinere, mehr künstlerische Arbeit; so
dass sie sich zuweilen wie ein farbiges Feuilleton oder
gar wie ein schwungvolles Gedicht lasen.

Man höre z. B. den Prospect der Ersten Altenburger Zuckerfabrik, Kohlenabbau und Landwirthschaftlichen Industrie-Gesellschaft: „Zu
den gesegnetsten Fluren des deutschen Vaterlandes
gehört der Ostkreis des Herzogthums Sachsen-Alten-
burg. Die vorzügliche Fruchtbarkeit seines Bodens ist
allgemein anerkannt. Aber er birgt auch die werthvoll-
sten **unterirdischen Reichthümer** — ein Braunkohlenlager
von seltner Mächtigkeit, das für diese Gegend eine

industrielle Entwickelung in Aussicht stellt, welche nur der weckenden und fördernden Hand wartet, um rasch eine dauernde Blüthe zu erlangen. — „In Mitten dieses Bezirkes liegt das Rittergut Zechau, **unter diesen reichen Geländen die Krone** der dortigen Landgüter u. s. w."

Der verlockenden Schilderung des Gründungsobjects folgte dann stets eine noch hinreissendere „Rentabilitäts-Berechnung". Den Actionären wurde ein Gewinn verheissen, der den Edelmuth der Gründer in das hellste Licht stellte, und es fast unbegreiflich erscheinen liess, wie sie solch kostbares hocheinträgliches Object überhaupt weggeben konnten! Allermindestens wurde eine Verzinsung von 10 Procent in Aussicht gestellt; aber in der Regel weit mehr.

Das Vergnügungs-Etablissement Flora in Charlottenburg rechnete 12 Procent Dividende heraus: trotzdem ist der Cours nur noch ca. 12. Berlin-Charlottenburger Bauverein, eine Schöpfung des Herrn Richard Schweder, versprach nicht blos eine derartige Dividende, sondern stellte schon im „Prospect" einen Gewinn von 13 Procent als vollendete Thatsache hin, weshalb die Actien auch zum Course von 110 aufgelegt wurden: — merkwürdigerweise ist dieser aber auch inzwischen bis ca. 15 gesunken. Maschinen-

fabrik von vormals Egells versprach in den ungünstigsten Jahren 15 Procent, sonst mehr: — zeitiger Cours
ca. 20. Kattun-Manufactur von vormals Schwerdt-
feger in Eilenburg wies 17¹/₂ Procent als frag- und
zweifellos nach: — Cours ca. 40 Brief; d. h. mit 40
angeboten, aber nicht los zu werden. Bei vielen andern Gesellschaften ist das Missverhältniss noch weit
grösser; wir wollen nur einige anführen:

Joseph Beer selige Wittwe in Liegnitz versprach für die Schlesische Wollwaaren-Fabrik,
welche „aus dem vorigen Jahrhundert datirt", „eines
Weltruhms geniesst" und ein Waarenhaus besitzt,
dessen „sehr ausgedehnte Räume von Einem Punkte
aus übersehen werden können" — 15 bis 20 Procent
Dividende. Zeitiger Cours ca. 20.

Herr Naumann, Herzoglicher Domainenpächter,
rechnete für die Altenburger Zuckerfabrik einen
Gewinn von 113,000 Thaler jährlich heraus; und zwar
gleich auf einen Zeitraum von 120 Jahren. Cours 0
(Null). Die Gesellschaft ist bankerott.

Herr Jean Fränkel verhiess für die Märkische
Torfgräberei, mittelst welcher er Berlin mit billigem
Brennmaterial versorgen wollte — 15 Procent Divi-
dende. Letzter Cours 2 Brief.

Freiherr von Werthern versprach für die von ihm verkauften Vereinigten Oderwerke eine Dividende von 19 Procent. Cours — 0. Die Gesellschaft ist bankerott.

Remscheider Stahlwerke von vormals Arntz & Co., mit 101 1/2 an die Börse gebracht, liessen eine Dividende von über 30 Procent erwarten. Cours — 0. Die Gesellschaft ist bankerott.

Um dies erschreckliche Missverhältniss einigermafsen aufzuklären, wollen wir uns zu ein paar Bemerkungen verstehen. — Altenburger Zuckerfabrik, den Actionären mit 700,000 Thaler überwiesen, kam im December 1874 unter den Hammer des Subhastationsrichters. Das Meistgebot war 212,000 Thaler, ging aber auch nur von Hypothekengläubigern aus, die so ihre Forderung retten wollten. In einem zweiten Termin wurden gar nur 179,000 Thaler geboten, und musste für diesen Preis die „Krone der reichen Gelände" sammt den grossen „unterirdischen Reichthümern" weggegeben werden. Die Actionäre haben natürlich Alles verloren. Vereinigte Oderwerke bestanden in einem Lehmstich mit Ziegelei, welche der Gesellschaft 162.000 Thaler kosteten. Märkische Torfgräberei, von der Börse, welche eine sehr feine Nase hat, als-

bald „Märkische Todtengräberei" benamst — war blos
eine Torfwiese, und noch dazu eine sehr fragwürdige,
welche Herr Jean Fränkel den Actionären mit 210,000
Thaler in Rechnung stellte. Diese Summe war so
haarsträubend, dass selbst der Vorbesitzer darob erschrak — wiewol auch er die Torfwiese gewiss nicht
billig abgegeben hatte — und in einem verschämten
anonymen Inserat das auf „Märkische Todtengräberei"
begierige Publikum höflichst einlud, sich nach der
Moritzstrasse 5, parterre links, bemühen zu wollen,
wo man ihm über die Gründung reinen Wein ein-
schenken werde.

Herr Jean Fränkel aber, obgleich er nur zu den
Gründern zweiter oder gar dritter Classe gehört, verdient etwas näher in's Auge gefasst zu werden. Er
ist nämlich ein Mann von Charakter und Consequenz.
Andere seiner Berufsgenossen haben, sei es aus Laune,
sei es aus Versehen, mitunter eine mehr oder minder
lebensfähige Gesellschaft in die Welt gesetzt. Das
aber that Herr Jean Fränkel, gleichsam des Princips
wegen, nie. Unter den faulen Gründungen der Schwindelperiode sind die von ihm begangenen mit die faulsten.
Sie stinken sämmtlich zum Himmel. Selbst die Börse,
die in solchen Dingen nicht wählerisch, nicht ekel ist,

kann die Gründungsleichen des Herrn Jean Fränkel nicht handeln, ohne dass ihr eine Gänsehaut über den Rücken läuft.

Neben der „Märkischen Todtengräberei" sind noch zu nennen: die schon erwähnte Flora, an der sich Viele versündigten, und die auch Herr Jean Fränkel sehr geschwächt hat; ferner Berliner Weissbierbrauerei, vormals Gericke — Cours ca. 20; Charlottenburger Baugesellschaft, unter Mitwirkung des Bürgermeisters von Charlottenburg, Herrn Bullrich, verübt — Cours ca. 5; und Nieder-Schönhausener Baugesellschaft, die gar nicht mehr notirt wird. Der Besitz dieser Gesellschaft besteht aus einem Sandplatz, der ihr für 230,000 Thaler aufgehalst wurde. Während der Verkäufer des Torfbruchs von Skaby nur anonym protestirte, erhoben die Bauern von Schönhausen ein lautes zorniges Protestgeschrei; aber Herr Jean Fränkel kehrte sich ebensowenig an das eine wie an das andere. Und warum auch? Was die Vorbesitzer gegen ihn trieb, war sicher nicht Mitleid mit den betrogenen Actionären, sondern das Verlangen, auf den Attentäter eine Pression zu üben; zu versuchen, ob sich nicht nachträglich noch etwas aus ihm herausschlagen liesse.

Aber Eins verargen wir Herrn Jean Fränkel. Das ist sein Verhalten gegen den Koch von Ritzewoller. In dem koschern Restaurant Ritzewoller pflegte Herr Jean Fränkel nach vollbrachter Arbeit seine Gründungs-Diners zu geben, mit seinen Verbündeten zu tafeln. Der Koch des Hauses war, trotzdem er wenig über Zwanzig zählte, in seiner Kunst ein Meister; und auch der Champagner von Ritzewoller suchte seines Gleichen. Der Koch verlor leider seine Stelle, und da liess er sich's einfallen, im Namen des Herrn Jean Fränkel, den er wohl kannte, einen Zettel zu schreiben und von Ritzewoller sechs Flaschen Champagner — vom Besten — zu verlangen. Er erhielt sie und trank sie aus. Alsbald kam die Fälschung an den Tag; natürlich durch die Schuld des Herrn Jean Fränkel, der die ihm vorgelegte Rechnung nicht bezahlen wollte; sondern es kalt mit ansah, dass man den jungen Koch der Justiz überlieferte und ihn nach der Strenge des Gesetzes verurtheilte. Bei Gott, das war nicht schön von Herrn Jean Fränkel! Wie? Einen armen Teufel wegen sechs Flaschen Champagner in's Zucht-haus schicken zu lassen, wenn man selber Flora, Ber-liner Weissbier, Charlottenburger Baugesellschaft und „Märkische Todtengräberei" auf dem Gewissen hat?!

Da wir einmal von oberfaulen Gründungen sprechen, so verlangt die Gerechtigkeit, dass wir hier auch
Herrn Robert Baumann einschalten. Allerdings
rangirt er etwas höher als Herr Jean Fränkel, denn
er hat etwa dreimal soviel als dieser gegründet, und
darunter auch einige erträgliche Sachen; z. B. Berliner
Bank, Bank für Rheinland und Westphalen, Hessische
Bank, Hessische Brauerei und Zeitzer Eisengiesserei.
Auch Egells'sche Maschinenfabrik wollen wir ihm hin-
gehen lassen. Aber ganz und gar nicht zu entschuldigen sind: Allgemeine Deutsche Handelsgesellschaft — Cours ca. 8; Berliner Nord-Eisenbahn
— Cours 0; und vor Allem nicht der so entsetzliche
Thüringer Bankverein in Erfurt, dessen Directoren
Heinrich Moos und Selmar Uhley bekanntlich
durchbrannten, und dann im „Kladderadatsch", unter
Beifügung ihrer Portraits, steckbrieflich verfolgt wurden.
Auch an der Deutschen Buchhändlerbank war Herr
Robert Baumann mit thätig; eine Gründung, die, obgleich hier als Geburtshelfer solch berühmte „Volkswirthe" wie Julius Faucher und Karl Braun-Wies-
baden fungirten, dennoch todt zur Welt kam.

Endlich ist Herr Robert Baumann auch der wahre
Urheber der Altenburger Zuckerfabrik, nur dass der

hochpoetische Prospect nicht von ihm selber herrührt. Nach der „Stilprobe" zu urtheilen, die einst die „Neue Börsen-Zeitung" von ihm veröffentlichte, und worin er sich gegen gewisse Anschuldigungen in Sachen Berliner Bank und Nordbahn zu rechtfertigen versuchte, scheint er nicht gerade ein „Held der Feder" zu sein. Um seine Gründungssünden in etwas wieder wett zu machen, vielleicht auch nur, um die Aufmerksamkeit von ihnen abzulenken, paradirte er mit dem „Invalidendank", gab und sammelte er ostensibel zu patriotischen und wohlthätigen Zwecken, suchte er mit der Aristokratie anzuknüpfen. Dessenungeachtet blieb er titel- und ordenlos, was uns billig Wunder nimmt. Wenn z. B. Herr Meyer Cohn, auch ein vielgewandter Gründer. Commerzienrath wurde; warum denn Herr Robert Baumann nicht?! Sollte ihn daran blos sein „deutscher Stil" verhindert haben? —

Nach dieser Abschweifung zu Gunsten der Herren Jean Fränkel und Robert Baumann, kehren wir zu den „Prospecten" zurück. In zahlreichen Fällen wurde eine Dividende nicht nur verheissen und ausgerechnet, sondern von den Vorbesitzern resp. Gründern auch „garantirt". Herr Leuffgen versprach für die von ihm verkaufte Glasfabrik Albertinenhütte bei Charlottenburg eine Verzinsung von 16 Procent auf fünf Jahre; trotzdem ist der Cours bis auf 6 zurückgegangen. Es ist dies, nebenbei bemerkt, derselbe Herr Leuffgen, der auch Director der Deutschen Marezzo-Marmor-Gesellschaft war, und diese rasch dem Concurse zuführte, indem er das ganze Actiencapital wie ein Taschenspieler verschwinden liess; ein Kunststück, das der Concurs-Verwalter den „reinen Einbruch" nannte.*)

Die Herren Schöller und van Alpen garantirten der Aachener Tuchfabrik gleichfalls 10 Procent Dividende für die ersten fünf Jahre; in Folge dessen wurden die Actien mit 105 aufgelegt, sind aber schon lange nicht mehr auf dem Courszettel zu finden. Die Versprechungen des „Prospect" erwiesen sich als grober Schwindel, Niemand wollte die Coupons einlösen, und die schriftliche Garantieerklärung der Herren Schöller und van Alpen hat der „Vorsitzende des Aufsichtsraths", Commerzienrath Robert Schöller in Düren, der Vater des Mit-Vorbesitzers der Fabrik, „nach sich genommen". Die Gesellschaft schloss ihr erstes und einziges Geschäftsjahr mit einer Unterbilanz

*) Vgl. Berliner „Tribüne" No. 84, vom 26. Juni 1874.

von 108,000 Thalern und trat dann in Liquidation (Auflösung).

Aehnliche Zinsgarantien leisteten: Herr Hermann Lehl für die Dampfmühlen-Gesellschaft in Stralsund; Joseph Beer selige Wittwe in Liegnitz für die Schlesische Wollwaaren-Fabrik; Herr Johann Caspar Harkort für die Gesellschaft für Eisenindustrie und Brückenbau in Duisburg; lauter Actien, deren Coursstand seit Jahren jeder Zinsgarantie Hohn spricht. Der schreiendste Fall ist jedoch Bergbrauerei Hasenhaide in Berlin; mit 8 Procent Dividende „garantirt", ist der Cours etwa 1 Brief. —

Entweder war die Zinsgarantie auch nur ein Versprechen, das man auf sich beruhen liess; oder wenn die Verkäufer wirklich die betreffende Summe sicher stellten, gehörte diese schon zu den Gründungsunkosten, steckte sie eben im Actiencapital, so dass sie thatsächlich von den Actionären selber aufgebracht wurde, und es sich wieder um eine blosse Augenverblendniss handelte.

Dass die „Prospecte", hinsichtlich der Rentabilitätsberechnung wie des Erwerbspreises, also in den beiden wesentlichen Punkten, fast regelmässig arge Täuschungen und grobe Unwahrheiten enthielten, sprach die „Spener'sche Zeitung" in ihrer Börsen-Rückschau vom 31. December 1872 offen aus. Es war dies um so verdienstlicher als das Blatt damals, von Herrn Wehrenpfennig redigirt, der Preussischen Boden-Credit-Actien-Bank angehörte, an deren Spitze Herr Richard Schweder stand — der Gründer *par excellence.* Leider wird das Verdienst der genannten Zeitung dadurch etwas geschmälert, dass sie jene freimüthige Aeusserung so spät that, als der Gründungsschwindel bereits so gut wie zu Ende war.

Die „Prospecte", gewöhnlich unter juristischem Beirath entstanden, sind mit einer wahren Meisterschaft abgefasst. Sie versprechen Alles, und verpflichten zu Nichts. Nur höchst selten haben die Gründer sich im „Prospect" eine Blösse gegeben, auf Grund des Prospects zur Rechenschaft gezogen werden können; und noch seltener haben die betrogenen Actionäre wirklich etwas zurückerhalten. Nur Ein nennenswerthes Beispiel schwebt uns vor. Es ist der Fall der Sudenburger Maschinenfabrik, vormals F. A. Klusemann in Magdeburg, wo die Uriane einen Theil ihres Raubes — 300,000 Thaler — factisch herausgaben, aber trotzdem dem Staatsanwalt verfielen.

Der „Prospect" wurde in etwa 20 bis 50 Zeitungen

gerückt; und zwar nicht Ein mal, sondern mehrere Mal. Blos die Veröffentlichung des „Prospects" und sonstige Insertionskosten machten eine Ausgabe bis 10,000 Thaler und mehr nöthig; woraus man entnehmen kann, dass die Gründungsspesen nicht klein waren. In erster Reihe erhielten das Inserat sämmtliche Börsenblätter, die damals wie Pilze emporschossen; sodann die grossen politischen Zeitungen und auch wol verbreitete Localblätter. Es handelte sich um die grösstmöglichste Publicität: es handelte sich aber auch um Unterstützung, wenigstens um Schonung. Deshalb wurden auch solche Blätter bedacht. die keinen besondern Leserkreis hatten, aber doch irgendwie zu fürchten waren.

Alle Blätter, gross wie klein, lechzten nach Gründungs- und Emissions-Anzeigen; die kleinern bewarben sich darum oder druckten sie unaufgefordert ab und schickten Belag nebst Rechnung ein, die in der Regel auch bezahlt wurde, denn man verstreute ja das Geld. Erst als die Schwindelperiode zu Ende ging, ward man sparsamer; und da findet sich denn unter den Inseraten der für die meisten Leser gewiss räthselhafte Vermerk: „Nachdruck wird nicht honorirt!" Blätter, die mit den Anzeigen nicht „betheiligt" wurden, erhoben wol ein Geschrei, griffen die Gründung versteckt oder offen an. So that z. B., gegenüber dem im vorigen Capitel erwähnten „artistischen Unternehmen", eine eben entstandene Börsen-Zeitung. Sie enthüllte die Courstreiberei mittelst der verschiedenen Consortien, welche die Actien nacheinander übernahmen, bis sie endlich 10 Procent über Pari (100) an die Börse kamen. Das war ein Wink für die Gründer. Sie holten das Versäumte nach, und nun brachte dasselbe Börsenblatt eine sehr günstige Besprechung, empfahl das „artistische Unternehmen" als durchaus solid und höchst rentabel.

Das blosse Inserat genügte nicht; die Gründung musste auch im redactionellen Theil erwähnt, der „Prospect" hier theilweise übernommen oder umschrieben werden. Kleinere Blätter besorgten das schon um des Inserats willen; die grössern aber nur gegen besonderes Honorar, und dieses betrug in der Regel weit mehr als die Insertionsgebühr. Ohne Rücksicht auf das Inserat wurde in den tonangebenden Börsenzeitungen manche Gründung erbarmungslos heruntergerissen; und erst hinterher, nachdem sie sich ihrer Schuldigkeit bewusst geworden, zu Gnaden angenommen. So hatte, um Ein Beispiel für hundert anzuführen, ein sehr bekanntes Börsenblatt zunächst Berliner Weiss-

hier. vormals Gericke, nach Gebühr verarbeitet: aber
ein paar Tage später legte es dieser Tochter des Herrn
Jean Fränkel, diesem Monstrum, die Hände segnend
auf das Haupt und sprach mit dem Grafen von Savern:

> Dies Kind, kein Engel ist so rein,
> Lasst's Eurer Huld empfohlen sein!

Weit geschickter verfuhr in solchen Fällen die „Neue
Börsen-Zeitung", ja nicht ohne Humor und Schalk-
haftigkeit. So schrieb sie: „Wir finden in verschiedenen Blättern eine Aufzählung der Leistungen der
Maschinenfabrik Berliner Vulkan. Wir können es
uns um so mehr versagen auf die Einzelheiten näher
einzugehen, als denselben durch die übereinstimmende
Reproduction in den übrigen Blättern eine mehr als
hinreichende Publicität gegeben ist. Unsere Aufgabe
dürfen wir als erfüllt betrachten, wenn wir darauf hin-
weisen, dass die Leistungen der Fabrik für uns die
Verzinsung des nur 450,000 Thaler betragenden Actiencapitals ausser Zweifel stellen."

Nur 450,000 Thaler! (Wobei übrigens die Hypotheken mit 215,000 Thaler vergessen.) Fürwahr eine
Kleinigkeit! Und auch mit der „guten Verzinsung"
hatte die „Neue Börsen-Zeitung" Recht. Im „ersten
Geschäftsjahr" vertheilte der von Herrn Leopold

Hadra aus der von Michalkowski'schen Fabrik componirte „Vulkan" wirklich 7 Procent Dividende, seitdem aber keinen Heller mehr. Deshalb notirt ihn die Börse nur noch ca. 12; und wir fürchten, dass er selbst auf dieser Höhe sich nicht halten, sondern noch tiefer, viel tiefer sinken wird.

V.

„Subscription" und „Einführung".

Wieviel Stadien hat nicht erst ein Friedens- oder
Allianzvertrag zu durchlaufen; wie viel Conferenzen
und Verhandlungen sind vorher nöthig! Welche Mühe
kostet nicht das Einstudiren eines Schauspiels; wieviel
Vorbereitungen und Zurüstungen sind nothwendig, bevor es wirklich zur Aufführung kommt! Welche
Kämpfe finden selbst zwischen Mitarbeiter und Redacteur,
oft wegen eines einzigen Journal-Artikels statt! Von
alledem erfährt das Publikum so gut wie nichts; was

ihm geboten wird, sind vollendete Thatsachen, fertige Producte.

Mit den Gründungen verhielt es sich noch ganz anders. Hier geschah alles Wesentliche und Wirkliche hinter den Coulissen; Alles war bereits abgekartet und eingefädelt, und was an die Oeffentlichkeit trat, war blosser Hocuspocus; allein darauf berechnet, die Menge zu verblenden und einzufangen.

Mit dem „Prospect", welcher von der glücklich erfolgten Gründung Kunde gab, die neue Actiengesellschaft in den rosigsten Farben malte und den Actionären Gewinn über Gewinn verhiess — war die Einladung zur Subscription verbunden. An dem und dem Tage und an den und den Orten wurde das Actiencapital, ganz oder theilweise, zur Zeichnung aufgelegt, dem Publicum zum Pari-Course (100) oder darüber, angeboten. Und nun herbei, Ihr guten Leute, die Ihr Geld im Beutel habt und Willens seid, es sicher und mit Vortheil anzulegen! Versäumt ja die Stunde nicht, sie bedeutet Euer Glück und sie kehrt nicht wieder!!

Und sie kamen in hellen Haufen, sie versperrten die Strasse, sie belagerten das Haus; und als die Thüren sich endlich öffneten; quoll der Strom herein, und in einem Augenblick waren die ausliegenden Bogen mit Unterschriften bedeckt. Der Eine zeichnete 100 Thaler, der Andere 500, der Dritte 1000, der Vierte 3000, der Fünfte 10,000 Thaler. „Drei-, fünfmal überzeichnet!" — „Kolossal überzeichnet!!" meldeten noch am selben Abend die Zeitungen im Chor. „Die Zeichnungen müssen erheblich reducirt werden!!!"

War aber in der Regel Alles blosser Hocuspocus! Nichts weiter als ein von den Gründern in Scene gesetztes Spektakelstück! Jene Leute, welche sich an der Zeichnungsstelle drängen und stossen, sind Commis und Ausläufer von verbündeten oder befreundeten Geschäftshäusern, oder gemiethete Dienstmänner, welche man heute in Paletot und Cylinder gesteckt hat; und zu ihnen gesellen sich Müssiggänger und Neugierige. Hin und wieder verirrt sich auch wol ein Privatmann; getäuscht von dem Treiben, zeichnet er eine Summe, und erhält sie, trotz aller „Reductionen", unvermeidlich und — voll.

Die „Neue Börsen-Zeitung", die sich überhaupt des Publikums gegen die Börsianer ritterlich annahm, beleuchtete den „Subscriptions-Humbug", wie sie ihn nannte, wiederholt, und kritisirte ihn scharf. Sie tadelte namentlich die Discontogesellschaft, welche in zwei

Fällen, bei Gelegenheit der Ungarischen Eisenbahn-Anleihe und der Aachener Disconto-Gesellschaft, den Subscribenten „die Thüren blos der Formalität wegen geöffnet hatte, um sie dann gleich wieder zu schliessen." Aber etliche herzhafte Leute, fügte das Blatt hinzu, hätten sich nicht wie Narren heimschicken lassen, wären so energisch aufgetreten, dass man ihnen noch ein „Pöstchen aus dem Privatschatz" abgelassen.

War aber auch wieder Hocuspocus! Blosse Reclame für die beiden Papiere, um den Cours zu treiben und das Publikum lecker zu machen! — Der Privatmann betheiligte sich nicht wohl schon an den Subscriptionen, und wenn er's dennoch that, zeichnete er nicht selber, sondern liess durch seinen Banquier zeichnen. Die Banquiers aber hatten es nicht nöthig, sich an der Zeichnungsstelle zu drängen; sie gaben ihre Ordres einfach schriftlich und vorher mittelst der Post auf.

Wirkliche Ueberzeichnungen kamen nur ausnahmsweise vor, und dann geschahen sie von Börsen-Speculanten, welche ohne Rücksicht auf die Gründung selber, deren eigentlichen Werth sie ebensowenig wie das grosse Publikum kannten und zu beurtheilen vermochten, ein besonderes Vertrauen hatten zu der „starken" und „glücklichen" Hand der Gründer. Aber von jeder neuen Gesellschaft mussten die Zeitungen eine „sehr erhebliche" oder gar eine „kolossale" Ueberzeichnung vermelden, und laut besonderer Bekanntmachung wurde dann stets eine „Repartition" vorgenommen.

Eisenwerk Marienhütte bei Kotzenau, vormals Schlittgen und Haase, aufgelegt bei der Gewerbebank H. Schuster; und Vereins-Brauerei Berliner Gastwirthe, aufgelegt von Bercht & Swoboda — konnten beide nur Zeichnungen bis 5000 Thaler voll berücksichtigen, höhere Beiträge mussten auf 25 Procent reducirt werden. — Heutiger Cours 50 und resp. 12! Bank für Sprit- und Productenhandel, vormals Gebrüder Wrede, aufgelegt bei der Centralbank für Handel und Industrie, war leider nur im Stande, Summen bis 1000 Thaler zu acceptiren, höhere Beträge mussten sich eine Reduction von 40 Procent gefallen lassen. — Heutiger Cours 60. Immer waren die Gründer so edel, in erster Reihe die kleinen Zeichnungen zu berücksichtigen, den sonnenklaren Profit zunächst den minder wohlhabenden Leuten zu gönnen.

Inmitten dieser regelmässigen „Ueberzeichnungen" und obligaten „Reductionen" musste es umsomehr auffallen, als plötzlich Herr Richard Schweder von der Preussischen Boden-Creditactien-Bank dem Publikum einen „nicht subscribirten Rest" F. Wöhlert'scher Maschinenbau-Actien von 750,000 Thaler nachträglich offerirte und freundlichst zu „Nachanmeldungen" einlud. Obgleich man sich mitten in der Schwindelperiode befand, machte diese Gründung, eingeleitet von Hermann Geber, und dargeboten von den Herren Karl Coppel, Karl Braun-Wiesbaden, Stadtrath Pohle, Geheimen Commerzienrath F. W. Krause, bald hernach geadelt, und Gustav Markwald, Schwiegervater des genialen Directors Schweder — doch ein rauschendes Fiasko.

Das Actiencapital betrug die Kleinigkeit von $3\frac{1}{4}$ Million Thaler, und gewisse Vorgänge hinter den Coulissen waren ruchbar geworden. Als das „erste Geschäftsjahr" zu Ende ging, erschien in „Saling's Börsenblatt" ein „Eingesandt", welches constatirte, dass die Gesellschaft, die im „Prospect" 120 Locomotiven alljährlich versprochen, wirklich geliefert habe 40, und überhaupt fertig stellen könne höchstens 50. Auch wurde bemerkt, „dass die Verwaltung einen recht starken Frost und Schneefall herbeisehne", weil dann die Aufnahme der Inventur über das im Freien herumliegende Material unmöglich sei. Diesem „Eingesandt" ist nirgends widersprochen; wol aber erzählte man sich laut, dass der Vorbesitzer, Commerzienrath Wöhlert, an der neuen Actiengesellschaftswirthschaft seine offene Schadenfreude habe und sie mit beissenden Witzen begleite.

Keine Gründung machte grösseres Furore als Vereinigte Königs- und Laurahütte. Laut Bekanntmachung erhielten die Zeichner von 200 bis 2000 Thaler eine Actie à 200 Thaler, von 2200 bis 8000 Thaler zwei Actien, die höheren Summen nur fünf Procent. Hier mag thatsächlich eine Ueberzeichnung stattgefunden haben. Die Gesellschaft vertheilte 1871 bis 1874 — $12^1{}_4$, 29, 20 und 10 Procent Dividende. Die Actien wurden an der Börse ein wildes Spielpapier, und der Cours stieg unaufhörlich bis zum Wiener Krach, wo er etwa 270 stand. Aber was für „Hände" waren auch hier thätig, und was für „Hände" halten die Gesellschaft noch heute, wo der Cours bis 80 gesunken ist, über Wasser! Wir nennen nur: Gerson Bleichröder, inzwischen geadelt; Wilhelm Behrens und Baron von Westenholz in Hamburg; Jakob Landau, Heinrich Heimann und Justizrath Friedensburg in Breslau; Geheimräthe Krienes und von Carnall; Graf von Hatzfeld-Wildenburg und Altenburgischer Minister von

Gerstenberg, Fabrikbesitzer a. D. Carl Egells, Geh. Commerzienrath Louis Ravené und Herr W. von Kardorff-Wabnitz, Mitglied des Preussischen Abgeordnetenhauses und des Deutschen Reichstags; ein Hauptredner der freiconservativen Partei, eine Autorität in allen Finanz- und volkswirthschaftlichen Fragen, sowie auf dem Gebiete der Gründungen. Hut ab vor diesen „Händen"!

Auf die „Subscription" folgte die Einführung an der Börse. In vielen Fällen, namentlich als der Schwindel in üppigster Blüthe stand, und die Börse jedes Papier, ohne es weiter zu prüfen, willig aufnahm, sah man von „Prospect" und „Subscription" ganz ab und brachte die neuen Actien gleich zu Markt. Ein paar Tage vorher erschien im redactionellen Theil der Zeitungen eine ziemlich gleichlautende Notiz, welche die Gründung kurz skizzirte, bestens empfahl, und der Welt verkündete, dass am nächsten Dienstag das grosse Haus Itzig Meyer & Co. mit den Actien der „Ersten Deutschen General-Leimsiederei" debutiren werde.

Unterm 10. Februar 1873, also wie der Schwindel bereits stark zu Ende ging, brachte der „Berliner Börsen-Courier" einen Artikel, worin er die beiden

Verfahren „Subscription" und „Einführung" gegen einander abwog und die blosse „Einführung" als „nicht reell" bezeichnete. Wenn schon, so ungefähr führte er aus, der „Prospect" gemeinhin keinen Glauben verdiene, und auch die „Subscription" eine etwas undurchsichtige Operation bleibe, so böten beide doch dem Publikum immer einen gewissen Anhalt, während die „Einführung" den Gründern Gelegenheit gebe, selbst „ein gänzliches Fiasco zu cachiren". Der „Börsen-Courier" forderte daher, namentlich die „ersten Häuser" auf, „sich dieses unberechtigten Modus der «Einführung» möglichst bald zu entschlagen", oder doch wenigstens vorher, „durch Publication eines detaillirten Prospects, ihrer Pflicht gegen das Privatcapital" zu genügen.

Wieder der reine blanke Hocuspocus! Für das Publikum hatten „Subscription" wie „Einführung" genau dieselbe Bedeutung. Beides waren Schauspiele, die die Gründer mit ihren Helfershelfern aufführten, um dadurch die Menge erst aufmerksam zu machen und zum Kaufen der neuen Actien zu verlocken. Alle solche Enthüllungen und Ausplaudereien der Börsenblätter, solche Schutzreden für das arme liebe Publikum und solcher Apell an die Respectabilität der „ersten Häuser" sind weiter nichts als: „Sand in die

Augen!" Ja, meistens ist damit noch eine geschickte Reclame für irgend ein „erstes Haus" und dessen neueste „Operation" verbunden, und es werden unter der Maske sittlicher Entrüstung blos wieder neue Sprenkel gelegt.

Wir kommen jetzt zur „Einführung".

Itzig Meyer & Co., welche die Actien der „Ersten Deutschen General-Leimsiederei" vertreiben sollen, haben sich zunächst mit einem „Consortium" umgeben. Die Mitglieder desselben sind nicht zu verwechseln mit den „ersten Zeichnern", welche, wie man weiss, in der Regel blos zum Schein gezeichnet haben. Nein, dieses Consortium ist ganz ernsthaft gemeint; es ist für Itzig Meyer & Co. eine Art Rückversicherung, wie sie Lebens- und Feuerversicherungs-Gesellschaften eingehen, um sich ihrerseits wieder den Rücken zu decken und das grosse Risico zu vertheilen. Solch Consortium besteht aus 10, 20, 30 oder mehr Personen, die sich aus Banquiers, Maklern, Speculanten und andern Börsianern zusammensetzen. Sie übernehmen die Actien der „Ersten Deutschen General-Leimsiederei", in Posten von 5000, 10,000 20,000 oder gar 100,000 Thalern, zu einem bestimmten Course, welcher der Consortial-cours heisst und im vorliegenden Falle etwa 70 betragen mag. Zu diesem Preise dürfen Itzig Meyer & Co. von ihren Consortial-Verschworenen nöthigenfalls die Abnahme der Actien verlangen, brauchen aber, wenn sie nicht wollen, dafür kein Stück zu liefern, und geben vorläufig auch kein Stück aus den Händen.

Der Erfolg der „Einführung" hängt zunächst davon ab, ob auch der richtige Zeitpunkt gewählt ist. Die überaus nervöse und sensitive Börse muss sich bei guter Laune befinden: sie darf nicht etwa „verstimmt" oder „matt" oder gar „flau" sein; sonst wird die „Einführung" besser aufgeschoben, oder sie fällt in's Wasser.

Der bewusste Dienstag kommt, und die Börse hat ein vortreffliches Aussehen. „Ganz Israel strahlet und glänzet vor Lust." Der grosse Augenblick ist da, und der Chef oder der Bevollmächtigte des hochrenommirten Hauses Itzig Meyer & Co. tritt auf, umgeben von den Consortial-Verschworenen, die sein Gefolge bilden — wie jener Schwarm von Clienten, mit welchen Pompejus oder Julius Cäsar auf dem Forum erschien. Auch für „Volk" ist gesorgt. Das Volk oder den „Mob" bilden die Jobber der untersten Classe, welche von der Hand in den Mund leben, und sich mitunter durch fettglänzende Röcke und zerrissene

Hosen bemerklich machen. Sie sind die öffentlichen Ausrufer, und sie heissen. in Erinnerung an die ausgestorbenen Berliner Eckensteher, die Nante's der Börse.

Die allgemeine Aufmerksamkeit richtet sich jetzt auf Itzig Meyer & Co., das ganze Geschäft pausirt eine Weile, und mit grossem Geräusch gehen die Actien der „Ersten Deutschen General-Leimsiederei" in Scene. Der Einführungscours ist mit Rücksicht auf das „grosse Haus" Itzig Meyer & Co. $108^{1}/_{2}$; blos Pari (100) würde seinem Ansehen nicht recht entsprechen. „Leimsiederei" wird heftig begehrt und fast ebenso heftig gekauft. Aber von wem? Einstweilen nur von den Consortial-Verschworenen, ihren Freunden, Anhängern und Agenten. Ein dicker Nante mit ausserordentlich entwickelter Nase schreit: „Ich nehme «Leim» mit 109!" — „„Leim mit 109!!"" brüllt der Janhagel ihm nach.

Jedermann im Saale weiss, dass die Nante's weder „Leim" wollen, noch „Leim" bekommen, dass sie nur von Itzig Meyer & Co. mit ein paar Stücken „betheiligt" sind, und dafür ihre Ausrufer-Dienste thun. Niemand im Saale lässt sich durch die armen Kerle täuschen, aber ihr Geschrei macht doch Effect und hallt in den Börsenberichten der Zeitungen wieder. Sie nützen zwar nicht viel, aber sie könnten gegen das Papier schreien und doch Schaden anrichten; darum sind sie angeworben, und sie dünken den Gründern ebenso nöthig und unentbehrlich, wie einem grossen Schauspieler oder einer berühmten Sängerin die — Claqueurs.

Der Cours von „Leim" geht heute bis auf 112. morgen ist er vielleicht schon 115 und übermorgen 120. Die Consortial-Verschworenen kaufen und lassen kaufen zu diesen Coursen, daher der Makler sie notiren muss; und wenn es auch nur Schein-Käufe sind: der Makler erhält trotzdem seine Courtage oder Gebühr. Allmälig finden sich wirkliche Käufer, nach und nach wird, durch Zeitungsberichte und Empfehlungen der Banquiers, das Publikum herangezogen, und nun schwankt der Cours von „Leim" zwischen 125 und 105, bis die Actien glücklich untergebracht sind; wo er dann sofort oder doch sehr bald einen jähen Sturz bis 90, 80, 70 oder gar 60 zu erleiden pflegt. Ausser den unglücklichen Actionären kümmert sich fortan kein Mensch mehr um „Leim".

Itzig Meyer & Co. aber rechnen mit den Consortial-Verschworenen ab. Der Mittel-Cours, zu welchem die

Actien durchschnittlich „begeben" sind, stellt sich
auf . . . . 115 Procent.

Davon ab:

Courtage an die Makler, Bonificiationen
an die Banquiers, Douceurs, Grati-
ficationen und andere Spesen, zusammen ca. . . . . 15 „

Bleiben 100 Procent.

Der Cours, zu welchem die Consortial-
Verschworenen „Leim" übernahmen,
war . . . . 70 „

Mithin haben sie verdient . . . . 30 Procent;
was bei einem Pöstchen von 5000 oder 10,000 Thalern schon ein hübsches Sümmchen ausmacht, und bei
einem Posten von 50,000 oder gar 100,000 Thalern
eine sehr anständige Summe.

Auch die Nante's halten ihren Schmaus. Der dicke
Chorführer ist mit 10 Stück Actien à 200 Thaler
„betheiligt", so dass er 600 Thaler einstreicht; während den Andern nur je 5 Stück zugeschrieben sind,
auf jeden von ihnen also ein Consortialgewinn von
300 Thaler entfällt. Davon fristen die armen Schlucker
nun wieder eine Zeit lang ihr Leben; aber es giebt

unter ihnen auch feine anschlägige Köpfe. und Einer
oder der Andere arbeitet sich wol rasch empor und
spielt bald an der Börse eine Rolle.

Wie schon gesagt, werden den Consortial-Verschworenen selber keine Stücke ausgehändigt. Itzig Meyer
& Co., die den Cours halten. und daher alles Material,
was etwa angeboten wird. wieder aufnehmen, könnten
sonst leicht in die Lage kommen, „Leim" von ihren
eigenen Helfershelfern zu hohem Course zurückkaufen
zu müssen. Werden die Actien aber nicht abgesetzt.
dann sind die Verschworenen verpflichtet, die gezeich-
neten Posten zu dem verabredeten Consortialcours zu
beziehen; was sie natürlich nicht gern und in der Regel
nicht gutwillig thun.

Ein solcher Fall ereignete sich u. A. bei Gründung
der Dannenberger'schen oder eigentlich Liebermann-
schen Kattunfabrik. Herr Richard Schweder, der den
„Krach" wol schon in den Gliedern verspürte, hatte
die „Einführung" der Actien verzögert und verzögert,
bis er endlich ganz plötzlich damit herausrückte. Er
machte ein gründliches Fiasco, und sein Adjutant,
Herr Wolf Paradies, musste es ausbaden. Die Consortial-Verschworenen, die bei so vielen Gründungen
mit Herrn Schweder Hand in Hand gegangen waren

und jedesmal so hübsch verdient hatten, wiesen jetzt „Kattun" mit Entrüstung und Abscheu zurück; und als es zum Processe kam, gab der Richter, in Erwägung der eigenthümlichen Umstände, ihnen Recht, und die Preussische Boden-Credit-Actien-Bank musste den ganzen „Kattun" für sich behalten.

Allerdings war die „Einführung", ohne „Subsciption" und ohne „Prospect", ein bequemeres und kürzeres Verfahren; aber es gehörten dazu auch starke und kraftvolle „Hände", zumal der Einführungscours fast regelmässig nicht unbedeutend über Pari (100) gesetzt wurde; was dann sofort die Schweisshunde der Börse, die Fixer, herbeilockte — jene ehrlichen Leute, welche ein Geschäft daraus machen, auf das Fallen der Course zu speculiren und die Course unter Aufbietung jedes Mittels herunterzureissen; wofür sie freilich zuweilen arg bluten müssen. Des bessern Verständnisses wegen folge hier ein Beispiel.

Die Actien der Producten- und Handelsbank — eine Schöpfung, zu der auch Wiener Gründer extra nach Berlin gekommen waren — wurden mit 116 eingeführt. Weil aber diese Actien nicht voll, sondern nur mit 40 Procent eingezahlt waren, betrug der Einführungscours thatsächlich 140. Gewiss eine kolossale

Unverschämtheit. da die Bank noch gar nichts gethan hatte, noch nicht einmal eingerichtet war! So dachten auch die Fixer, und sie begannen die Actien zu werfen, ein Pöstchen nach dem andern *in blanco* zu verkaufen; das heisst, ohne es zu haben. Aber sie hatten die Rechnung ohne den Wirth gemacht. Die Gründer hielten fest, nahmen die Blanco-Abgaben bereitwilligst auf und drückten den Fixern Zoll um Zoll die Gurgel zu. Als der Ultimo, der letzte Tag im Monat und damit der Zeitpunct der Lieferung kam, mussten die Fixer sich mit einem Verlust von 7 Procent „decken", und die Gründer. als die alleinigen Besitzer des Materials. hätten ihnen eine noch weit höhere Busse dictiren können. — Solche Strangulirung nennt man an der Börse eine Schwänze.

Der Einführungsmodus war das beste Mittelchen für die Agiotage oder den Courswucher, welcher sich nicht wesentlich von der sogenannten Halsabschneiderei unterscheidet. Herr Richard Schweder führte noch im Januar 1873 die Actien der Kohlenzeche Louise Tiefbau mit 115 ein; während heute der Cours ca. 30 steht. Die famose Dortmunder Union. gegründet von den Herren Miquel und von Hansemann in Berlin, Wilhelm von Born in Dortmund,

Baron Abraham von Oppenheim in Cöln, Baron Rothschid in Frankfurt a. M. etc. — erschien an der Börse mit 110, wurde dann bis 228 hinaufgetrieben und steht jetzt ca. — 12!!!

Wie die „grossen Häuser" die wuchtigsten Gründungen vollführten, so waren sie auch die eigentlichen Meister des Agiotage-Spiels, bei dem sie Millionen einstrichen. Rothschild, Bleichröder, Jakob Landau und Wilhelm Behrens in Hamburg, denen sich wieder Herr von Kardorff und Graf Hatzfeld zugesellen, componirten die Deutsche Reichs- und Continental-Eisenbahnbau-Gesellschaft, mit einem Grundcapital von 10 Millionen Thaler. Die 40procentigen Interimsscheine wurden mit 55 bis 65 Thalern untergebracht, während sie heute etwa mit 12 Thalern bezahlt werden!!

Das Stärkste aber leistete doch wieder die Disconto-Gesellschaft mit den Herren von Hansemann und Miquel an der Spitze. Wenn der schlichte Menschenverstand darauf schwört, dass $2 \times 2 = 4$ ist, so bewies die Disconto-Gesellschaft, dass an der Börse eine höhere Rechenkunst gilt, dass hier 2×2 sowol 6 wie 3 sein kann, je nach Umständen und Zeitverhältnissen.

Wie die Preussische Boden-Credit-Actien-Bank sich eine Filiale in der berüchtigten Preussischen Credit-Anstalt zulegte, so schuf auch die Disconto-Gesellschaft ein Tochter-Institut — die seitdem ebenso anrüchige Provinzial-Disconto-Gesellschaft, mit einem Grundcapital von 10 Millionen Thaler. Die Actien, worauf 40 Procent eingezahlt, kamen an die Börse mit ca. 125, und gingen bei solcher Einzahlung bis etwa 150. Von diesem Cours wurden die fehlenden 60 Procent abgezogen, und somit 40 Thaler mit 65 bis 90 Thaler bezahlt!! Damals waren nach der Rechnung der Disconto-Gesellschaft $2 \times 2 = 6$. — Inzwischen sind auf die Actien noch 20 Procent nachgezahlt, aber trotzdem werden sie gegenwärtig nur mit ca. 70 notirt. Von diesem Cours gehen ab die fehlenden 40 Procent, und es werden demnach 60 Thaler mit etwa 30 Thalern bezahlt!! Das aber bedeutet. dass bei der Disconto-Gesellschaft 2×2 heute nur 3 ist, oder genauer besehen, noch viel weniger: denn die Course von ehedem und jetzt verhalten sich wie 225 zu 50!!!

VI.

Häuserschacher **und Baustellenwucher.**

Die „Wohnungsfrage“ und die „Wohnungsnoth“ — Enormes Steigen der
Miethen — Heimliche Proletarier — Wie die Börsianer wohnen — Der
Berliner wandert aus — Das Geheimrathsviertel — Die Verschuldung des
Grundbesitzes — Häuser wie Effecten gehandelt — Der Selbstmörder —
Aristokratische Schacherer — Die Gründer bemächtigen sich der „Woh-
nungsfrage“ — Bauvereine, Baugesellschaften und Baubanken — Wien wird
wieder von Berlin übertrumpft — Berlin dreimal grösser als London —
Massenhafte Einwanderung — Die „Barackia“ — „Baustellen mit Baugeld“
— Karthago und Lichterfelde — „Bauzinsen“ — Der Staatsanwalt ohn-
mächtig — Dividenden und Course — Interessante Scherzspiele — Der
„Krach“ beseitigt die „Wohnungsnoth“ — 20 Millionen Thaler liegen brach.

Die „Wohnungsfrage“ steht in Berlin schon lange
auf der Tagesordnung, aber die allgemeine „Wohnungsnoth“ begann erst nach dem Deutsch-französischen
Kriege, zugleich mit der Schwindelperiode, und sie
ist zum grossen Theil das Werk der Börsianer und
Gründer.

1867 standen hier Wohnungen leer ca. 8600

1868 „ „ „ „ „ 6100

1869 „ „ „ „ „ 3500

1870 standen hier Wohnungen leer ca. 1800

1871 „ „ „ „ „ 2000

1872 „ „ „ „ „ 1100

1873 „ „ „ „ „ 800

Die 1100 im Jahre 1872 leeren Wohnungen waren
jedoch, entweder aus Ursachen eines Neu- oder Um-
baus, gar nicht zu vermiethen, oder aber es wurden
dafür zu übertriebene Preise verlangt, und sie gehörten
fast ausschliesslich zu den grösseren Miethsgelassen,
von vier und mehr Zimmern. Thatsächlich fehlte es
am 1. April 1872 an ca. 500 kleinen Wohnungen;
hunderte von ordentlichen Familien, die bis dahin ihre
Miethe regelmässig gezahlt hatten, lagen plötzlich obdachlos umher, kampirten vor den Thoren, auf freien
Plätzen oder in Rohbauten, Ställen etc.

Bis zur Schwindelperiode erforderte in Berlin die
Miethe etwa ein Sechstel des Einkommens. Auch
schon ein unverhältnissmässig hoher Procentsatz, der
von ungesunden Verhältnissen zeigt! Aber 1871,
1872 und auch noch 1873 stiegen die Miethen fast
von Quartal zu Quartal, in zwei bis drei Jahren um
das Doppelte und Dreifache. Der Miethzins verschlang
jetzt durchschnittlich ein Viertel, ja nicht selten ein
Drittel der Gesammteinnahme. Er nöthigte die Fa-

milien zur grösstmöglichsten Einschränkung auf allen andern Gebieten; und er erzeugte namentlich unter den sogenannten „gebildeten“ Ständen, die kein eigenes Vermögen besitzen, sondern nur von ihrem Gehalt oder Jahreseinkommen leben, ein heimliches Proletariat.

Mit dem Börsen- und Gründungsschwindel schmolz die Zahl der kleinen billigen Wohnungen zusehends, und es vermehrten sich erstaunlich die grossen kostbaren Miethsräume. Quartiere im Preise von 2000 bis 5000 Thalern jährlich waren bis dahin noch selten gewesen; jetzt wurden sie häufig. Eine Unmasse von Banken und Actiengesellschaften etablirte sich und verschwendete in Lokalitäten, mit denen sie prahlten und lockten. Ein Heer von Directoren und Verwaltungsräthen, Banquiers und Maklern, Procuristen und Agenten wuchs empor, die sich alle elegant oder gar luxuriös einrichteten. Den Gründern und Börsianern war keine Wohnung zu theuer; sie überboten sich in den Preisen, sie verdrängten die bisherigen Insassen und trieben die Miethen systematisch in die Höhe. Sie hatten es ja dazu; sie wollten repräsentiren und geniessen, sie wollten glauben machen an den befruchtenden Segen der französischen Milliarden, an den allgemeinen Wohlstand, an die ungeheure Vermehrung des Nationalvermögens. Die Gründer und Börsianer setzten sich in den schönsten Strassen fest, nahmen die vornehmsten Quartiere in Beschlag; viele von diesen Leuten zahlten an Miethe 6000 bis 20,000 Thaler jährlich!

Die unaufhörliche Steigerung, die völlige Verschiebung der Miethspreise liess die Bevölkerung beständig umherziehen und nöthigte einen grossen Theil zur Auswanderung. Tausende von Arbeitern, Handwerkern Beamten etc. konnten das Wohnen in Berlin nicht mehr erschwingen, und liessen sich auf den Dörfern, im meilenweiten Umkreise nieder. Auch die „gebildeten" Stände wurden weiter und weiter in die Vorstädte, bis an die Grenzen des Weichbildes und darüber hinaus gedrängt. Das sogenannte Geheimrathsviertel führt seinen Namen nicht mehr mit Recht; der Geheimrath ist hier selten geworden, oder er findet sich nur noch drei Treppen hoch, und statt seiner sitzen in der Beletage — Banquiers und Börsianer. Ebenso ist es den Gelehrten, Künstlern und Schriftstellern ergangen, die früher das „Westend", vor dem Potsdamer Thor, erfüllten; auch sie haben sich vor den Herren von der Börse weiter und weiter, höher und höher zurückziehen müssen.

Selbstredend stieg mit den Miethen auch der Werth der Häuser und der Begehr nach ihnen. Ein Haus in Berlin war bis dahin ein ziemlich zweifelhafter Besitz. Gar viele Bauunternehmer und Bauspeculanten der vierziger, fünfziger und auch noch der sechsziger Jahre hatten ihr menschenfreundliches Bemühen, die „Wohnungsfrage" zu lösen, hart büssen müssen, indem sie ihre kurze Laufbahn gewöhnlich in „Möser's Ruh", in dem damaligen Schuldgefängniss beschlossen. **Auf allen Häusern lasteten grosse Hypotheken, der Grundbesitz in Berlin war mit vier Fünftel des Werths verschuldet.** Reiche und vornehme Familien pflegten lieber zur Miethe zu wohnen. — Das änderte sich nun mit einem Schlage. Privat- und Geschäftsleute kauften plötzlich um die Wette Häuser; um der ewigen Miethssteigerung zu entgehen, um nicht etwa ausgemiethet zu werden. Banken und Actiengesellschaften, Banquiers und andere Geldleute erstanden in „bester" Gegend die „feinsten" Häuser. Seitdem befinden sich die stolzesten Paläste im Innern der Stadt, und die herrlichsten Villen rings um den Thiergarten im Besitz der Kinder des auserwählten Volks, in den Händen der Börsianer und Gründer.

Sobald das eigene Bedürfniss befriedigt war, begann

die Speculation, der Schwindel. Man kaufte Häuser, nicht um sie zu behalten, sondern um sie so schnell wie möglich mit Profit wieder loszuschlagen. Ein und dasselbe Haus wanderte an Einem Tage, an Einem Abend durch sämmtliche Stämme Israels, durch zwölf und mehr Hände, und jede „Hand" verdiente dabei, ein Fünf-, Zehn-, Zwanzig- und auch wol Fünfzigtausend Thaler. An und ausserhalb der Börse wurden Grundstücke wie Effecten verhandelt, wurden die „Schlussscheine" von Häusern mit immer höherem Aufgeld bezahlt. Die Preise erreichten eine fabelhafte Höhe, standen bald in keinem Verhältniss mehr zu dem Miethserträgniss und zu dem eigentlichen Werthe der Baulichkeiten; jeder Mafsstab ging verloren, ganz willkürliche Schätzungen gewannen die Oberhand, es blühte der Schacher.

Jeder Hausbesitzer wurde belagert, mit Angeboten bestürmt, und wusste nicht mehr, was er fordern sollte. Manche erhöhten ihre Forderung von Tag zu Tag, und wenn die verwegenste Forderung endlich bewilligt oder, wie es schon vorkam, noch gar überboten wurde — wagten sie doch nicht loszuschlagen; aus Furcht, sie könnten sich übereilen, sich Schaden zufügen. Einer dieser Unglücklichen, der nach einander 120,000 Thaler, 150,000 und 200,000 Thaler verlangt hatte, verkaufte schliesslich für 250,000 Thaler, wodurch ihm ein baarer Gewinn von 180,000 Thaler zufiel. Als aber vierzehn Tage später sein ehemaliges Haus von einer Bank für 400,000 Thaler erstanden ward, übermannte ihn die Verzweiflung und er — knüpfte sich auf.

Die Gerechtigkeit verlangt zu vermerken, dass der Häuserschacher nicht ausschliesslich von Juden und Börsenrittern betrieben wurde, sondern auch von andern Leuten, z. B. von Mitgliedern der Aristokratie, die ja überhaupt der Börse und den Gründern eine Reihe höchst gelehriger Schüler und sehr bereitwilliger Gehülfen lieferte. Verschiedene hochadlige Herren verschmähten es nicht, gleichfalls „in Häusern zu machen". So meldete die „Neue Börsen-Zeitung" unterm 2. December 1871: Ein bekannter schlesischer Magnat hat durch Häuser-Speculationen in Berlin in wenigen Monaten an 300,000 Thaler verdient. „Der genannte Herr, der seine Operationen meist in Verbindung mit einer Dame von hocharistokratischem Namen unternimmt, hat ausserdem eine Anzahl Grundstücke an sich gebracht, deren Verkauf mit Gewinnbeträgen in gleicher Höhe so gut wie gesichert ist."

Aber nicht genug an dem tollen Häuserschacher:
es begann nun auch noch der Wucher mit Baustellen.
Aus den Speculanten wurden — Gründer, und ihre
ersten Schöpfungen entsprachen anscheinend einem allgemein empfundenen Bedürfnisse. Die Gründer be-
mächtigten sich der „Wohnungsfrage“, sie erklärten,
der „Wohnungsnoth“ abhelfen zu wollen, und gründeten
zu diesem Zwecke Actiengesellschaften über Actien-
gesellschaften. Sie kauften Häuser und Grundstücke
in der Stadt und legten sie nieder; sie kauften öffentliche Gärten und Etablissements und verwandelten sie
in Bauplätze; sie kauften die Kartoffeläcker und Ge-
müsefelder in den Vorstädten, die Wiesen, Sümpfe
und Sandschollen vor den Thoren, die Weiden und
Ländereien der benachbarten Dörfer, und steckten überall
Häuserzeilen und Strassenviertel ab. Aus den Gärtnern der Vorstädte, aus den Bauern der Umgegend
wurden grosse Capitalisten, die nicht recht wussten,
was sie mit ihrem Gelde anfangen sollten und es bald
der Börse zutrugen. Im zweimeiligen Umkreise von
Berlin gab es plötzlich keine Aecker und Felder mehr
— nur noch Baustellen und Baugründe. Vor den
Thoren wurde die Quadratruthe mit 50 bis 500, in
der Stadt mit 1000 bis 10,000 Thalern bezahlt. Das

aber bedeutete die ungeheure Vermehrung des Nationalvermögens!

Die Menge der Bauvereine, Baugesellschaften und
Baubanken war bald so gross, dass es an Namen für
sie gebrach, dass selbst Börsenleute sich in dem La-
byrinth dieser Namen nicht mehr zurecht finden konnten.
Man höre:

Nord-End, Ost-End, Süd-End, West-End (Quistorp),
Thiergarten, Thiergarten - Westend, Hofjäger, Unter
den Linden, Passage, Centralstrasse, City, Königstadt,
Friedrichshain, Schönhausener, Nieder - Schönhausener,
Tempelhofer, Belle-Alliance, Wilhelmshöhe, Landerwerb,
Land und Baugesellschaft Lichterfelde, Lichterfelder,
Cottage, Charlottenburger, Berlin - Charlottenburger,
Johannisthal, Woltersdorf, Potsdam, Westend-Potsdam,
Berolina, Berliner Neustadt, Mittelwohnungen, Immo-
bilien, Berlin-Hamburger Immobilien, Union;

Berliner - Bauvereinsbank (Wäsemann), Berlinische
Bank für Bauten, Berliner Häuserbaugenossenschaft,
Allgemeine Häuserbaugesellschaft, Gesellschaft für
Bauausführungen, Deutscher Centralbauverein (Quistorp),
Deutsch-Holländischer Bau-Verein, Deutsche Baugesell-
schaft, Deutschlands Baubeförderungs-Verein, Preus-
sische Baugesellschaft, Preussische Baubank, Märkische

Baubank, Provinzial-Baubank, Provinzialbank für Bauten und Handel, Allgemeine Bau- und Handelsbank, Centralbank für Bauten, Metropole, Immobilienbank, Hypothekar-Credit- und Baubank, Nord-Baubank, Residenz-Baubank, Union-Baubank, Imperial-Baubank.

Das sind aber entfernt noch nicht alle! — Die „Neue Freie Presse" theilte im Frühjahr mit, dass in Wien 43 Bau- und Baumaterialien-Gesellschaften „domiciliren"; und die „National-Zeitung" beeilte sich die Notiz ihren Lesern wiederzugeben. Als ob diese Zahl in Berlin etwa nicht erreicht wäre! — Nicht nur erreicht, sondern sehr übertroffen. In Berlin „domicilirten" gut 80 solcher Gesellschaften, von denen sich heute eine Reihe in Liquidation oder in Concurs befinden. Die Zahl der Bau- und Baumaterialien-Gesellschaften aber in Nord- und Mitteldeutschland, die zum grössten Theil an der Berliner Börse gehandelt wurden, betrug weit über 100.

Hätten die Gründer ihre Bauprojecte durchgeführt, wäre der Bedarf an Wohnungen für Zeit und Ewigkeit gedeckt gewesen. Der kürzlich verstorbene Statistiker Schwabe hat berechnet, dass die in Aussicht gestellten Neubauten für eine Bevölkerung von neun Millionen zureichen würden, dass mit ihnen Berlin zu einer Riesenstadt anwachsen müsste, noch dreimal grösser als das heutige London. Aber von all den zahllosen Baugesellschaften bauten in Wirklichkeit nur wenige, äusserst wenige; und sie bauten Häuser und Villen für die wohlhabenden Classen, oder sie machten aus kleinen Wohnungen lauter grosse. Erst mit den Baugesellschaften begann der Wohnungsjammer, namentlich für die untern Stände.

Dazu kam ein ausserordentlich starker Zuzug, eine massenhafte Einwanderung. Die neue Freizügigkeit, der ihre Urheber, die Manchesterleute, alsbald gegenüberstanden wie der Zauberlehrling bei Goethe dem Zauberbesen, überfluthete Berlin; und der Gründungsschwindel lockte Schaaren von Leuten aus den Provinzen in die Hauptstadt, die alle hier ein Eldorado zu finden wähnten. Aber sie fanden häufig genug kein Obdach, oder sie machten Andere obdachlos und trieben sie hinaus.

Da trug sich etwas höchst Bedenkliches zu. Wie einst im alten Rom die Plebejer, unter dem Druck der Patricier, die Stadt verliessen und sich auf dem heiligen Berg festsetzten, so zogen Hunderte von Handwerkern und Arbeitern aus Berlin und schlugen vor den Thoren, unter freiem Himmel ihr Lager auf. Auf dem Tempelhofer Felde entstand die Barackenstadt; und Viele hausten in alten Eisenbahnwagen, unter den Drehscheiben der Bahnhöfe und unter den Viaducten der Verbindungsbahn. Wie zu einem Schauspiele wallfahrten die Berliner hinaus, und die Zeitungen schilderten in farbigen, launigen Feuilletons die „Barackia". — Das aber geschah, während der Milliardenstrom sich über Deutschland ergoss, und die Gründer und ihre Helfershelfer den allgemeinen Wohlstand, die ungeheure Vermehrung des Nationalvermögens predigten. Die Regierung empfand den bittern Hohn, und hob die Baracken auf.

Weitaus die Mehrzahl der Baugesellschaften baute nicht und beabsichtigte auch gar nicht zu bauen. Sie entwarfen Baupläne, steckten Strassen, Strassen-Viertel und Marktplätze ab, chaussirten und legten Trottoirs, parcellirten und „schlachteten Baustellen aus". Um Käufer anzulocken, hielt man „Baustellen mit Baugeld" feil; d. h. die Baugesellschaft, die häufig zugleich eine „Baubank" war, schoss das Geld zum Bauen vor, und stundete wol auch noch die Kaufsumme für den Bauplatz, theilweise oder gänzlich. Trotzdem blieben die Baulustigen vereinzelt; und die da baueten, fanden in der Regel nicht ihre Rechnung.

Als im Sommer 1874 die Villen-Colonie Lichterfelde ein gemeinsames Fest beging, erhob sich einer der Theilnehmer zu einer Tischrede. Eine klassische Reminiscenz aus Tertia überkam ihn, und er sprach die geflügelten Worte: Als die verwittwete Frau Dido Karthago anlegte, zerschnitt sie bekanntlich das Fell eines Stiers in lauter dünne Riemen. Wenn aber heute eine Colonie gegründet wird, so braucht man mehr als Einen Ochsen, so sind dazu viele Ochsen nöthig. Meine Herrschaften, ich bin einer der Ersten, die hier gebaut haben! — — —

Um ihre Actien unterzubringen, warfen die Baugesellschaften Bauzinsen aus — das ist wieder eine Art der famosen „Börsenzinsen". „Während der Bauzeit" sollten die Actionäre 4, 5, oder gar 6 Procent Zinsen erhalten; und viele Baugesellschaften zahlten Jahre lang Bauzinsen — ohne je zu bauen. Selbstverständlich staken die „Bauzinsen" schon in dem so hoch wie möglich gegriffenen Actien-Capital, und die Actionäre bezahlten sie thatsächlich wieder selber, aus der eigenen Tasche. Dieses Verfahren ist aber nicht nur eine Taschenspielerei, sondern auch gesetzwidrig. Das Actiengesetz vom 11. Juni 1870 besagt in Artikel 217 ausdrücklich: „Zinsen von bestimmter Höhe dürfen für die Actionäre nicht bedungen noch ausgezahlt werden". „Bauzinsen" sind im Grunde genommen „eine theilweise Zurückzahlung" des Actiencapitals, die Artikel 248 verbietet. Die Gründer aber rechtfertigten ihre Machinationen durch den Nachsatz zu Artikel 217, der allerdings so lautet: „Jedoch können für den im Gesellschaftsvertrage angegebenen Zeitraum, welchen die Vorbereitung des Unternehmens bis zum Anfange des vollen Betriebes erfordert, den Actionären Zinsen von bestimmter Höhe bedungen werden."

Gestützt auf diesen Nachsatz, zahlten die Baugesellschaften, die nie bauten, „Bauzinsen"; und der Staatsanwalt scheint sich diesem Nachsatz gegenüber ohnmächtig gefühlt zu haben. Ein Beweis von dem Werth des neuen Actiengesetzes; ein Beweis von seiner flüchtigen Redaction, seiner mangelhaften zweideutigen Fassung; ein Beweis, wie dringend es auch jetzt noch, wo die Kinder freilich in den Brunnen gefallen sind, einer Revision bedarf!

Eine Reihe von Baugesellschaften und Baubanken vertheilte auch Dividenden, und zwar solch hohe Dividenden, dass man's, im Hinblick auf den heutigen Coursstand kaum glauben möchte. Wir geben zur bessern Uebersicht folgendes Tableau:

Vertheilte an Dividende Proc.	Einstiger Cours circa	Gegenwärtiger Cours circa
43 —	420 —	25
11 —	120 —	12
$15\tfrac{3}{8}$ —	125 —	4
40 —	200 —	15
25 —	155 —	18

Centralbank für Bauten. Gründer resp. Aufsichtsräthe: Eduard Mamroth, Heinrich Bergmann, Ferd. Oppenheim, Leo Wollenberg, Dr. Stort, Geh. Admiralitätsrath Wandel . . . . . Ende 1874 wurden 3778 Stück Actien III. Emission im Nennwerthe von 377,800 Thalern, wegen rückständiger Einzahlung der letzten Rate (30 Procent), für verfallen erklärt!

Ostend. Gründer resp. Aufsichtsräthe: Ed. Mamroth, Maurermeister August Siecke, Heinrich Bergmann, Emil Rosenfeld, Hugo Mamroth, Redacteur Alexander Hoffers, Stadtverordneter Dr. Carl Erich . . .

Südend. Gründer resp. Aufsichtsräthe: Ed. Mamroth, Heinrich Bergmann, Samuel Heinrich Ellon, Georg Neumann, David Tobias, Robert Peters, Wilh. Gumpertz . . . . . .

Landerwerb und Bauverein. Gründer resp. Aufsichtsräthe: David Born, Albert Kämpf, Hermann Simon, Baumeister Hermann Hähnel . . .

Land- und Baugesellschaft Lichterfelde. Gründer resp. Aufsichtsräthe: J. A. W. Carstenn, Carl Coppel, Gustav Markwald, General Freiherr Ed. v. Steinäcker, Landrath Leo von dem Knesebeck; Otto von Kahlden; Johann Langhans, Julius Rohde und Senator Gustav Godeffroy in Hamburg . . . .

Lichterfelder Bau-Verein. Gründer resp. Aufsichtsräthe: Johannes Otzen

(J. A. W. Carstenn), Carl Coppel, Gustav Markwald, Paul Munk. Julius Rohde, Martin Levy, Georg Beer. Directoren: David Born, August Siecke, Rechtsanwalt Winterfeldt . . . . . 9 — 126 — 12

Berliner Bauvereins-Bank. Gründer resp. Aufsichtsräthe: Hermann Geber, R. A. Seelig, Ries & Itzinger, J. Ball. J. A. Gilka. Max. Mossner, Gustav Thölde, Baurath Wäsemann . . . 11 — 110 — 30

Berlin-Charlottenburger Bauverein. Gründer resp. Aufsichtsräthe: J. A. W. Carstenn, Carl Coppel. Gustav Markwald, Paul Munk, Georg Beer, Richard Schweder, Julius Rohde, Baumeister W. Böckmann, Geometer Otto Busse. Directoren: Julius Wolff und Baumeister Wilh. Hugo Hanke . . . . . 12½ — 115 — 15

Birkenwerder. Gründer resp. Aufsichtsräthe: Aron Hirsch Heymann, Georg Beer, Paul Munk, Oscar Krause, Ziegeleibesitzer Wilh. Borgfeldt, Director Wilh. Kremser . . . 11 — 115 — 10

Thiergarten. Gründer resp. Aufsichtsräthe: Paul Munk, Georg Beer, Hermann Reimann, Consul Schillow, Richard Schweder, Kammerherr von Prillwitz etc. . . . . . 20 — 140 — 3

Königstadt. Gründer resp. Aufsichtsräthe: Richard Schweder. Georg Beer, Joseph Dorn, Dr. Emil Lehmann, Carl Coppel, Gustav Markwald, Theodor Henoch . . . . 14 — 115 — 18

Westend (Quistorp) . . . . . 17 — 225 — 10

Deutscher Centralbauverein (Quistorp) . . . 15 — 165 — 1

Nordend. Gründer resp. Aufsichtsräthe: A. Lilienhain, Dr. Max Mattner, Carl Böhm, Carl Stiller, Rechtsanwalt Lorek. Director und später Liquidator: Hugo Vetter . . . . . . 22 — 140 — 0

Wenn der Leser die Course von ehemals und heute vergleicht und bemerkt, dass die letzteren zum Theil tief unter den früher gezahlten Dividenden stehen, so wird er staunend ausrufen: Wie ist's nur möglich?! — Den Gründern war eben alles möglich. Sie machten künstlich Dividenden, als Lockspeise; entweder um die meist noch unbegebenen Actien an den Mann zu bringen, oder um das Actiencapital zu vermehren und „junge Actien" zu emittiren. Befand sich das Gros der Actien noch in den Händen der Gründer, so zahlten sie die Dividende einfach an sich selber — ein Scherzspiel, das ihnen wenig kostete. Oder aber sie schossen die Dividende aus dem Erlös der verkauften Actien zusammen, sie opferten einen Theil der Beute, um neue zu machen. Die ersten Käufer der ausgeschlachteten Baustellen waren in der Regel die Gründer selber, und sie blieben nicht selten die einzigen Käufer. Sie zahlten ohne zu feilschen, die höchsten Preise; denn sie bezahlten im besten Fall mit den von ihnen fabricirten Actien.

In keinem Falle war die Dividende ernstlich verdient, und sie konnte es nicht sein. Auch wo es der Gesellschaft gelang, eine Reihe von Parcellen wirklich zu verkaufen, blieb sie doch immer im Besitz des

allergrössten Theils der Ländereien. Diese aber hatten
schon die Gründer weit über ihren wahren Werth bezahlt, und noch weit höher standen sie zu Buch, noch
weit mehr kosteten sie den Actionären. Eine Dividende
durfte daher eigentlich nicht eher gegeben werden, bis der
ganze Complex veräussert worden; und die aus dem
Erlöse weniger Parcellen construirten unnatürlich hohen
Dividenden sind in Wahrheit wieder eine theilweise
Zurückzahlung des Capitals, eine unerlaubte strafbare
Manipulation. „Es darf nur dasjenige unter die Actionäre vertheilt werden, was sich als reiner Ueberschuss
über die volle Einlage ergiebt" — heisst es in Artikel
217 des Actiengesetzes. Wo aber konnte von einem
„reinen Ueberschuss" die Rede sein, wenn die Gesellschaften durchschnittlich etwa neun Zehntel der
ausgeschlachteten Parcellen auf dem Halse behielten,
und wenn diese Parcellen heute als „Baustellen" überhaupt unverkäuflich sind!

Die Thaten und Schicksale der zahllosen Baugesellschaften und die Wunden, die sie dem Publikum
geschlagen, das Unheil, was sie in finanzieller und
volkswirthschaftlicher Hinsicht angerichtet haben, soll
im nächsten Capitel geschildert werden. Es sei nur
noch bemerkt, dass mit dem Gründungsschwindel auch

8*

die „Wohnungsnoth" aufgehört hat. In Berlin wie in Wien war die „Wohnungsnoth" nur ein künstliches Product. Seit dem „Krach" fallen in beiden Städten die Miethen bedeutend, haben Wien und Berlin wieder Ueberfluss an Wohnungen, besonders an grösseren und mittleren. Während in Berlin 1873 nur ca. 800 Miethsgelasse leer standen, stehen 1875 leer über 4000. Dieselben repräsentiren ein Bau-Anlage-Capital von 20 Millionen Thaler, das nun zinslahm ist.

VII.

Baugeschichten.

Nicht nur die Bücher und die Menschen, auch die Worte und die Namen haben ihre Schicksale. Nach dem Kriege von 1866 wurde in Berliner Kreisen der Zuruf: „Benedek!" zu einem Schimpfwort; und ebenso gilt heute die Bezeichnung „Gründer!" bereits als eine Beleidigung, welche der Injurienrichter ahndet. Niemand will sich noch Gründer nennen lassen, Niemand ein Gründer gewesen sein. Aber ursprünglich war es anders. Die Gründer, bürgerliche wie adlige, Börsianer wie Private, traten mit ihrem vollen Namen, mit allen Titeln und Würden auf; frei und selbstbewusst traten sie vor das Publikum und gaben sich als die Förderer des Gemeinwohls, als die Wohlthäter der Gesellschaft. In dieser Eigenschaft wurden sie von der Presse gefeiert; und umstrahlt von diesem Nimbus, fanden sie bei dem Volke Glauben. Es waren wieder einmal, wie vor 1800 Jahren, die „falschen Propheten", die „Wölfe in Schafskleidern"; und wie die Wölfe frassen sie unter der Heerde!

Auf dem Programm der Gründer stand obenan: Abhülfe der Wohnungsnoth; und mit die ersten Gründungen waren, höchst ehrbar — „gemeinnützige Baugesellschaften".

Den Reigen eröffnete Herr David Born, ein kleiner „Volkswirth". 1871, im wunderschönen Monat Mai, erliess er einen Aufruf: „Ein Grossgrundbesitzer hat mir ein Areal von 40 Morgen zu einem sehr billigen Preise zur Verfügung gestellt. · Aber nur einer Baugesellschaft will der Besitzer den billigen Preis und ausserdem günstige Bedingungen stellen; dagegen stellt er die Anforderung, dass keine Fabriken, keine hochstöckigen Miethshäuser und Proletarierwohnungen gebaut werden dürfen." Herr David Born forderte namentlich Beamte, Pensionäre, Lehrer, Künstler, Literaten etc. auf, sich mit ihm zu vereinigen, „um gemeinschaftlich Wohnhäuser und die dazu passenden Gärten vermittelst einer Summe zu erwerben, welche die jetzt zu zahlende jährliche Miethe nicht übersteigt".

Das klang verlockend genug, und schnell kam eine Gesellschaft zu Stande, welche sich „Landerwerb und Bauverein auf Actien" nannte. Sie begann ihre Thätigkeit mit dem bescheidenen Capital von 10,000 Thalern, und vertheilte nach sechs Monaten bereits die kolossale Dividende von — 40 Procent. Das heisst: *pro rata,* nach Verhältniss des Zeitraums und der nur theilweisen Einzahlung; thatsächlich erhielt jede Actie 4 Thaler. Nun wurde das Capital rasch auf 400,000 Thaler erhöht, und ungleich grössere Terrains zugekauft. Im nächsten Jahr vertheilte man an Dividende noch $8\frac{1}{2}$ Procent, wieder *pro rata;* und diese Dividende floss zur Hälfte aus den Zinsen des eigenen, noch nicht verausgabten Capitals. 1873 und 1874 gab es keine Dividende mehr. Auch dies anscheinend so solid begonnene Unternehmen artete in Speculation und Schwindel aus.

Die heutige Colonie Friedenau (welch idyllischer Name!) besteht in der Hauptsache noch aus „Baustellen" und aus etwa 60 bewohnten Häusern. Von diesen befinden sich wieder die wenigsten in eigentlichen Privathänden, resp. werden die wenigsten von den eigenen Besitzern regelmässig (Sommers wie Winters) bewohnt; die meisten Häuser enthalten Miethswohnungen und gehören Speculanten und Börsianern. Die noch unverkauften ausgedehnten „Bauländereien" sind von der Gesellschaft als Aecker oder Wêiden verpachtet; die mit Hülfe der ersten Dividende von 40 Procent bis 200 hinaufgetriebenen Actien stehen heute ca. 15.

Herr David Born, welcher seit jener Gründung sich „Director" nennt, schied schon im ersten Geschäftsjahr, nach Vertheilung der grandiosen Dividenden, aus; oder aber er wurde ausgeschieden vom Aufsichtsrath, dem er, wie es scheint, unbequem ward, da er gegen gewisse Verletzungen des Statuts opponirte. Er „dirigirte" nun eine in der Nachbarschaft entstandene neue Baugesellschaft, den „Lichterfelder Bauverein". Dieser brachte es nur bis auf 9 Procent Dividende, und die mit 90 Thalern eingezahlten Actien, die einst 126 standen, gelten heute ca. 12. Die Bilanz für 1874 schliesst mit einem Verlust von 328,000 Thalern (!), entstanden durch „Abschreibungen". Man hat nämlich gefunden, dass der Preis, mit welchem die Ländereien zu Buch stehen, dem heutigen Werth nicht mehr entspricht, und deshalb die Taxe um ein Drittel herabgesetzt. Wer weiss, was die „Bauländereien" im künftigen Jahr werth, welch neue „Abschreibungen" dann nöthig sein werden! Glücklicherweise belasten die Gesellschaft keine Hypotheken mehr, und so muss für die Actionäre doch immer eine Kleinigkeit übrig bleiben.

Der edle „Grossgrundbesitzer", welcher Herrn David Born und Genossen mit Bauterrain unter die Arme griff, war Herr J. A. W. Carstenn in Lichterfelde; und er hatte solcher Anfälle von Edelmuth noch verschiedene. So lieferte er einem dritten, in derselben Gegend entstandenen Verein, der „Land- und Baugesellschaft Lichterfelde" gleichfalls ein ausgedehntes Areal und liess es sich sehr anständig bezahlen. Daneben bedang er sich als Trinkgeld noch 10 Procent vom Reingewinn, der 1872 an 400,000 Thaler, also für ihn gegen 40,000 Thaler ergab. Die Actionäre erhielten 25 Procent Dividende, und hätten 69 Procent erhalten können, die sie auch verlangten und einklagten; doch das Gericht wies sie ab. 1873 betrug die Dividende nur 5 Procent, 1874 bereits 0. Die Actien, einst 155, stehen heute ca. 18. Das Terrain ist mit 500,000 Thalern belastet, und während der Bauverein Lichterfelde „Abschreibungen" vornimmt, stellt sich bei der Baugesellschaft Lichterfelde der Buchpreis der Quadratruthe mit jedem Jahr noch höher.

Dies kostbare Terrain umzirkt die im Bau begriffene Central-Cadetten-Anstalt, zu welcher der Regierung den Grund und Boden einst auch Herr J. A. W. Carstenn, und wenn wir nicht irren, gratis hergegeben hatte. Als er nun die Land- und Baugesellschaft Lichterfelde" gründete. meldete die „National-Zeitung" in ihrer Abend-Ausgabe vom 18. December 1871: „Seine Majestät der Kaiser hat sich in einem Schreiben sehr anerkennend über den Plan ausgesprochen. Der General *à la suite* des Kaisers, Freiherr von Steinäcker, wurde zum Vorsitzenden des Verwaltungsraths gewählt, und eine Stelle für ein von Seiten des Kriegsministers zu delegirendes Mitglied offen gehalten." — Aber noch mehr! Dieselbe „National-Zeitung" bemerkte zum Schluss: „Das Grundcapital wird nicht an den Markt gebracht werden." — Diese Reclame sollte das Publikum lecker machen,

und sie erreichte auch vollständig ihren Zweck. Die
Actien gingen unter der Hand gut ab und hoch über
Pari (100).

Bei gewissen Leuten steigert sich mit dem Essen
der Appetit; und so gründete Herr Carstenn denn
noch, in Verbindung mit Richard Schweder, Paul
Munk, Gustav Markwald, Georg Beer und einigen
Andern, den „Berlin-Charlottenburger Bau-Verein".
dessen Actien im Februar 1873 mit 110 an die Börse
kamen. Diesen Aufschlag rechtfertigte der „Prospect",
indem er pro 1872 eine Dividende von nahe 13 Procent feststellte, welche aber nur den Gründern zu
Gute kommen konnte, denn Actionäre waren noch gar
nicht vorhanden, und nachdem man sie eingefangen
hatte, gab es keine Dividende mehr.

Der „Berlin-Charlottenburger Bauverein" resp. Herr
J. A. W. Carstenn hat Grossartiges geleistet — im
Abstecken von Strassen und Plätzen. Eine unabseh-
bare Riesenstrasse zieht sich von Steglitz bis Charlottenburg. Sie heisst die Kaiserstrasse, ist über
eine halbe Meile lang, breit und prächtig — nur fehlen ihr noch die Häuser, und die Baugründe sind
einstweilen hier, wie in dem Gewirr der Quer- und
Nebengassen, als Viehweide verpachtet. Auch die

beiden „Baubureaux" in Berlin und Wilmersdorf sind geschlossen; trotzdem hat die „Verwaltung" im letzten Jahr über 11,000 Thaler Unkosten verursacht! Ein Räthsel, das nur „Aufsichtsrath" und „Direction" zu lösen vermögen. Aber Beide verbergen sich jetzt wie Adam und Eva nach dem Sündenfall.

Herr J. A. W. Carstenn hatte sich als Bauspeculant schon in Hamburg und Umgegend versucht, und liess sich nach 1866 in Lichterfelde bei Berlin nieder; einem kahlen sonnenverbrannten Dorfe, aus dem er, vermöge seines ebenso rastlosen wie kühnen Eifers, eine Villen-Colonie mit zwei Bahnhöfen zu machen wusste. Es war ein Mann von Scharfblick und Combination; er witterte, dass die Hauptstadt des Norddeutschen Bundes wachsen und sich ausdehnen müsse; er begann ringsum Berlin zu colonisiren, er trieb die Baustellen-Ausschlachterei und den Baustellen-Handel *en gros*. Bei diesem Geschäft gewann er Millionen, und mit den Millionen überfiel ihn ein anderes Gelüste. Er hatte mit Generalen und Baronen gegründet, und der Umgang mit der Aristokratie ist ansteckend. Er hatte sich die Regierung wegen der neuen Kadettenhäuser verpflichtet, und so konnte es ihm nicht fehlen. Eines Abends ging er noch als J. A. W. Carstenn zu Bette,

und am Morgen stand er auf als Herr von Carstenn-
Lichterfelde.

Im Alterthum wurden die Gründer — siehe: He-
rakles, Kekrops, Theseus, Kadmos — unter die Götter
versetzt; heute werden sie — siehe: Bleichröder, Hansemann, F. W. Krause, J. A. W. Carstenn — in den
Adelstand erhoben. Andere Gründer, welche dies nicht
durchsetzen konnten, machten aus der Noth eine Tugend
und kauften sich — einen adligen Vater. Sie suchten
und fanden einen freidenkenden aber sonst pauvren
Edelmann, der sie, gewöhnlich gegen Zahlung einer
mässigen Jahresrente, adoptirte, ihnen seinen Namen
lieh. Auch dieser Talmi-Adel wird von der Gesellschaft respectirt und bewundert.

Von der riesigen „Kaiserstrasse" des Herrn Carstenn
führt's über oder um Charlottenburg nach dem luftigen
Plateau „Westend", zu Herrn Heinrich Quistorp.
„Westend", eine künstliche unwirthliche Schöpfung,
war der „erste Versuch" Quistorp's, mit dem er im
Jahre 1868 debutirte, aber ziemlich abfiel. Erst in
der Schwindelperiode konnten Beide durchschlagen. Herr
Quistorp vertheilte pro 1871 plötzlich 16 Procent Dividende, und vermehrte das Actiencapital, das bis dahin, wenn wir nicht irren, nur 100,000 Thaler betrug,

mit einem Schlage um 1,100,000 Thaler. Die neuen Actien wurden zu dem bescheidenen Course von 150 (!) ausgegeben, und dann bis ca. 225 getrieben.

Von Herrn von Schäfer-Voit ward ein grosses „Bauterrain" von 450 Morgen zugekauft und „Neu-Westend" benamst, sowie das am Spandauer Bock belegene „Schloss Ruhwald nebst Park". Herr Quistorp, der sich jetzt mit einem Stabe von Literaten, „Volkswirthen" und Naturwissenschaftern umgab, liess durch diese „Westend" als die natürlichste, gesündeste und anmuthigste Colonie von der Welt anpreisen. „Schloss Ruhwald" ward bereits als die künftige Residenz eines Preussischen Prinzen bezeichnet; und von diesem Schlosse bis zum Schlosse in Berlin eine fortlaufende Strasse in Aussicht gestellt — „die schönste und einzig grosse Avenue", gegen welche die Kaiserstrasse des Herrn von Carstenn ein blosses Kind blieb, denn die Entfernung beträgt gut fünf Viertel Meilen.

Nach der Versicherung der Zeitungen, bot man für die Bauparcellen auf „Neu-Westend" schon fünf mal mehr als sie der Gesellschaft kosteten; und viele Kauflustige waren angeblich von Herrn Quistorp abgewiesen, da sie sich nicht verpflichten wollten, auch gleich mit dem Bau von Villen vorzugehen. Zum

Neujahrstage 1873 ward das Publikum nach „Westend" geladen, um hier das „Arbeitsmodell der Wasserwerke" in Augenschein zu nehmen — gegen ein Entrée von 2½ Silbergroschen. Daneben wurden weitere Bauterrains übernommen, bei Tempelhof, Köpenick, Potsdam, Breslau, Thale a. H., Magdeburg, Danzig, Stettin, Frankfurt a. M.; und von der Westend-Gesellschaft für eigene Rechnung oder „commissionsweise" „parcellirt".

Ungleich manchem Gründer, der mit der Grammatik auf gespanntem Fuss lebt, schreibt Herr Quistorp einen „gebildeten Stil", ist er ein pompöser Schriftsteller. Wie Napoleon Bonaparte, mit dem wir ihn schon früher in Parallele stellten, veröffentlichte auch Heinrich Quistorp über seine Thaten und Erfolge regelmässige Bülletins, die als charakteristische Beiträge zur Zeitgeschichte wol verdienten, gesammelt zu werden. Vor uns liegt der Jahresbericht vom 14. Januar 1873, in welchem Herr Quistorp den Actionären von Westend — neun Monate vor dem Concurs der Gesellschaft — noch goldene Berge verspricht.

Fast noch interessanter ist die Bilanz pro 1872, die der Aufsichtsrath, unterzeichnet von den Regierungsräthen a. D. A. Bühling und W. Jungermann und

Kaufmann A. Reinicke, publicirt. Nach dieser Aufstellung erhielten die Actionäre 17 Procent Dividende
oder zusammen 204,000 Thaler; der Aufsichtsrath 15
Procent Tantième oder 43,200 Thaler — ein hübsches
Douceur für eine nur nominelle Mühewaltung; die
beiden Gesellschafter: Quistorp und Scheibler gleichfalls 15 Procent Tantième oder 43,200 Thaler. Ausserdem hat sich der „erste Gesellschafter" Quistorp an
„Provisionen" für Verkäufe von Bauparcellen noch
33,786 Thaler berechnet. Man sieht: Aufsichtsrath
und Gesellschafter beanspruchten circa zwei Fünftel
des Reingewinns, während auf die Gesammtheit der
Actionäre wenig mehr als drei Fünftel entfiel; und
Quistorp allein bezog ein Sechstel des Ganzen, in
einem Jahre von einer einzigen Gesellschaft über
55,000 Thaler.

Aber der geniale Gründer hatte an „Westend"
nicht genug — er schuf noch eine zweite „Baugesellschaft". Unmittelbar nachdem Herr Quistorp das Capital von „Westend" um 1,100,000 Thaler vermehrt
hatte, gründete er den „Deutschen Central-Bau-Verein",
für den er gleichfalls eine Actiensumme von 1,200,000
Thalern in Anspruch nahm. Dieser war ehemals eine
„Genossenschaft" gewesen, aber wie Quistorp im „Pro-

spect" sich ausdrückte, das „Experiment eines humanen
Princips" geblieben; und wurde nun in eine Actiengesellschaft umgewandelt. Der „Deutsche Centralbauverein" sollte nicht Villen, sondern kleine und mittlere
Wohnungen bauen; und ausserdem einem schreienden
Bedürfniss abhelfen, nämlich „die baulichen Ausführungen der Westend-Gesellschaft gegen eine der Sache
entsprechende Provision mitleiten"; während die Westend-Gesellschaft wieder seine, des Deutschen Central-
bauvereins, Bauterrains „commissionsweise parcelliren"
und von den ihm übertragenen Bauten eine „entsprechende Rückprovision" beziehen sollte.

Man merkt, wie erfinderisch Herr Quistorp war,
um den eigentlichen Zweck seiner Gründungen festzustellen, und wie innig er die verschiedenen Gesellschaften mit einander verknotete — eine Verknotung,
die später immer eine Gesellschaft nach der andern
in den Concurs riss, und ein Monstre-Verfahren herbei-
führte, bei dem sowol dem Concursrichter wie dem
Massenverwalter Jahre lang die Haare zu Berg standen. Bei beiden Baugesellschaften hatte Quistorp
dieselben Verbündeten und Gehülfen: ausser den schon
Genannten noch die Herren Stadtrath Holtz, Apotheker
H. Augustin, Dr. med. Eduard Wiss u. A.

Der „Volkswirth" Wiss hatte kurz vorher im Feuilleton der „National-Zeitung" einen Bandwurm von Artikeln über Wohnungsnoth, Wohnungsreform etc. losgelassen, die alle in dem Satze gipfelten: das einzige Rettungsmittel sei die Colonisation. Zum Dank für diese Reclame machte ihn Quistorp zum „Vorsitzenden des Aufsichtsraths", und nun ging der „Deutsche Centralbauverein" in's Zeug mit Ankäufen, Parcellirungen und Bauausführungen. Das erste Geschäftsjahr schloss am 1. Juli 1873 mit einer Dividende von 15 Procent, aber nur 10 Procent kamen zur Auszahlung; während „Aufsichtsrath" und „Direction" das Ihrige natürlich voll eingestrichen haben werden.

Im Juli 1873, mitten im „Krach", rückte Herr Quistorp noch mit dem Antrage heraus, „das Actiencapital successive auf vier Millionen Thaler zu erhöhen"; was auch beschlossen ward. Aber es blieb beim Beschlusse. Schon nach drei Monaten brach der „Deutsche Centralbauverein" zusammen, mit einer Million Unterbilanz. Die Grundstücke, welche mit mehreren Millionen zu Buch standen, sind bei der gerichtlichen Taxe auf ein Fünftel oder noch tiefer herabgesetzt. Die Masse wird kaum die Schulden decken — über $2\frac{1}{2}$ Millionen Thaler; die Actionäre haben Alles verloren.

Doch Herr Quistorp ist nicht ausser Fassung zu setzen. Mitten im Concurse, gründete er eine neue Gesellschaft: Westend-Berlin. Wieder eine Illustration zum Actiengesetz. Inzwischen arbeitete er auf einen Accord hin, und gewann dafür die Mehrzahl der Gläubiger. Allein das Berliner Stadtgericht verweigerte die Bestätigung des Accords — ein Fall, der sich höchst selten ereignet. Der Gerichtshof versagte die Bestätigung wegen der eigenthümlichen Manipulationen des Gemeinschuldners, „aus Gründen der öffentlichen Ordnung". Herr Quistorp hatte z. B. Gründstücke erstanden, und sie zunächst der „Westend-Gesellschaft", und dann wieder Namens dieser, dem „Deutschen Centralbauverein" verkauft, jedesmal natürlich zu höherm Preise. Der Accord wurde versagt, aber Herr Quistorp rief die höhere Instanz an; und hingerissen von der Beredsamkeit des Herrn Rechtsanwalt Munckel, stiess das Kammergericht den Beschluss des ersten Richters um. Herr Quistorp accordirt jetzt, und vielleicht hat dieser Mann seine Rolle noch lange nicht ausgespielt.

Einstweilen aber macht „Westend" mit seinen zum Theil leeren Wohnungen, mit seinen zum Theil unfertigen, in Folge des Krachs mitten im Bau liegen gebliebenen Häusern den Eindruck eines verlassenen oder ausgestorbenen Orts; gewährt diese Schöpfung des Herrn Quistorp das klassische Bild einer Gründungs-Ruine. Die Commune Charlottenburg, von der die „Villen-Colonie" sich einst mit Gewalt losreissen wollte, hatte der entarteten Tochter das Gas abgeschnitten, und es lagerte dort oben dicke unheimliche Finsterniss — bis die Polizei kam und „Es werde Licht!" befahl.

Unter dem Aushängeschild, zu colonisiren, für die untern und mittlern Stände billige Wohnungen herstellen zu wollen, etablirten sich noch zahlreiche Baugesellschaften, von denen wir einige hier folgen lassen: Mittelwohnungen, bei Weissensee, $\frac{1}{2}$ Meile vor dem Thor. Gründer resp. Aufsichtsräthe: Traugott Busse (A. Busse & Co.), Geh. Admiralitätsrath Dr. Gäbler, Fabrikbesitzer G. Schöpplenberg, Justizrath Ahlemann, Kaufleute Carl Gäbler und Albert Stursberg. Pro 1873 ward auf gebaute, aber noch nicht verkaufte Häuser eine künstliche Dividende von 2 Procent vertheilt. Pro 1874 nichts. Ein grosser Theil der Wohnungen ist unvermiethet geblieben. Die mit 80 Thlr. eingezahlte Actie gilt etwa 12. Johannisthal, 1 Meile vor der Stadt. Gründer resp. Aufsichtsräthe: Norddeutsche Grundcreditbank, Geh.

Admiralitätsrath Dr. Gäbler, Baumeister Conrad
Paul Jonas, Justizrath Ahlemann, Rentier Ernst
Ahlemann. Vertheilte pro 1873 eine Dividende von
5 Procent. Die mit $102\frac{1}{2}$ aufgelegten Actien
sollen sich grösstentheils noch in erster Hand befinden, und werden heute mit ca. 10 notirt.

Berlin-Tempelhof. Gründer resp. Aufsichtsräthe:
Max Löwenfeld, Hirschfeld & Co., Adolf Graef,
Otto Dahms, Joh. Gottlieb Maecker, Carl August
Arndt, Heinrich Reh. Letzterer ist der vielgenannte
Verfasser der famosen „Societätsbrauerei", deren
Actien ca. 10 stehen. Berlin-Tempelhof zahlte
für das „erste Geschäftsjahr" $7\frac{1}{2}$ Procent „Bau-
zinsen", und wird zur Zeit mit ca. 5 Brief notirt.
Ein Darlehn von 15,000 Thaler soll der Gesellschaft
10,000 Thaler Damno (Verlust) gekostet haben.

Belle-Alliance. Gründer resp. Aufsichtsräthe: Hermann Geber, Ferd. Jaques, Julius Samelson, Walter
Bauendahl. Justizrath Hinschius, Baumeister Gustav
Knoblauch, Rittmeister Otto von Kahlden, Maurermeister Carl Koch. Die Actien wurden mit 103
aufgelegt, bezogen bis zum 1. Juli 1875 sechs
Procent „Bauzinsen", und stehen deshalb einstweilen noch ca. 30 Brief.

Friedrichshain. Gründer resp. Aufsichtsräthe: Dr. Otto Hübner und Dr. Wilhelm Abegg, Stadtverordnete Romstädt und Ullstein, Stadtbaurath Gerstenberg, Banquiers Gebrüder Guttentag, Julius Samelson, Hugo Fuchs, Eduard Mende und Martin Meyer. Die mit 103 aufgelegten Actien werden bei Verkäufen zum Nennwerth in Zahlung genommen, und stehen aus diesem Grunde noch ca. 40. Pro 1874 ward endlich eine Dividende von 2 Procent vertheilt, die aber auch ganz künstlicher Natur ist.

Deutsch-Holländischer Bauverein. Gründer resp. Aufsichtsräthe: Wertheim & Gompertz in Amsterdam, Rittergutsbesitzer Klau, Dr. Otto Hübner, Director Sulzer, Geh. Oberfinanzrath A. Geim, Martin Frege, Justizrath Gustav Wolff, Rechtsanwalt Munckel, Dr. Eduard Wiss. Für das von Gutsbesitzer Klau zusammengekaufte „Bauterrain" wurde die Kleinigkeit von 5 Millionen Thaler bezahlt. Nach einer 1873 erschienenen Brochüre, sollen die Gründer $3\frac{1}{2}$ Millionen Thaler verdient haben. Wir glauben aber, dass es mehr gewesen ist. In der Generalversammlung am 23. März d. J. zeigte sich der Aufsichtsrath in zwei Heerlager gespalten,

angeführt von den Herren Justizrath Wolff und
Rechtsanwalt Munckel, die einander scharf bekrieg-
ten. „Hie Wolff! Hie Munckel!" scholl es wild
durcheinander; und der Gutsbesitzer Klau, der sich
noch im Besitz von 1.900,000 Actien befand,
kam hart in's Gedränge. Die vorgelegte Bilanz,
welche mit 126,000 Thaler Verlust abschliesst (wir
schätzen ihn höher!), wurde nicht genehmigt, und
dem Aufsichtsrath keine Decharge ertheilt. —
Später haben sich die Parteien geeinigt, und Herr
Klau gab die Hälfte seiner Actien im Nennwerthe
von 950,000 Thalern „bedingungslos" zurück. —
Cours ca. 14.

Wie schon mehrfach betont, bauten die Baugesellschaften nur dem Namen nach; und zu bauen, war
auch nie ihre eigentliche Absicht. Sie gründeten und
handelten mit Baustellen. Seit dem „Krach" liegt
dieser Schacher darnieder, und wir hoffen, für immer.
Nur eine unverhältnissmässig geringe Anzahl von Wohnungen ist hergestellt, und diese Wohnungen sind
nicht billig, sondern theuer. An und für sich theuer,
wegen der grossen Selbstkosten; und doppelt theuer
mit Rücksicht auf die entfernte Lage. Die „Colonisation", für welche so viel Reclame gemacht wurde,

hat keinen Anklang gefunden, hat sich überhaupt nicht als Bedürfniss erwiesen. Selbst wenn die Communication bestünde, die nicht besteht — Pferde- und Locomotivbahnen — wäre das Wohnen in so weiter Entfernung für die arbeitenden Classen zu zeitraubend und zu kostspielig. Es thut aber auch gar nicht noth. es bietet sich in der Stadt selber noch zureichendes Unterkommen. Von den zahllosen Baugesellschaften befinden sich schon viele in Concurs oder in Liquidation, und die andern werden allmälig nachfolgen. Lebensfähig dürften nur äusserst wenige sein.

Unter den Schöpfungen der Schwindelperiode sind mit die schwindelhaftesten die Baugesellschaften. Es ist schwer zu sagen, welches die faulsten sind; und der Raum gestattet nicht einmal, alle die anzuführen, welche als oberfaul gelten oder als solche bereits zusammengebrochen sind. Wir wollen zum Schluss nur noch einige nennen:

Thiergarten-Westend,‘ gegründet von Hermann Geber, R. A. Seelig, Gewerbebank H. Schuster & Co. Cours ca. 3.

Hofjäger. Gründer resp. Aufsichtsräthe: Hermann Geber, R. A. Seelig, Julius Alexander, Rittergutsbesitzer Jul. Ludwig Meyer, Baumeister

Nicolaus Becker, Adolf Martini, Hermann Ephraim, Justizrath Hinschius. Cours ca. 10.

Charlottenburg, gegründet von Jean Fränkel, Dr. Martin Ebers, Assessor Pleve, Regierungsrath Bühling, Directoren Dittmann und Lestmann, Carl Sachs, etc. Mit 105 an der Börse eingeführt; heute ca. 5.

Nieder-Schönhausen. Gründer Jean Fränkel, Max David, Weissbier-Director E. Gericke, Assessor Plewe, Michael Simonsohn, Dr. jur. Ernst Rellstab etc. Von dem Actiencapital mit 230,000 Thaler wurden 100,000 Thaler „reducirt", d. h., gemeuchelt. Mit 102 an der Börse eingeführt — heute?

Residenz-Baubank, gegründet von Robert Herbig. Carl Dankberg, Emil Tschepke, Baumeister Wuttke und Heinrich Enders, Freiherr Otto von Schleinitz. 3000 Interimsscheine à 40 Thaler, zusammen also 120,000 Thaler, verfielen wegen rückständiger Einzahlung. Die Besitzer trugen lieber diesen Verlust, als dass sie die restirenden 60 Thaler nachschossen, denn die Vollactie von 100 Thalern stand — 10 Brief. Heute?

Allgemeine Bau- und Handelsbank. Von dem Actiencapital wurde über ein Drittel, ca. 362,000 Thaler, wegen nicht rechtzeitig geleisteter Einzahlung für verfallen erklärt. Auch hier ergaben sich die Interessenten freiwillig in ihren Verlust. Der 40procentige Interimsschein kam durch das Bankhaus Wilh. Borchert jun. an die Börse zum Course von 106; heute steht die Vollactie ca. 12.

Nordend, einst 140; heute 0.

Immobilienbank. Cours?

Der Verfasser dieser drei Baugesellschaften ist Dr. Max Mattner, welcher sich seitdem Baron Mattner von Bibra nennt, und auf der Villa Marietta in Pankow residirt.

Nordbaubank. Gründer resp. Aufsichtsräthe: Banquier Carl Aulig, Maurermeister Franz Ströhmer, Dr. Heinrich Ebeling, Rechtsanwalt Meyn etc. Der Cours, im März 1873 bis auf 209 getrieben, ist heute 0. Die Generalversammlung beschloss, eine Untersuchungscommission einzusetzen. Das Gericht lehnte die Einleitung des Concurses ab, weil es an Masse fehlt.

Westend-Potsdam-Baubank, gegründet von demselben Aulig und Genossen. Cours 0. Das Bureau

ist geschlossen, das Mobiliar wurde gerichtlich abgepfändet. Aufsichtsrath Aulig und Director Fischer
sind spurlos verschwunden.

Die in Berlin ansässigen und an hiesiger Börse
gehandelten Bau- und Baumaterialien-Gesellschaften
haben zusammen ein Actiencapital von, schlechtgerech-
net, hundert Millionen Thaler in Anspruch genommen, welches zum weitaus grössten Theil nun
verpufft, für die Actionäre verloren ist. Dazu kommt
das Agio (bis 150!), mit welchem die Actien eingeführt wurden: die Courssteigerung (bis 400!!), die
sie in der ersten Zeit erfuhren. Die Baugesellschaften,
welche mit Hypotheken belastet sind, müssen alle
untergehen, denn in der Regel übersteigen die Hypotheken weit den eigentlichen Werth des „Bauterrains".
Diese Hypotheken befinden sich noch vielfach in den
Händen der Gründer, welchen also das gegründete Object wieder anheim fallen wird; und schliesslich werden
die „Bauländereien" von den ehemaligen Besitzern,
den Gärtnern und Bauern, um ein Billiges zurückgekauft werden. Binnen wenigen Jahren werden die
im zweimeiligen Umkreise von Berlin abgesteckten
Strassen und Plätze spurlos verschwunden sein; über
die „Kaiserstrasse" wird wieder der Pflug gehen, und

auf dem „Bismarck-" oder „Moltke-Platz" wird der
Schäfer wieder seine Hammel weiden! Aber wie viel
Ernten sind inzwischen verloren gegangen, welche
Kräfte haben seither gefeiert! — Das ist der volks-
wirthschaftliche Segen der Baugesellschaften und der
Gründungen überhaupt. .

Die Baugesellschaften haben der „Wohnungsnoth"
nicht gesteuert, sondern dieselbe erst künstlich erzeugt.
Professor Gneist traf dem Nagel auf den Kopf, als er
auf dem socialpolitischen Congress zu Eisenach äusserte:
Soll die Wohnungsnoth sich heben, so müssen erst sämmtliche Actienbauvereine zu Grunde gehen. — Die theuern,
systematisch gesteigerten Miethen sind mit ein Haupt-
grund für den Rückgang der Berliner Universität. Mit
in Folge der „Wohnungsnoth" sind Hunderte von Studi-
renden nach Leipzig und andern Orten übergesiedelt.
Am liebsten hätten die Gründer auch die „Lunge von
Berlin", den Thiergarten, „parcellirt". Aber ringsum
haben sie eine Reihe von schattigen Gartenlocalen, an
denen es in dieser Gegend nun völlig mangelt, wie
Moritzhof, Albrechtshof, Hofjäger, Birkenwäldchen,
thatsächlich in sandige „Baustellen" umgewandelt. Um
dem Unwesen Einhalt zu thun, wurde von verschiedenen Seiten eine Besteuerung der Baustellen vor-

geschlagen; allein sie fand bei den „Volkswirthen" ebensowenig Anklang, wie die Börsensteuer, welche die Regierung seit Jahren plant, aber bisher im Parlamente nicht einzubringen wagte.

Der Baustellenwucher hat seine Früchte bereits getragen, und der Häuserschacher wird vielleicht noch schlimmere bescheeren. Während der Schwindelperiode hat in Berlin gut die Hälfte der Hausbesitzer gewechselt, über 8000. Die neuen Wirthe haben fast alle zu theuer gekauft oder zu theuer gebaut, als dass sie das gegenwärtige Fallen der Miethen verschmerzen könnten. Der hiesige Grundbesitz, schon vor dem Schwindel mit vier Fünftel des Werths verschuldet. ist jetzt weit höher belastet. Nach den Aufstellungen des Stadtgerichts wurden an Hypotheken mehr eingetragen als gelöscht

im Jahre 1869   9 Millionen Thaler

..   ..   1870 10   „   ..

.,   „   1871 20   .,   ..

..   „.   1872 79   „.   ..

Diese neuen Hypotheken sind meistens Restkaufgelder, die im Laufe der nächsten Jahre fällig werden; und deshalb prophezeien verschiedene Stimmen einen „Häuserkrach".

VIII

„Berlin wird Weltstadt".

Etwas über „geflügelte Worte" — Graf Renard fragt und Excellenz Delbrück antwortet — Hermann Geber — Von einem gewissen — Fiscus —
„Industriegebäude" und Beuth-Strasse — Centralstrassen-Gesellschaft —
Das Berliner „Palais royal" — Der „Stadtpark" mit 72,000 Flammen —
Herr Paul Munk und seine Carrière — Berliner Juden — Actienbauverein
„Passage" — Die „Kaiser-Galerie" — Wie sich die Gründer an den Kaiser
und die Prinzen drängen — „Meinhardt's Hôtel", eine blutige Nachgründung — Die „Passage" will sich nicht rentiren — Eine General-Versammlung — Das Weinlager der „Aufsichtsräthe" — ½ Procent Dividende —
Castan's „Panoptikum" — Die „Abendbörse" und der tapfere Jacob Rosenstock — In der Passage spukt es — Lindenbauverein — Die neue „Prachtstrasse" — Wieder Seine Excellenz Gustav von Bonin — Paul Munk steckt
1½ Millionen ein — Was und wem er davon abgiebt — Die Familie Cohn-
Heymann-Markwald-Schweder-Reimann-Schillow — Richard Schweder „betheiligt" seinen Onkel — Was die Gründer erdichten und was die Zeitungen colportiren — Lindenbauverein droht mit Einsturz — Die Presse er-
greift ein menschliches Rühren, und auch der Staatsanwalt rührt sich —
Die Gründer gehen frei aus — Woran Berlin laborirt — Die Presse schlägt
für den „Stadtpark" den Tamtam — Hermann Geber's jüngste Projecte —
Der Kaiserhof — Der hochpoetische Director des Berlin-Charlottenburger
Bauverein. — Mene Thekel.

„Berlin wird Weltstadt!" — Dies „geflügelte Wort"
— um hier, zwar nicht mit Vater Homer, aber doch
mit Herrn Georg Büchmann zu reden — läuft schon
seit 1848 und länger. Es ward meist im ironischen
Sinne gebraucht, um die Mängel und Schattenseiten
der Grossstadt anzudeuten, die in vielen Stücken hart-

näckig eine Kleinstadt blieb. Berlin konnte mit Paris oder gar London keinen Vergleich aushalten; auch gegen Wien stand es zurück, und selbst Städte wie Hamburg oder Dresden wurden ihm oft als Vorbild empfohlen. Erst nach dem Kriege von 1866, als sich mit dem reissenden Anwachsen die Auswüchse, Beschwerlichkeiten und Gefahren der norddeutschen Metropole fühlbar machten, fing man an, mehr im Ernste zu sprechen und nicht ohne Seufzen: „Berlin wird Weltstadt!"

Aber nicht lange, und das Wort wurde lebhaft aufgenommen, mit voller Emphase, mit begeistertem Pathos wiederholt, wie eine Parole ausgegeben und eifrig verbreitet. „Berlin muss Weltstadt werden!" riefen die Gründer im lauten Chor, und voll stürmischer Hast gingen sie an's Werk.

Einige von ihnen — und zwar gleich die bedeutendsten — traten schon vor dem Deutsch-französischen Kriege auf die Bühne. Sie warteten nicht einmal das neue Actiengesetz ab; aber sie wussten von ihren Freunden, den Manchesterleuten, dass es unterwegs war; und sie schnitten ihre Gründungen im voraus darnach zu. Am 8. März 1870 erhob sich im Norddeutschen Reichstage der edle Graf Renard und fragt,

die Regierung: Wie steht's? (Nämlich mit dem Freigeben der Actiengesellschaften.) Ihm antwortete Herr
Delbrück, der Vice-Bismarck, indem er bedächtig sich
eine Prise zu Gemüth führte: Wir sind schon dabei!
— Die Gründer wurden mit dem Actiengesetz überrascht, wie bei der Weihnachtsbescheerung die Kinder,
welche ihren Eltern einen Wunschzettel eingereicht
haben.

Zu den Geistern, welche die Zeit sofort begriffen
und sie gründlich, oder eigentlich „gründerlich" aus-
zubeuten verstanden, gehört in erster Reihe — Hermann Geber. Er steht ebenbürtig neben Heinrich
Quistorp und J. A. W. Carstenn; und etwas hinter
ihm steht — Herr Paul Munk.

Hermann Geber, ein schwarzlockiger Versicherungs-
künstler, verwandelte sich kurz vor der Wiedergeburt
des Deutschen Reichs in den farbenschillernden Falter
eines Grossindustriellen und General-Speculanten. Er
ist ebenso reich an „Ideen" wie Quistorp, nur ist er
darin weit glücklicher. Während Quistorp heute, gezwungener Mafsen, auf seinen Lorbeeren ruht, beglückt
Geber noch immer das dankbare Berlin mit seinen
Schöpfungen.

Hermann Geber begann damit, dass er die ver-

lassene Kaserne des Kaiser-Franz-Regiments in der
Kommandantenstrasse ankaufte, von einem gewissen —
Fiscus. Fiscus ist ein alter wunderlicher Herr, der
es z. B. liebt, möglichst billig zu verkaufen und möglichst theuer einzukaufen. Er verkauft oft, was er
selber höchst nöthig braucht, und was er dann hinterher zehnmal theurer wieder anschaffen muss. Er hat
verschiedene kostbare Grundstücke in Berlin den Gründern überlassen, wofür er sich heute in grosser Verlegenheit befindet. So findet er in der Stadt selber
keinen Platz mehr für das neue Criminal-Gerichtsge-
bäude, und muss es — sehr bequem für das Publikum — draussen nach Moabit verlegen.

Also Geber kaufte von Fiscus, mit dem er öfter
Geschäfte macht, die alte Franz-Kaserne, die inzwischen
das Ansehen einer Räuberhöhle angenommen hatte,
und schuf daraus das sogenannte „Industriegebäude“,
welches an dreissig Läden und zahlreiche Comtoirs
und andere Geschäftslocalitäten enthält. Dazu erstand
er noch, zum Theil in Verbindung mit Herrn Eduard
Stahlschmidt, eine Anzahl benachbarter Grundstücke,
legte sie nieder und erbaute die heutige Beuth-Strasse,
die in der Hauptsache gleichfalls aus lauter Läden
und allerhand Geschäftsräumen besteht.

Im Februar 1870 schloss Hermann Geber mit Banquier Ferdinand Jaques, Commerzienrath Hermann Egells, Geh. Commerzienrath Moritz Plaut, Banquier Hermann Rauff und Justizrath Dr. Franz Hinschius — später sämmtlich hervorragende Gründer — eine „Societät", die „sobald als möglich in eine Actiengesellschaft umgewandelt" werden sollte. Nachdem das Actiengesetz Hals über Kopf fabricirt war, entstand noch während des Krieges, im September 1870, die Berliner Central-Strassen-Actien-Gesellschaft, welche jene Grundstücke erworben hatte. Herr Geber profitirte als Verkäufer eine Summe, die er, in übergrosser Bescheidenheit, gelegentlich mit ca. 250,000 Thaler bezeichnen liess; und ward selbstverständlich „Director" der Gesellschaft, liess sich auch noch zwei „Specialdirectoren", Hermann Leubuscher und Bernhard Maywald, unterstellen.

Das Actiencapital, ursprünglich 1,200,000 Thaler, ward fortwährend erhöht und schliesslich auf — vier Millionen (!) gebracht. 1872, am 30. April, bekanntlich dem Narrentage, „creirte" man gleichzeitig ½ Million „junger" Actien („I. Emission") und 1½ Million „neuer" Actien („II. Emission"). Zwischen der Dorotheen-, Friedrichs- und Georgenstrasse ward

ein „zweites Industrie-Gebäude" in Aussicht genommen
— das „Berliner Palais Royal"; und zu diesem Zwecke
eine Reihe von Grundstücken, darunter wieder fünf
vom Director Geber (!), zu mehr als hohen Preisen
angekauft. Ohne diese Nachgründung hätten die Actionäre vielleicht nur die Hälfte verloren, während sie
jetzt etwa zwei Drittel eingebüsst haben. Die Actien, im
April 1872 ca. 125, stehen heute ca. 35; wiewol die der
„II. Emission" noch bis zum 1. Juli 1876 fünf Procent „Bauzinsen", also aus dem eigenen Säckel, erhalten.

Der Häuser-Complex II blieb bestehen wie er war,
denn inzwischen ging der Gründungsschwindel zu Ende,
und damit ging auch die Baulust aus. Die Grundstücke wurden „bestens" vermiethet, rentirten sich indess
selbstverständlich nicht. Da hatte Herr Geber, der
sich neuerdings bewogen fand, einen Theil von Complex II zurückzunehmen, wieder eine geniale Idee. Er
etablirte zwischen diesen Häusern den „Stadtpark",
und pflanzte, statt der Bäume und Sträucher, hier
72,000 (!!!) Gasflammen an. Wir kommen auf dieses
Meerwunder, das die Presse mit einstimmigem Hosianna
begrüsste, noch zurück. Wir verlassen einstweilen
Herrn Geber und wenden uns zu Herrn Munk.

Paul Munk stammt, wie so viele seiner Glaubens-

10*

genossen, die hier ihr Glück machten, aus dem Posen-
schen. Seit 1866 ist fast das halbe Grossherzogthum
Posen nach Berlin eingewandert, ist die Zahl der hiesigen Juden von 20,000 bis 50,000 gestiegen. Die
Kinder Israel vermehren sich in Berlin ebenso heftig
wie einst in Aegypten, und es sind durchgehends
wohlhabende und reiche Leute; wirklich arme Juden
kommen hier nicht vor.*) Das Klima von Berlin, wiewol es ihm sehr an Ozon mangelt, bekommt den Nach-

---

*) Natürlich will das sagen: es giebt unter der Berliner
Judenschaft kein eigentliches Proletariat. Dagegen fehlt es
selbstverständlich nicht an Wittwen und Waisen, Altersschwa-
chen, Arbeitsunfähigen und Kranken. Für diese hat die reiche
Judengemeinde in reichlicher Weise gesorgt; es bestehen eine
Menge von wohlthätigen Anstalten, Stiftungen und Vereinen.
Auch tauchen an den „hohen jüdischen Festtagen“ regelmässig
Schaaren jüdischer Bettler auf. Das sind aber nicht einhei-
mische, sondern polnische Juden, die es wahrscheinlich gar
nicht nöthig haben: die bei ihren hiesigen Glaubensgenossen
nur Gastrollen geben, und stets ein gutes Geschäft machen.
Juden dagegen, die in Berlin Handel treiben — und das thut
noch immer die grosse, übergrosse Mehrzahl — kommen hier
überraschend schnell zu Geld und Besitz, zu Wohlstand und
Reichthum, zu Einfluss und Macht. Gar viele, die vor wenigen
Jahren mit dem Packen auf dem Rücken, in dünnem Röckchen
und geflickten Hosen einzogen, haben heute einen hocheleganten
Laden oder ein grosses Comptoir, sind Hausbesitzer, Wahlmänner
und Stadtverordnete, halten Equipage und Dienerschaft, führen
in den Versammlungen das grosse Wort und geben in der Gesellschaft den Ton an.

kommen Abraham's ausserordentlich*); und wenn man
ihren 1800jährigen Schmerz stillen, und sie heute in
das **Land** zurückführen wollte, darinnen **Milch** und
Honig fliesst — sie würden sich schönstens bedanken!**)

---

*) Die Ehen der Juden zeichnen sich durch starke Frucht-
barkeit aus; wogegen todtgeborene Kinder bei ihnen verhältnissmässig weit seltener sind als bei den anderen Confessionen.
Ebenso ist die Sterblichkeit unter den Juden, bei Kindern wie
bei Erwachsenen, eine viel geringere, und sie erreichen durchschnittlich ein weit höheres, und überhaupt das höchste Alter.
Vgl. „Berliner Städtisches Jahrbuch", 1875, S. 12 ff. und
S. 139 ff.

**) Die Juden brauchen nicht mehr nach Asien zu wandern:
— sie haben ihr Kanaan schon in Europa gefunden, und dieses
Kanaan ist Deutschland und speciell Preussen. — „Wo ist hier
die «Jerusalemer Strasse»?" fragte in Berlin ein fremder Jude
einen hiesigen. „„Wo ist sie bier nicht?!"" antwortete grinsend der Andere. — In der That ist Berlin für die Juden
Neu-Jerusalem geworden, das sie gegenwärtig mit keinem Ort
der Welt vertauschen möchten. Auch nicht mehr mit Wien,
wo sie schon weit früher die Herrschaft führten, und wo sie
freilich noch immer herrschen. Bis zum Jahre 1866 besassen
die Juden in Berlin nur Eine Synagoge — jetzt sind es schon
vier. Kürzlich ist „unter des Allmächtigen Beistand" die
vierte, vor dem Potsdamer Thor, in der vornehmsten Stadtgegend errichtet. Aussserdem bestehen zwei kleine Synagogen
für die Reformjuden und für Adass Israel; und an den „hohen
jüdischen Festtagen" wird, weil die Tempel nicht zureichen,
wol noch an fünfzehn weitern Orten „Gottesdienst mit Predigt"
gehalten. An „den hohen jüdischen Festtagen" ist die Börse
still und leer, sind in vielen Strassen sämmtliche Läden geschlossen. Viele Zweige des Handels befinden sich fast ausschliesslich in jüdischen Händen. Die reichsten Leute in

Als Herr Paul Munk vor etwa acht Jahren in Berlin einzog, sollen, wie die Fama behauptet, fünf Thaler für ihn eine unerschwingliche Summe gewesen sein: — seit 1873 bewohnte er die Beletage des Eckhauses Unter den Linden und am Pariser Platz. Er wohnte hier zusammen mit zwei Herzogen; der Herzog von Sagan wohnte neben ihm, und der Herzog von Ujest über ihm. Er wohnte bei seinem Freunde Pincuss zur Miethe, besitzt aber selber in „feinster"

Berlin sind Juden, und Juden treiben hier den grössten Aufwand und Luxus, weit grösseren als die Aristokratie und der Hof. Hauptsächlich Juden füllen die Theater. Concerte, Opernhausbälle. Vorlesungen etc. Sonntags. wo die Juden unfreiwillig feiern, ist in manchem Theater kaum eine Christenseele zu entdecken. In allen Comités, in allen Vereinen sitzen und präsidiren Juden. In der Stadtverordneten-Versammlung sind sie unverhältnissmässig stark vertreten, behaupten sie schon ein bedenkliches Uebergewicht. Die Wahlen zum Abgeordnetenhause und zum Reichstage werden vorwiegend von Juden gemacht. In keiner andern Stadt finden sich unter den Docenten an der Universität, unter den Lehrern an den höhern Schulen. unter den Advocaten und Aerzten, namentlich unter den Literaten und Journalisten so viel Juden, wie in Berlin. 1874 fanden hier 26 Judentaufen statt; dagegen traten 4 Christen zum Judenthum über, und diese machten sicher das bessere Geschäft. — Es giebt in Berlin 15,000 Juden, sagte einst der Schulrath Wantrup, aber sie vollführen ein Spectakel als ob es ein paar Hunderttausend wären. — Als Wantrup dies sagte. waren es erst 15,000 Juden — nun sind es schon 50,000. Gott sei uns armen Christen gnädig!

Stadtgegend mehrere Häuser, von denen er eins, nachdem es fürstlich eingerichtet worden, kürzlich bezogen hat; und er besitzt auch mehrere Villen vor den Thoren. Im Uebrigen ist er sicher ein doppelter Millionär.

Herr Munk, ein Mann von gewandtem einnehmendem Wesen, ward zuerst viel in den Bureaux der Intendanturen, Ministerien und anderer Behörden gesehen, wo er stets etwas zu kaufen oder zu verkaufen wünschte. Dann wurde er „Director" der am Kreuzberg belegenen Villen-Colonie Wilhelmshöhe, die aber damals noch keinen rechten Anklang fand. Herr Munk bot die neuen Villen lange wie sauer Bier aus. Doch mit der Gründer-Aera begann sein Stern zu leuchten.

Unmittelbar nachdem Herr Geber die „Centralstrassen-Societät" gebildet hatte, „gründete" Herr Munk, im März 1870, den Actienbau-Verein Passage. Die „Passage", in vieler Hinsicht ein Seitenstück zur „Centralstrasse", ist eine glasbedachte Verbindung zwischen den Linden und der Behren- und Friedrichstrasse, erfüllt mit Läden, Restaurationen, Concert- und andern Sälen. Herrn Munk's Verbündete waren: die Banquiers Meyer Cohn, Aron Hirsch Heymann, Salomon Gotthold Heymann, Maximilian Heymann, Kaufleute

Fr. Wilh. Besckow, Ernst Theodor Besckow, Hermann Reimann, Fabrikbesitzer Carl Egells, Rentier Georg Beer, Commerzienrath Gustav Stobwasser, Justizrath Drews, Kammerherr Louis von Prillwitz. Auch hier wurden die nöthigen Grundstücke zu enormen Preisen erworben, und die Gründer machten einen hübschen Schmu. Erster Director ward wieder der eigentliche Attentäter, Paul Munk; bis ihn, noch vor Vollendung des Baues, Herr Stobwasser ablöste.

1873, am 22 März, am Geburtstage des Kaisers, ward die „Passage" eröffnet, und dem Monarchen zu Ehren „Kaiser-Galerie" genannt. Zwei Tage vorher erschien auf Einladung des „Aufsichtsraths" der ganze Hof. Kammerherr von Prillwitz machte die Honneurs. Die Gründer und ihre Damen wurden dem Kaiser, der Kaiserin, den Prinzen und Prinzessinnen vorgestellt. Bilse concertirte; es folgte das Souper und ein Ball. Auch die Vertreter der Presse erhielten eine kalte Collation. Jeder der 8 oder 9 „Aufsichtsräthe" hatte zu dem Feste 800 Thaler beigesteuert.

Das ist eben das Empörende, dass die Gründer — und nicht blos hier — es wagten, sich an die ersten Personen des Reichs zu drängen, um so ihre unlautern Zwecke zu verhüllen oder gar noch zu glorificiren. Hätten der Kaiser, die Kaiserin und die Prinzen eine Ahnung gehabt von dem schwindelhaften Charakter dieser Gründung: sie würden selbstverständlich nie einen Fuss hierher gesetzt, jenen Leuten nie einen Blick geschenkt haben.

Wie „Centralstrasse", so hatte auch „Passage" eine noch blutigere Nachgründung im Gefolge. Die Gründer hatten privatim, zu ganz anderem Zwecke, „Meinhardt's Hôtel", Unter den Linden 32, angekauft, und es weit über den Werth, mit 500,000 Thalern bezahlt. Als die Conjunctur umschlug, wussten sie nicht mehr, was sie damit anfangen sollten, fassten sich aber schnell und halsten das Grundstück der „Passage"-Gesellschaft auf, der sie es mit einem kleinen Aufgelde von etwa 137,000 Thalern in Rechnung stellten. Dieses Taschenspielerstückchen kam in der nächsten General-Versammlung zur Sprache; etliche wirkliche Actionäre erlaubten sich zu murren, aber sie wurden kurz und bündig zur Ruhe verwiesen, nämlich von den „Strohmännern", welche die Gründer engagirt hatten, überstimmt. Der Ankauf von „Meinhardt's Hôtel" ward mit imposanter Majorität genehmigt.

Noch vor Vollendung des Baues, noch vor dem

„Krach" wurden jene Dinge ruchbar, und auf der „Passage" ruhte von vorne herein ein Fluch. Nur mit Noth gelang es die Läden zu vermiethen, nachdem man die zuerst in Aussicht genommenen Miethen bedeutend herabgesetzt hatte. Die Concerte verunglückten, die Festsäle blieben leer, die grossen Restaurants in den obern Etagen fanden bald keinen Pächter mehr, und die durch alle Stockwerke gehenden „Banklocalitäten" in der Behren-Strasse konnten überhaupt nicht vermiethet werden. Man verwandelte diese Räume in ein Hôtel von 60 Zimmern, aber man suchte vergebens nach einem Pächter. Auch für „Meinhardt's Hôtel" fand sich Niemand, der den verlangten Pachtzins von 28.000 Thalern zahlen wollte, und so sah die Gesellschaft sich genöthigt, die Bewirthschaftung selber zu übernehmen, wobei sie indess keine Seide spinnt. Nach der Bilanz von 1874 beträgt der „Saldo-Ertrag" von „Meinhardt's Hôtel" noch nicht 1 Procent des Anlage-Capitals.

In dem kostbaren Säulensaale der „Kaiser-Galerie" nahmen am 22. April d. J. die Actionäre die magere Bilanz und den trostlosen Geschäftsbericht entgegen. Der grosse Restaurant in der zweiten Etage ist nach dem Erdgeschoss verlegt; da sich aber auch hier kein

Pächter fand, übernahm die Bewirthschaftung ein Consortium, bei welchem sich die Passage-Gesellschaft
zu Dreiviertel betheiligen musste. Wenn wir die un-
klare Bilanz und die ebenso unklaren Notizen der
Zeitungen recht verstehen, hat die Gesellschaft bei
dieser „Betheiligung" pro 1873 — 18,750 Thaler,
pro 1874 — 25,000 Thaler eingebuttert; auch von
den früheren Pächtern das Inventarium und ein grosses
Weinlager übernehmen müssen. Eine andere Version
behauptet wieder, das Weinlager sei eigentlich eine
Privat-Angelegenheit gewisser Herren Aufsichtsräthe,
und diese hätten sich inzwischen auch bereit finden
lassen, es der Gesellschaft abzunehmen.

Genug, der Bericht verstimmte tief, und die zahlreiche Versammlung, welcher Herr Commerzienrath
Stobwasser präsidirte, zeigte sich sehr ungeberdig.

Da erhob sich am grünen Tische einer der Würdenträger und erklärte mit edlem Freimuth, dass die
Opponenten sich dem Aufsichtsrath gegenüber in einer
Minderheit wie 1 zu 6 befänden, also sich doch nicht
unnütz echauffiren möchten. Der gute Rath wirkte,
und die Gemüther beruhigten sich. Zum ersten Mal
sollte eine Dividende vertheilt werden: dafür betrug
sie aber auch — $\frac{1}{2}$ Procent. Es ereignete sich hier.

der ungeheuerliche Fall, dass die Actionäre die Dividende zurückwiesen, und das halbe Procent zu Abschreibungen verwendet wissen wollten, die auch der „Passage" ausserordentlich wohl thun würden. Aber sie drangen nicht durch, denn das Statut der Gesellschaft überlässt in weiser Voraussicht die Bestimmung und Vertheilung der Dividende dem Aufsichtsrath allein. Die General-Versammlung hat nicht mit zu reden, und so empfing denn jede Actie ganze 15 Silbergroschen.

Einst wurde das Papier mit ca. 140 bezahlt, heute notirt es die Börse mit ca. 15. Das Actiencapital beträgt 2,000,000 Thaler, wozu noch 1,366,000 Thaler Hypotheken und Obligationen kommen — 221,000 Thaler Prioritäten waren nicht mehr unterzubringen! Gegen „Passage" gehalten, ist selbst „Centralstrasse" eine „höchst solide Gründung".

Wenn wir durch die Passage gehen, sehen wir sie stets von Menschen angefüllt; aber nur selten erblicken wir in den zahlreichen Läden einen Käufer. Von jeher machten alle diese Läden schlechte Geschäfte; und man sagt, dass hier der Berliner überhaupt nicht kaufe, nur der Fremde. Den meisten Zuspruch hat noch Castan's „Panoptikum", ein sehr mässiges Wachsfigurencabinet, wo stets der Räuber oder der Mörder paradirt, der Berlin gerade mit seinem Ruhm erfüllt.

In der „Kaiser-Galerie" versammelte sich im vorigen Herbste die Winkelbörse, die früher ein paar Häuser weiter, an der Conditorei von Kranzler tagte, bis sie von der Polizei vertrieben ward. An einem Abende hatten in der „Passage" Posto gefasst: Rosenfeld, Rosenhain, Rosenberg, Rosenthal, Rosenbach, Rosenbusch, Rosenblatt, Rosenstiel, Rosenstock etc. etc.: und sie jobberten so heftig, dass sie den Verkehr hemmten und der Hausinspector sie auffordern liess, sich ein wenig zu zerstreuen. Das nahm Jacob Rosenstock gewaltig übel; der kriegerische Geist seiner Ahnen, der Makkabäer, kam über ihn und er versetzte dem Abgesandten einen wuchtigen Schlag in's Gesicht. Da eilten die andern Hausbediensteten und aus dem Restaurant die Kellner herbei, und es entspann sich zwischen ihnen und den Jobbern eine blutige Schlacht. Der tapfere Rosenstock ward übermannt, vor Gericht gestellt und wegen „groben Unfugs" in Strafe und Kosten verurtheilt. Er appellirte jedoch und wurde in zweiter Instanz freigesprochen, weil der Kläger den Strafantrag zu spät gestellt hatte.

Wenn wir durch die „Passage" gehen, lesen wir

am Schwarzen Brett, dass die grossen Festsäle, die grossen Restaurants in der obern Etage und das Hôtel von 60 Zimmern in der Behrenstrasse noch immer zu vermiethen sind. Auch der Restaurant im Erdgeschoss hat erst im letzten Sommer einen ständigen Pächter gefunden; bis dahin war er einem Kellner überlassen, der das Wagniss jedesmal nur auf vier Wochen übernahm. Die grossen kostbaren Räume in den obern Stockwerken stehen sämmtlich leer, und des Nachts gehen hier die gemordeten Actionäre um und ringen wimmernd die Hände.

In Bezug auf Umfang und Verhältnisse, Stil und Ausführung bietet die „Passage" nichts Besonderes, kann sie sich nicht entfernt mit der schönen grossartigen Galeria Vittorio Emanuele in Mailand messen. Ja, die ganze Anlage ist, genauer besehen, verfehlt; die Räume sind höchst unpraktisch verwerthet.

Der Leser irrt, wenn er „Passage" etwa für das *Non plus ultra* einer Gründung hält. „Passage" ist allerdings böse, aber noch weit böser ist der zwei Jahre später geborne Actienbau-Verein Unter den Linden; und beide Kinder haben zum Vater denselben Herrn Paul Munk. „Lindenbauverein" wurde an der Börse wie im Publikum ein „geflügeltes Wort",

„Lindenbauverein" wurde der Refrain vieler Theater-Couplets, und mit der Geschichte vom „Lindenbau-Verein" scheuchte man die Kinder zu Bett.

Parallel mit der Passage, und nur zwei Häuser weiter, sollte eine neue Verbindung zwischen den Linden und der Behrenstrasse durchbrochen, und diesmal eine wirkliche Strasse angelegt werden; eine „Prachtstrasse", wieder Laden an Laden, dazu mit einem Theater und einem „Riesenhôtel". Die Gründer resp. ersten Zeichner waren ausser Paul Munk: Banquier Emil Heymann, Rentier Georg Beer, Kaufmann Gustav Markwald, Banquier Edmund Helfft, Commerzienrath und Aeltester der Kaufmannschaft Wilhelm Herz, Consul Friedrich Schillow und Seine Excellenz der Staatsminister a. D. Gustav von Bonin, Mitglied des Preussischen Abgeordnetenhauses und des Deutschen Reichstags.

Diese acht Herren constituirten sich unter dem Vorsitz der Excellenz von Bonin als „Lindenbau-Verein" und kauften sieben Grundstücke an, resp. genehmigten sie den Ankauf. Vier der Grundstücke wurden angekauft von Paul Munk, der sie erst kurz vorher erworben hatte. Die Häuser Behrenstrasse 57 und 56 überliess Munk der Gesellschaft mit einem

Aufgelde von je 150,000 Thaler, zusammen also — — 300,000 Thaler; die Häuser Unter den Linden 17 und 18 mit einem Aufgelde von — — — 1,150,000 Thaler.

Unter den Linden 17 und 18 sind gewissermafsen historische Häuser. Hier hatte Strousberg der Grosse seine Büreaux, hier wurde seine Zeitung, „Die Post", fabricirt. Munk, der zu Strousberg in vielfachen Beziehungen stand und ein Schüler und Jünger des „Culturhelden" genannt werden darf, hatte die beiden Grundstücke von diesem während des Krieges für 600,000 Thaler erstanden, und verkaufte sie jetzt dem „Lindenbauverein" für — — 1,750,000 Thaler!! Munk erhielt also zusammen ein Aufgeld von — — — — 1,450,000 Thaler!!!

Aber selbstverständlich musste er davon seinen Verbündeten abgeben. So cedirte er später von dem Kaufgelderreste: 85,000 Thaler an Banquier Meyer Cohn, 85,000 Thaler an Banquier Aron Hirsch Heymann, 85,000 Thaler an Kaufmann Hermann Reimann und 55,000 Thaler an Commerzienrath Hermann Egells — bis auf Letzteren, lauter alte Genossen von der „Passage" her.

Diese Cessionen deuten gewisse, ziemlich durchsichtige Coulissen-Geheimnisse an; und ganz klar ist, dass die Gründung, so zu sagen, in der Familie vor sich ging. Meyer Cohn nämlich ist der Compagnon und Schwager von Emil Heymann. Aron Hirsch Heymann ist der Vater von Emil Heymann. Gustav Markwald ist der Schwiegervater des gleich zu erwähnenden genialen Directors Schweder. Hermann Reimann ist, wie wir hörten, ein Verwandter von Consul Schillow etc.

Die Actien, im Betrage von 2,400,000 Thaler, wurden ohne Prospect, durch die Preussische Boden-Credit-Actienbank an der Börse „eingeführt", und durch die geschickten Hände der Herren Richard Schweder und Wolf Paradies glücklich abgesetzt. Von den Vorgängen zwischen Munk und Genossen, von der kolossalen Gründer-Beute, hatte Niemand eine Ahnung, weder im Publikum noch an der Börse. Selbst Börsenleute, selbst gewiegte Makler und Banquiers hielten das Papier für gut und nahmen es in Posten (grossen Summen) auf. Schweder kannte kein Erbarmen, er betheiligte mit den Actien Christen wie Juden, die besten Freunde und die eigenen Verwandten. Wir haben selber einen betrogenen Oheim über den

grausamen Neffen jammern hören. — Für den Ver-
trieb der Actien berechnete die Preussische Boden-
Credit-Actienbank sich die Kleinigkeit von 400,000
Thaler.

In den Zeitungen liessen die Gründer verbreiten,
wie sehr das Project „an Allerhöchster Stelle interes-
sire“, wie erbaut davon die Staats- und die städtischen
Behörden seien; während sich hinterher herausstellte,
dass die Behörden sich gegen den Durchbruch, als
eine unnütze und unschöne Unterbrechung der Linden.
erklärt hatten. Fortwährend wurde auf den Einfluss
des Herrn von Bonin „bei Hofe“ hingewiesen; einen
Einfluss, der nicht im Mindesten bestand. Nur bei
dem Kronprinzen fand Herr von Bonin zuweilen Zutritt.

Nach dem Kronprinzen wurde die neue „Prachtstrasse“, die nie gebaut werden sollte, sondern nur auf
den zahlreichen eleganten Zeichnungen des Hofbauraths
Klingenberg existirt, bereits Friedrich-Wilhelm-
Strasse genannt, und unter diesem Namen auch
die Actien dem Publikum empfohlen. Die „National-
Zeitung“ und die alte „Börsen-Zeitung“ meldeten im
redactionellen Theil übereinstimmend: Der Bauverein
Unter den Linden hat mehrere Parcellen sehr vortheil-

haft verkauft. Für ein Eckgrundstück sind 9000
Thaler pro Quadratruthe bezahlt worden. — Dieser
Preis würde nur den Selbstkosten entsprochen haben,
aber thatsächlich ist nie ein Fuss breit verkauft
worden.

Die öffentliche Strasse wurde nicht genehmigt, und
der „Aufsichtsrath" beschloss, eine Privatstrasse zu
bauen. Aber da kam der „Krach", und man liess
die Häuser stehen. Die zum 1. April 1873 sämmtlich gekündigten Geschäfts- und Wohnungsräume blieben lange
leer und sind erst im letzten Jahre wieder vollständig
vermiethet worden; natürlich zu sehr herabgesetzten
Preisen. Die Strousberg'schen Häuser Unter den Linden 17 und 18, welche den Actionären $1^3{}_4$ Millionen
Thaler (!!) kosten, sind eigentlich blos Baustellen, alte
Ruinen, die im Sommer 1873 einzustürzen drohten
und im Keller gestützt werden mussten. Die sieben
Grundstücke stehen mit 3,462,000 Thaler (!!!) zu
Buch; die Actien notiren etwa 15.

„Lindenbau-Verein" war eine so mörderische Gründung, dass sie selbst den Unwillen professioneller
Gründer erregte, selbst die Börse empörte und selbst
einen Theil der Presse in Bewegung setzte. Verschiedene Localblätter geisselten Herrn Munk und Genossen,

und forderten sie auf, von dem Raube doch wenigstens
Etwas herauszugeben. Eine Anzahl von Actionären trat
zusammen, um die Schuldigen zu verfolgen; aber, wie
sich's später herausstellte, waren nicht wenige dieser verbündeten Actionäre selber hartgesottene schwerbelastete
Gründer, die zum Theil sich bald zurückzogen, zum
Theil sich mit Paul Munk und Complicen zu vergleichen gedachten. Etliche sollen auch wirklich eine
Abfindung erhalten haben. In Folge der Denunciation
schritt der Staatsanwalt ein, die Attentäter wurden
vorgeladen und eine Menge von Zeugen verhört. Die
Voruntersuchung zog sich durch acht Monate, hatte
aber nicht den geringsten Erfolg. Herr Tessendorf,
der Erste Staatsanwalt, hat zu den Acten ein längeres
Gutachten gegeben, worin er ausführt, dass die Gründer moralisch unbedingt zu verurtheilen sind, criminal-
gesetzlich aber leider nicht zu fassen wären. Die
Rathskammer des Berliner Stadtgerichts war derselben
Ansicht und verfügte die Einstellung des Verfahrens.
Einer der Gründer stand, weil er Landwehr-Officier ist,
auch noch vor dem Militärgericht, und die Acten
gingen bis an den Kaiser — doch das Resultat blieb
dasselbe.

Centralstrasse, Passage, Lindenbau-Verein — um

hier nur diese zu nennen: so wurde Berlin Weltstadt! Centralstrasse und Passage, rufen die Gründer,
sind doch unbedingt eine Verschönerung der Stadt,
gereichen Berlin zur Zierde! — Mag sein. Aber sind
sie es wohl werth, dass darum Tausende ausgeplündert,
um ihr Vermögen, ihre Sparpfennige beraubt und
theilweise an den Bettelstab gebracht werden mussten?
— Nein, und hundertmal nein! Zum Teufel mit solchen Verschönerungen!!

Centralstrasse wie Passage haben eine Menge neuer
Läden geschaffen, an denen Berlin ohnedies Ueberfluss
hat. In Berlin herrscht, Dank dem so stark vertretenen
jüdischen Element, ein bedenklicher Schachergeist;
jeder zehnte Mensch, gleichviel ob Mann oder Weib,
ob Erwachsener oder Kind, ist hier Händler; in jedem
Hause, selbst in den äussersten Vorstädten, giebt es
einen oder mehrere Läden. Weitaus die Mehrzahl
dieser Ladeninhaber, meistens Kleinhändler, arbeiten
nur für die Miethe, vertheuern nur die Privatwoh-
nungen; gut die Hälfte dieser Läden kann ohne Schaden geschlossen werden, ja es wäre für die Bevölkerung
ein Segen!

Und nun erst Lindenbau-Verein und Centralstrasse,
Häuser-Complex II! Aus purer Verlegenheit zaubert

Herr Geber den „Stadtpark" hin, der bei Tageslicht
(ohne die 72,000 Gasflammen!!!) besehen, ein — Bier-
garten ist. Die Vertreter der Presse werden eingeladen und erhalten eine kalte Collation. Herr Geber
winkt, und sämmtliche Blätter, gross und klein, schla-
gen den Tamtam!

In der „National-Zeitung" giebt eine glänzende
Schilderung vom „Stadtpark" Herr X, und macht den
Lesern ein X für ein U. In der „Vossischen" stimmt
L. P., der malerische Feuilletonist, einen Dithyrambus
auf Herrn Geber an. — Wenn Heinrich Heine sich
rühmte, er habe 100,000 Citate jährlich auszugeben,
so verbraucht L. P. in jedem Jahr einige Millionen
Gänsefüsschen. „Nacht muss es sein, dass Hauschner's
Sterne strahlen!" ruft L. P. begeistert aus. Die Actien-
gesellchaft für Gas- und Wasseranlagen, vormals
Schäfer und Hauschner, hat im „Stadtpark" die 72,000
Flammen angesteckt. Nun will es der boshafte Zufall, dass in derselben Nummer der „Vossischen", in
derselben Beilage Schäfer und Hauschner — auch eine
sehr traurige Gründung; verfasst von den Herren Adolf
Salomon, Ferd. Meyer (Oppenheim & Co.), Carl Kiesel
(Bein & Co.). Buchhändler Dr. Julius Friedländer;

und gegenwärtiger Cours ca. 15 — die Liquidation (Auflösung) ankündigen.

Also „Hauschner's Sterne" strahlen eigentlich nicht mehr — und auch die 72,000 Flammen im „Stadtpark" sind schon wieder erloschen. Herr Geber gedenkt den „Stadtpark" in einen „Wintergarten" zu verwandeln, und daneben ein Theater und ein Hôtel zu erbauen. Er rechnet auf die „Stadtbahn", die hier vorbeiführen, und auf den „Centralbahnhof", der in unmittelbarer Nähe emporsteigen soll. Möge Herr Geber sich nicht wieder verspeculiren, wie bei dem „Berliner Palais Royal", und möge er hübsch mit seinem eigenen Gelde speculiren!

Ein Gründerwerk, das gleichfalls Berlin zur Weltstadt machen sollte, aber kaum vollendet, zum grossen Theile schon wieder vernichtet wurde — ist der Kaiserhof. Ein echtes Gründerwerk nach Ursprung, Ausführung und Schicksal!

Um seine Geschichte zu erzählen, müssen wir etwas ausholen. Seine Abstammung ist ebenso complicirt wie die Geschlechtstafel der Patriarchen, von denen es im 5. Capitel der Genesis heisst: Adam war 130 Jahre alt und zeugte einen Sohn und hiess ihn Seth. Seth war 105 Jahre alt und zeugte Enos. Enos war 90 Jahre alt und zeugte Kenan u. s. w.

Im Frühjahr 1870 entstand die Deutsche Bank. Selbige zeugte, 2 Jahre alt, die Deutsche Baugesellschaft und die Gesellschaft für Bauausführungen; und zeugte dann wieder mit diesen, ihren beiden leiblichen, eben gebornen Töchtern die Berliner Hôtel-Gesellschaft oder den Kaiserhof. Der Kaiserhof ging also aus einer Verbindung hervor, welche die Römer Incest nannten, und die Gesetzbücher aller civilisirten Völker mit schweren Strafen bedrohen.

Die Deutsche Bank wurde gegründet von: Commerzienrath Adalbert Delbrück, E. J. Meyer, Baron Eduard von der Heydt, Generalconsul Baron Victor von Magnus, Consul und ehemaliges Reichstagsmitglied Gustav Müller, Reichstagsmitglied Dr. Ludwig Bamberger u. A. Diese Herren bewiesen sich als klassische Gründer, indem sie, bei Vermehrung des Grundcapitals, sich die Uebernahme sämmtlicher neuen Actien zum Pari-Course (100) vorbehielten, und dieses hocheinträgliche Privileg zweimal ausübten. Sie übernahmen die zweite Emission von 5 Millionen Thaler

und überliessen sie den Actionären zum Course von
110; profitirten also 10 Procent oder 500,000 Thaler.
Sie übernahmen auch die Hälfte der dritten Emission,
die gleichfalls 5 Millionen Thaler betrug, und über-
liessen, in nicht ganz freiwilliger Grossmuth, die andere
Hälfte den Actionären zum Course von 104. Zu den
Aufsichtsräthen der Deutschen Bank, deren Actien zur
Zeit ca. 75 stehen, gehört das Reichstagsmitglied
Dr. Friedrich Kapp; und Erster Director ist das
Reichstagsmitglied Assessor a. D. Georg Siemens.

Commerzienrath Adalbert Delbrück und Baron von
der Heydt gründeten nun wieder mit E. J. Meyer,
Benoit Oppenheim, Ad. Levien, Berthold Bensemann
u. A. die Deutsche Baugesellschaft — ehemaliger
Cours 120, jetzt ca. 20; sowie mit Benoit Oppenheim,
Gustav Markwald, Baumeister Hennicke, Rechtsanwalt
Winterfeldt u. A. die Gesellschaft für Bauausführungen — Cours noch ca. 65; und endlich mit Berthold Bensemann, Georg Siemens, Gustav Kutter, Oberbürgermeister a. D. Kieschke, Stadtrath a. D. Risch etc.
die Berliner Hôtelgesellschaft. Herr Adalbert
Delbrück und Freiherr Eduard von der Heydt
sind bei allen vier Gesellschaften die Matadore.

Was der Lindenbau-Verein seinen Actionären blos

auf Papier malte, that die Berliner Hôtel-Gesellschaft in Wirklichkeit. Sie errichtete am Ziethen- und Wilhelmsplatz ein Riesen- und „Muster-Hôtel", „wie es bisher nur in Paris und Newyork bestand"; einen Gasthof von 262 Fremdenzimmern, mit „Luftschachten", „Fahrstuhl" und „Sonnenbrenner"; ein Wunder von Comfort, Eleganz und Luxus. — So liess sich jubelnd die Presse vernehmen, und eine ungemeine Reclame ging der Eröffnung vorauf.

Das Hôtel erhielt den stolzen Namen „Kaiserhof", und die Strasse, welche es im Süden begrenzt, ward „Delbrückstrasse" getauft — nicht nach dem „Gründer" Delbrück, sondern nach seinem Vetter, dem Minister. Seine Excellenz haben jedoch diese Ehre etwas bedenklich gefunden und sie hinterher Sich verbeten. In Folge dessen wird die neue Strasse nun „Kaiserhofstrasse" heissen.

Auch hier wussten die Gründer den Kaiser zu einem Besuche zu bewegen, und der Kaiser selber probirte den „Fahrstuhl". Dann wurde das „Riesenhôtel" durch einen Riesenschmaus eingeweiht, an welchem 250 Personen Theil nahmen, die Vertreter der Behörden, der Wissenschaften und Künste, der Kaufmannschaft und der Presse. Herr Madai, der Polizeipräsident, trank „auf das Gedeihen des grossartigen Unternehmens, dem Seine Majestät Selber, wie der Kaiserliche Besuch bekundet habe, ein aufmerksames Interesse widme".

Wir entnehmen diesen Toast dem Berichte der „National-Zeitung", geschrieben von dem Director des „Berlin-Charlottenburger Bauverein", der in seinen Mussestunden zugleich auch ein gewandter Dichter und ein glänzender Feuilletonist ist, und von dem Festschmause, mit Hülfe von Shakespeare, Goethe und Schiller, eine hochpoetische Schilderung lieferte. Man höre ihn selber: Vor jedem Gedeck waren neun verschiedene Weingläser aufgestellt. „Alle Gläser erklangen. An den schlanken Kelch, mit perlendem Schaum gefüllt, stiess der mächtige grüne Rheinwein-Römer, Burgunder und Mosel begrüssten sich, und der Chablis in der breiten flachen Schale klang an den funkelnden Bordeaux im schön geschliffenen Krystallglase." Selbstverständlich nöthigt solche Bewirthung zu Dankbarkeit und Erkenntlichkeit.

Mit Pauken und Drommeten ging der Kaiserhof in Scene, und gleich in den ersten Tagen war er überfüllt — wenn auch nicht ausschliesslich von Fremden und Reisenden. Am 1. October wurde er eröffnet —

und schon am 10. musste er wieder geschlossen werden. Die Gäste und die Bediensteten verliessen das „Muster-hôtel" in wilder Flucht, im abenteuerlichsten Aufzuge; und aus den Fenstern flogen auf die Strasse Betten, Kleider, Wäsche, Teppiche, Gardinen etc.

Am 10. October, einem Sonntage, meldete der Telegraph: Gross Feuer im Kaiserhof! An allen vier Ecken stand der Dachstuhl des Hauses plötzlich in hohen Flammen. Wie und wann der Brand entsanden, ist dunkel geblieben, ist gar räthselhaft, hat zu bösen Gerüchten Veranlassung gegeben. Verschiedene Stimmen behaupten, das Feuer habe schon tagelang vorher im Verborgenen gefressen; und sie wollen daraus das mächtige Umsichgreifen der Flammen, die reissend schnelle Verheerung erklären. Andererseits rügten Leute von Fach öffentlich: der Bau sei ziemlich leichtfertig aufgeführt, und verstosse in mehr als einer Hinsicht gegen die baupolizeilichen Vorschriften. Der Minister des Innern, welcher dem Brande beiwohnte, bemerkte selber, dass dem kolossalen Gebäude die vorgeschriebene Einfahrt fehle, und soll darüber sein Befremden ausgedrückt haben. Auch in der Stadtverordneten-Versammlung wurde wegen der Bauart des Hôtels eine Interpellation gestellt. Thatsache ist, dass die so bewährte muthige Feuerwehr diesem Brande gegenüber wenig auszurichten vermochte.

Wieder erhob seine Stimme im Feuilleton der „National-Zeitung" der hochpoetische Director des Berlin-Charlottenburger Bauvereins — diesmal ein trauernder klagender Jeremias. Und wie er meinte, müssten mit ihm auch seine Mitbürger trauern und klagen. „Ich gehe gewiss nicht fehl, sagt er, wenn ich behaupte, der Kaiserhof ist den Berlinern schon ein wenig an's Herz gewachsen." — Nun, er hat nicht so Unrecht. Zwar das Gründerwerk als solches ist den Berlinern ziemlich gleichgültig geblieben, aber der Brand keineswegs: denn sie haben den Schaden zu tragen, den Gründern ihren Verlust zu ersetzen! Erst wenige Tage vorher war die Versicherungs-Police bei der städtischen Feuercasse perfect geworden, und diese Casse beruht auf Gegenseitigkeit der Versicherten.

Der Kaiserhof ist nach der letzten Bilanz mit einem Actiencapital von 2,000,000 Thaler und 500,000 Thaler Hypotheken belastet; und es dürfte sehr fragwürdig sein, ob er sich bei dieser Belastung überhaupt rentiren kann. Die Actien sind, so viel wir wissen, nicht an die Börse gebracht; sie sollen sich noch in den Händen der Herren Adalbert Delbrück, Eduard von der Heydt und Genossen befinden, und sie mögen den Besitzern wol Kopfschmerzen bereiten. Das Hôtel ist nur theilweise zerstört und wird wieder hergestellt werden; aber der Brand giebt doch zu denken, erscheint wie ein Mene Thekel, wie der Zorn des Himmels ob solcher Gründerwerke!

Kaiserhof und Kaiser-Galerie (Passage) fordern durch ihr Schicksal, durch ihre Beschaffenheit zu einer Vergleichung heraus. Der Kaiserhof ist kaum fertig, da trifft ihn eine Feuersbrunst, und sie enthüllt die Mängel und Sünden des Baus. Die Kaiser-Galerie kann nur mühsam und nur theilweise vermiethet werden; die grossen kostbaren Räume in der Beletage stehen Jahre lang leer. Vor wenig Wochen wurde endlich der Fürstensaal wieder benutzt, indem hier ein Concert stattfand. Da löst sich von der Deckenwölbung ein 10 Pfund schweres Mauerstück und stürzt mitten unter die Zuhörer. — Sind solche Machwerke, solche Gründerfabrikate es wol werth, nach dem Deutschen Kaiser genannt zu werden? — —

Die „grosse Zeit" und die „grossen Dinge".

Was „das Gefühl der Deutschen Nationalität und des Weltstädters erdachte" — Berliner Droschken — Heinrich Quistorp und der Central-Bazar für Fuhrwesen — Der grosse Droschkenkutscher-Strike. — Die Centralbank für Genossenschaften und die Gesellschaft für öffentliches Fuhrwesen — Wie man das Actiencapital „reducirt" — Thierquälerei und Seelenwanderung — Droschken „erster Classe" — Möbeltransport, Spediteur-Verein und Transportgesellschaft — Grosse Pferdebahn — Nothleidende Pferdebahnen — Admiralsgartenbad — Flora — Von den drei Polizeipräsidenten — Fürst Putbus, J. A. W. Carstenn und Ludwig Ebers — Der Gründungsbraten lockt die Adler an — Banquiers als Aerzte — Frau Lucca singt in der Flora — Der Dachstuhl stürzt ein — Eine kalte Collation — Das „Rosenparterre" — Was die Flora den Actionären kostet — Man verweigert die Decharge — Der „Präsident des Aufsichtsraths" als Bierschänker — Wie sich die Börsianer unterhalten — Grausame Absichten und traurige Aussichten — Die Lotterie des Herrn Jean Fränkel — Flora's Schicksal — Lauter faule Früchte.

Nicht nur, dass die Gründer während ihrer Thätigkeit von der Presse in jeder Weise unterstützt und gefeiert wurden: selbst heute, wo ihr Treiben gerichtet ist, und ihre Werke zum Himmel schreien, selbst heute finden sie hie und da noch muthige Vertheidiger und begeisterte Lobredner. So lasen wir neulich in einem Berliner Blatte folgende Verherrlichung:

„Trotz aller Uebergriffe und Auswüchse, die alle grossen Zeiten mit sich bringen, war es doch eine erhebende Sache, als sich endlich das Capital der Industrie zuwandte, als endlich das Gefühl der Deutschen Nationalität und des Weltstädters grosse Dinge erdachte und in solcher Weise ausführte, dass sie bestehen werden für lange Zeit."

Dieses Dictum soll jetzt unser Thema bilden. Wir wollen reden von der „grossen Zeit" und von den „grossen Dingen", die „das Gefühl der Deutschen Nationalität und des Weltstädters erdachte"; wir wollen betrachten eine Reihe von Gründerwerken, die ausschliesslich den Interessen des Publikums dienen sollten, und zunächst auch allgemein angesehen und begrüsst wurden als verdienstliche Thaten und gemeinnützige Schöpfungen: und wir wollen untersuchen, ob diese „grossen Dinge" „bestehen werden für lange Zeit", oder ob sie nicht bereits schon wieder verfallen und zerbröckeln, sich vor unsern Augen auflösen in eitel Dunst.

Ein chronisches Uebel, an dem Berlin seit Menschengedenken leidet, und das sich auch dem Fremden sofort fühlbar macht, sind die mangelhaften Verkehrsmittel im Innern der Stadt, ist namentlich das altehrwürdige Institut der Droschke. Wagen, Pferd und Kutscher ringen mit einander um den Preis. Der Wagen ist ein unförmlicher enger unsaubrer Marterkasten, das Pferd ist ein lebensmüder Invalide, der Kutscher ist der geborne Feind des Fahrgastes, mit dem er fast regelmässig Händel anbindet. Da hatten die Gründer ein Einsehen und sprachen: Diese Droschke ist der Hauptstadt des Deutschen Reiches nicht würdig, und überdies ist sie nicht einmal in genügender Anzahl vorhanden. Auf, lasst uns ein Gefährte schaffen, das der Kaiserstadt zur Ehre und dem Publikum zur Wollust gereiche!

Heinrich Quistorp, alle Zeit voran, verwandelte im Juni 1872, mit Hülfe des Banquiers Moritz Goldstein und des Betriebsdirectors Julius Lestmann, das Fuhrgeschäft der Gebrüder Ernst und Wilhelm Besckow in eine Actiengesellschaft und nannte sie — höre es und staune, Europa! — Central-Bazar für Fuhrwesen. Dieses Fuhrgeschäft nebst Firma (!) kostete den Actionären ca. 550,000 Thaler. Trotzdem wurden die Actien wie eine Gunst gegeben und empfangen: auf 5 Actien der Vereinsbank Quistorp gewährte man 1 Actie des Central-Bazar. Mit 105 kam das Papier an die Börse, heute steht es ca. 20.

Allein Quistorp und der Central-Bazar, die es
Beide mit ihren Versprechungen nicht zu genau nahmen, machten die Droschken nicht besser, eher schlechter und theurer. Die Droschkenkutscher, welche gleichfalls den Geist der „grossen Zeit" verspürten, und die
Gründer immer fetter und schwerer werden sahen, erhöhten
täglich die Taxe und die Trinkgelder, und verfuhren mit
dem Publikum nach dem Wahlspruch der französischen
Könige: *Car tel est notre plaisir.* Die Polizei liess ein
neues Reglement erscheinen, und die Droschkenkutscher
antworteten mit einer Revolution.

Am 1. März 1873 stiegen an 3000 Rosselenker
vom Bocke und gingen, wie der Berliner sagt, „zu
Muttern", setzten sich auf die Ofenbank und überliessen sich den Freuden der Häuslichkeit und der
Familie, indem sie ihre Kinder im Striken unterrich-
teten, und in den Busen der unschuldigen Kleinen
glühenden Hass ergossen gegen Madai, den neuen
Polizeipräsidenten. Verschiedene Tage war Berlin ohne
Droschken, und an allen Strassenecken hörte man
Rufen und Jammern. Ein grosser Theil der Feiernden
suchte das Angenehme mit dem Nützlichen zu ver-
binden und meldete sich zur Verbüssung der Polizei-
strafen, von denen der Berliner Droschkenkutscher

jeder Zeit ein halb Dutzend auf dem Kerbholz hat. In jenen Tagen waren die Gefängnisse mit strikenden Rosselenkern vollgestopft, die hinter ihren Gitterfenstern hohnlachend auf die in Schaaren vorbeipilgernden Fussgänger blickten.

Da traten als rettende Engel wieder die Gründer auf. Inmitten des Droschkenstrike erliessen die Herren Gustav Thölde, Carl Stöter, Ferd. Strahl, Directoren der „Centralbank für Genossenschaften“, Kaufmann Gustav Röhll, Director Wilh. Horn und Rechtsanwalt Ewald Hecker den Prospect der Actiengesellschaft für öffentliches Fuhrwesen, worin sie erklärten: „Eine radicale Reform ist auf dem Wege der polizeilichen Intervention nicht erreichbar; hierzu bedarf es anderer Mittel. Es muss der Betrieb des öffentlichen Fuhrwesens in die Hände der Gross-Industrie gelegt werden, die allein befähigt ist, wirklich bedeutende Resultate zu erzielen.“

Der Prospect verhiess 1200 neue Droschken und forderte dafür ein Actiencapital von — zwei Millionen Thaler, d. h. viermal mehr als „Central-Bazar“. Da man an Dividende mindestens $15^{1}/_{2}$ Procent herausrechnete, „mit Sicherheit“ aber „einen weit höheren Ertrag“ erwartete, war es nur in der Ordnung, wenn der 40procentige Interimsschein mit 50 aufgelegt wurde, was einem Course von 125 entspricht. Leider hat sich die Rentabilitäts-Berechnung als nichtig erwiesen. Zu einer Dividende kam es nicht, vielmehr schloss das erste Geschäftsjahr mit einem Deficit von 73,000 Thaler. Aber der „Aufsichtsrath" weiss sich zu helfen. Um die Unterbilanz aus der Welt zu schaffen, beschloss er, die Actien zusammenzulegen und so das Capital zu „reduciren" — ein nach dem „Krach" sehr beliebtes und in der That auch ganz probates Verfahren. Es wird einfach so und so vielen Actien der Hals umgedreht. Trotz dieser sinnreichen Manipulation gilt der einst mit 50 bezahlte Interimsschein nur noch ca. 10.

Die Gesellschaft eröffnete ihren Betrieb erst im Juni 1873, kam also für den Strike viel zu spät; und statt der verheissenen 1200 Droschken, stellte sie etwa 200, die sie zu hohen Preisen angeschafft hatte, und die sie nun auch zu hohen Preisen wieder vermiethen wollte. Die Pächter fanden ihre Rechnung nicht, kündigten in Masse oder sie fahren die Pferde erbarmungslos zu Schanden. Abgesehen von den grossen Verlusten, die dadurch die Gesellschaft erleidet — jeder Kutscher bestellt nur eine Caution von 25 Thalern

— müsste hier der Verein gegen Thierquälerei einschreiten, und die Herren Aufsichtsräthe sollten sich einmal die Lehre von der Seelenwanderung erklären lassen!

Auf den Strike und das Droschkenwesen überhaupt hatte weder Quistorp's „Central-Bazar“ noch Thölde's „Oeffentliches Fuhrwesen“ den geringsten Einfluss. Zwischen den Droschkenkutschern und dem Polizeipräsidenten kam ein Friedensvertrag zu Stande; der Tarif wurde bedeutend erhöht, und im Uebrigen blieb Alles beim Alten. Die „grosse Zeit“ der Gründungen hat nur die Zahl der Droschken etwas vermehrt, hingegen ihre Beschaffenheit keineswegs gebessert. Auch die Droschken „erster Classe“, die schon früher bestanden, sind inzwischen stark auf den Hund gekommen, unterscheiden sich in Betreff des Angespanns kaum noch von denen „zweiter Classe“. Die Pferde sind ebenso miserabel und erwecken in dem Fahrgast dieselben bösen Ahnungen.

Verwandte und ganz ähnliche Gründungen sind: Actiengesellschaft für Möbel-Transport und -Aufbewahrung. Ging gleichfalls aus einem Fuhrgeschäft hervor, das den Actionären mit 220,000 Thalern berechnet wurde. Emissionshaus: Moritz Ed. Meyer. Heutiger Cours ca. 20.

Berliner Spediteur-Verein. Actiencapital 550,000 Thaler. Emissionshaus: Alwin Philipp, Sechs Spediteure: Rosenberg & Löwe; Borchardt & Sachs; Herm. Cohn & Co.; Arnheim, Isaac & Co.; Moreau Vallette, R. Bergemann & Co. — warfen ihre Geschäfte zusammen, und liessen sie sich, d. h. blos die Kundschaft, mit 400,000 Thaler bezahlen. Das eingebrachte Inventar wurde besonders vergütet, und aus der Reihe der Verkäufer mehrere Directoren mit hohem Gehalt und Tantième angestellt. $16\frac{1}{2}$ Procent Dividende wurden versprochen, und 6 Procent für die drei ersten Geschäftsjahre garantirt, auch bisher bezahlt, indem die früheren Inhaber die nöthigen Zuschüsse leisteten. Cours noch ca. 30.

Allgemeine Transport-Gesellschaft. Wahrscheinlich von denselben Spediteuren gegründet und geleitet. Weiteres nicht bekannt.

Ausser den Droschken hat Berlin den Omnibus und die Pferdebahn nach Charlottenburg; neuerdings auch die Grosse Pferdebahn mit einer Anzahl von Linien ausserhalb und innerhalb der Stadt. Omnibus und Charlottenburger Pferdebahn sind Actiengesellschaften, die schon aus der Zeit vor der Schwindelperiode datiren und daher menschliche Gründungen. Bis 1870 rangen sie auch um ihre Existenz; mit dem Anwachsen und steigenden Verkehr der Hauptstadt haben sie sich, trotz mancher Mängel, ziemlich gut entwickelt und in den letzten Jahren hohe Dividenden vertheilt.

Die Grosse Berliner Pferdebahn konstituirte sich im November 1871, eröffnete die erste Linie im Juli 1873, und schreitet seitdem ununterbrochen und ziemlich rasch vor. Die ersten Zeichner waren: Banquier Joseph Pincuss, Dr. Martin Ebers, Assessor a. D. Plewe, Consul Herm. Kreismann, Director Gustav Dittmann und Dr. Georg Kurs. Schon die Namen dieser Herren, die sämmtlich noch bei verschiedenen andern Gesellschaften betheiligt sind, bürgen dafür, dass es keine billige Gründung war. Das Actiencapital ist neuerdings auf 3 Millionen Thaler erhöht worden. Dennoch gehört die Berliner Grosse Pferdebahn zu den wenigen Schöpfungen der Gründungsperiode, die einem wirklichen Bedürfniss entsprachen und die eine Zukunft haben. Wiewol die Dividende pro 1874 nur $4^3/_4$ Procent betrug, und solch hohe Dividenden wie bei der Charlottenburger Pferdebahn, aus mehrfachen Gründen nicht zu erwarten sind — notirt das Papier ca. 115.

Daneben gebar die „grosse Zeit" aber noch andere Pferde-Eisenbahn-Gesellschaften, die sich nicht besonders lebensfähig erwiesen haben:

Continental-Pferdebahn, mit Linien in Dresden und Hannover. Gründer resp. Aufsichtsräthe: Ingenieur Arnold von Etlinger, Fabrikbesitzer Gustav Schöpplenberg und Carl Egells, Banquiers Michael Julius Levinstein, Paul Gravenstein, Volkmar & Bendix, J. Mamroth, Julius Grelling, Alfred Wolff (M. Schie Nachfolger in Dresden.) Cours ca. 25.

Grosse Internationale Pferdebahn, mit Linien wo? Gründer: Hermann Geber, Eduard Stahlschmidt, Hermann Leubuscher, Stadtrath Carl Harnecker, Kaufmann Bernhard Maywald, Banquier Ferd. Jaques. Cours?

Deutsche Pferdebahn, mit Linien in Elberfeld-Barmen und Danzig-Oliva. Gründer: Heinrich Quistorp, Regierungsrath a. D. Albert Bühling, Ingenieur Johannes Büsing. Die Gesellschaft gerieth in Concurs; die Bahnen kamen unter den Hammer, fanden jedoch keinen Bieter; und auch nach Aufhebung des Concurses suchte Quistorp bisher vergeblich, sie los zu werden.

Die Gründer, immer besorgt für das Gemeinwohl, und daneben auch bedacht auf den Comfort ihrer Mitbürger, legten ferner noch zwei ganz besondere Eier: Admiralsgartenbad und Flora.

Im September 1872 verbanden sich die Herren Kreisgerichtsrath a. D. und Banquier Rudolf Parrisius („Deutsche Genossenschaftsbank"), Bureau-Chef Rudolf Bensemann, Baumeister Walter Kyllmann, Dr. med. Wilhelm Engmann, Dr. Alexander Jürgens und Dr. Bodinus, Director des Zoologischen Gartens — zur Errichtung einer eleganten Bade-Anstalt mitten in der Stadt, auf der Friedrich-Strasse. Das Grundstück hat die Gesellschaft sehr theuer erworben, und noch theurer hat sich der Bau gestellt. Das ursprünglich ausgeworfene Capital von 600,000 Thaler (500,000 Thaler Actien und 100,000 Thaler Hypothek) war gewiss hoch bemessen; trotzdem ist es um ca. 90,000 Thaler überschritten, und neuerdings wurde wieder ein „Betriebsfonds" von 40,000 Thaler gefordert.

Die Einnahmen im „Admiralsgartenbad" betrugen vom 1. Januar bis 1. Juni 1875 ca. 12,500 Thaler, die Ausgaben ca. 11,000 Thaler, was also einen überaus winzigen Reingewinn ergiebt. Wenn die Einnahmen nicht ganz bedeutend wachsen, was aber schwerlich zu erwarten ist*), kann bei der ausserordentlichen Belastung der Anstalt auf eine angemessene Dividende nicht gerechnet werden. Das Papier notirte in der letzten Zeit 17 Brief.

Noch trüber und grauer sind die Aussichten für die Actionäre der Flora, die eine lange ununterbrochene Leidensgeschichte hat.

Der im Sommer 1871 veröffentlichte Prospect enthält folgendes: Es soll ein der Kaiserstadt würdiges grossartiges Vergnügungslocal mit Sommer- und Wintergarten, Palmenhaus etc. errichtet werden. Zu diesem Zwecke ist in Charlottenburg der prächtige von Eckardtstein'sche Park nebst Schloss angekauft worden. Rentabilität mindestens 12 Procent, und freier Eintritt für die Actionäre resp. deren Familien. Unterzeichnet: Fürst von Putbus, Polizeipräsident von Wurmb, Hofgarten-Director Jühlke, Director Noodt, Geheimer Commerzienrath F. W. Krause, Consul H. Kreismann, Legationsrath Freiherr von Steffens, Rittergutsbesitzer Ludwig Ebers, Assessor a. D. G. A. Plewe.

Dieser Prospect wurde nicht nur durch die Zeitungen veröffentlicht, sondern convertirt und über Stadt

---

*) Bis zum 1. November wurden ca. 29,000 Thlr. eingenommen.

und Land versandt, den Leuten in's Haus geschickt. — Ein wohl zu beachtender Beitrag zur Unterbringung der Actien! Personen, die an ein Börsenpapier nie gedacht hatten, wie Pensionäre, alleinstehende Frauen etc., kauften jetzt Flora-Actien wegen des freien Eintritts in das Vergnügungslocal und wegen der stolzen Unterschriften, die der Prospect trug.

Möglich, dass Einige der Herren als Mitgründer keinen pecuniären Nutzen zogen, dass sie nur um der Sache willen beitraten und an die Sache glaubten: aber immerhin ist es zu bedauern, dass sie ihre Namen hergaben, und dadurch Tausende täuschen und schädigen halfen.*) Mit Recht brachte Ludolf Parisius die Angelegenheit im Abgeordnetenhause zur Sprache. Er tadelte, dass Herr von Wurmb, der Polizeipräsident von Berlin zum Gründungscomité der „Flora" gehöre; dass Herr von Brandt, der Polizeipräsident von Hannover, im Verwaltungsrath der beiden Vergnügungslocale „Tivoli" und „Bella Vista" sitze; und Herr von Gerhard, der Polizeipräsident von Magdeburg, als Auf-

---

*) Oeconomierath Noodt, Director des landwirthschaftlichen Clubs in Berlin, protestirte gegen den Ankauf der Eckardtstein'schen Grundstücke und trat dann, wie er öffentlich bekannt machte, aus dem Gründungscomité.

sichtsrath einer Bade- und Wasch-Anstalt fungire.
Graf zu Eulenburg, der Minister des Innern, hat denn
auch die drei Herren Polizeipräsidenten zum Austreten
veranlasst.

Wie bei der „Berliner Nordbahn", so hat man auch
bei der Flora das ganze Odium auf den Fürsten Putbus
zu wälzen gewusst. Die eigentliche Schuld des Fürsten
aber besteht darin, dass er bei der Flora und verschiedenen Eisenbahn-Concessionen sich vorschieben liess,
dass er sich mit Gründern und Börsianern einliess,
denen er in keiner Weise gewachsen war, für die er
die goldenen Aepfel nur herunterholte. Die eigentlichen
Urheber der Flora sind Herr J. A. W. Carstenn und
Rittergutsbesitzer Ludwig Ebers, welche das Park-
grundstück wieder vorgekauft hatten, und es der
Gesellschaft zu dem kolossalen Preise von 500,000
Thalern — die Quadratruthe Gartenland über 100
Thaler! — aufhalsten.

Von besonderem Interesse ist das Verzeichniss der
Personen, welche am 26. September 1871 die General-
Versammlung „der in Gründung begriffenen Actien-
gesellschaft Flora" bildeten. Wir finden darunter:
Vereinsbank Quistorp, Banquier Jean Fränkel,
Weissbier-Director Emil Gericke, Max Meyer

(Louis Pollack), Rentier Moritz Eisner, Dr. Ludwig
Eisner, „Volkswirth" David Born, „Volkswirth"
Dr. Ed. Wiss. Hofapotheker Holtz, Dr. Albert
Jausel, Kaufmann Josef Jausel, Dr. Martin Ebers,
Rechtsanwalt Franz Lorek, Baumeister Johannes
Otzen, Justizrath Julius Ahlemann etc. — Es war
einer der ersten Gründungsbraten, und von allen Seiten
kamen die, wir wollen sagen — Adler herbei.

Als ärztliche Banquiers behandelten die von Geburt
an sieche Flora nach und nebeneinander: Robert
Thode & Co., Heinrich Quistorp, Julius Grelling und wohl zu merken! Herr Jean Fränkel,
dessen Methode und dessen Honorar-Rechnung in der
letzten General-Versammlung grossen Anstoss erregte.
Herr Jean Fränkel, der, wie mancher Gründer, in seinen Verhältnissen etwas zurückgekommen sein soll.
nährt sich jetzt so ziemlich von der Flora.

Der Lucca-Cultus, hauptsächlich betrieben von
Juden und Börsianern, stand 1871 72 noch in einer
Nachblüthe. Das verwöhnte Theaterprinzesschen, er-
bost über die ihrer Collegin Mallinger gespendeten
Beifallsbezeigungen, erlaubte sich auf offener Scene
dem Publikum das Wort „Ungezogenheiten!" in's Gesicht zu werfen; und dasselbe Publikum beklatschte

diese Unverschämtheit. Damals wurde die Reclame verbreitet: Die göttliche Primadonna werde sich herbeilassen, in der Flora regelmässig zu singen; und so das Local eine ausserordentliche Anziehungskraft üben. Erster Director wurde Herr von Rhaden, der Gemahl der Lucca, und neben ihm fungirte **Dr. Martin Ebers.** Erster Cassirer ward **Dr. Albert Jansel,** später an Stelle von David Born, Director des „Landerwerb- und Bauverein".

Der Bau des Etablissements schleppte sich ungebührlich lange hin. stockte mehrfach, da die Mittel ausgingen, und verschlang unglaubliche Summen. Wahrscheinlich in Folge des schlechten Materials und der mangelhaften Arbeit, stürzte im März 1873 — im selben Monat, als die Droschkenkutscher strikten — der Dachstuhl des Grossen Saales ein; und sollen die unglücklichen Actionäre den ohnehin beträchtlichen Schaden noch doppelt haben bezahlen müssen. Zum Frühjahr 1873 hatte man die Eröffnung des Locals verheissen, aber erst im Mai 1874 fand sie theilweise statt, waren die ersten Garten-Anlagen fertig. Die Presse war zu einer kalten Collation geladen, und etliche ihre Vertreter versetzten sich, wie ein Localblatt ausplauderte, in stürmische Begeisterung. Im

November 1874 wurde der grossartig angelegte Con-
certsaal eingeweiht, aber vollendet ist er heute noch
nicht. Das ganze Etablissement ist noch unfertig, und
überhaupt unsolide aufgeführt. Ueberall, wo man
schärfer hinblickt, Flick- und Stückwerk, Lücken und
schäbige Surrogate. Die Hauptsache, der Park mit
den alten hohen Bäumen war vorhanden; im Uebrigen
hat der Obergärtner, Herr Glatt, geschaffen, was er
konnte. Das „Rosenparterre" erntete allgemeinen Beifall. Ludwig Pietsch hat es in der „Vossischen" auf
Mahnung einer jungen schönen Frau schwungvoll be-
sungen; und in der „Nationalen" erzählte von ihm
ein orientalisches Märchen der hochpoetische Director
des „Berlin-Charlottenburger Bauverein".

Die Flora, im Prospect auf 1,130,000 Thaler ver-
anschlagt, kostet den Actionären bereits über 2 Millionen. Die Prioritäts-Anleihen und die gekündigten
Hypotheken konnten nur mit ungeheuren Verlusten
angeschafft resp. neubesorgt werden. Dazu fehlt es
der Gesellschaft nicht nur immer wieder an „Betriebsfonds" — sie befindet sich auch ewig in Wechselverlegen-
heiten. Der Executor ist ihr Hausfreund, und eine
Version behauptet, dass man ihr im letzten Winter
das Gas und das Wasser abgeschnitten habe, ja,

dass man ihr bereits die Palmen (!) abgepfändet hatte. Auch der Vorstand wechselt beständig, und ein Director folgt rasch dem andern.

Der Generalversammlung am 29. April d. J. präsidirte Herr Julius Pickardt, ein vielfacher und bösartiger Gründer. Die vorgelegte Bilanz schloss mit einem Verlust von über 300,000 Thalern. Die ganze Buchführung erschien verdächtig; Posten im Betrage von 73,000 Thaler waren völlig unbelegt. Es entwickelte sich „die denkbar stürmischste Debatte". Die Directoren geriethen einander in die Haare, Herr Dr. med. Jacobius kam hart in die Enge, und die Actionäre verweigerten die Decharge. Es wurde eine „Revisions-Commission" beliebt, und in dieselbe verschiedene — Gründer gewählt. Ihr Bericht steht noch aus.

Auch sonst herrscht die tollste Misswirthschaft. „Aufsichtsrath" und „Vorstand" sind häufig zugleich Gläubiger der Flora, besitzen Wechsel auf dieselbe, oder haben sich Inventarienstücke verpfänden lassen. Die nöthigsten Utensilien sind zum Theil entliehen und kosten eine horrende Miethe. Auch die Restauration gab lange zu klagen, bis der Inhaber an einem schönen Junitage auf die Strasse flog; gerade als die in Charlottenburg tagenden Irrenärzte bei ihm zu diniren gedachten. Sein Nachfolger ist binnen wenigen Monaten bankerott geworden, aber nicht gerade durch seine Schuld. Man hatte ihm nur die Küche überlassen, nicht die Getränke; weder die Weine noch das Bier. Trotzdem musste er das ganze Heer der Kellner halten und lohnen. Das Bier schänkt für eigene Rechnung der — „Präsident des Aufsichtsraths", Herr Julius Pickardt. da er zufällig auch Generalpächter der Gratweil'schen Bierhallen im Geber'schen Industriegebäude ist.

Im letzten Sommer hatte die Flora ein paar Wochen ziemlich guten Zuspruch, indem von hier aus ein Französischer Luftschiffer seine Gondelfahrten unternahm. Mit ihm stiegen wiederholt ein paar Börsianer auf — um, wie der Volkswitz bemerkte, ihr Geschäft wieder etwas in die Höhe zu bringen. Vielleicht aus Mangel an Beschäftigung, oder auch, weil sie noch immer der Haber sticht. verfallen die Börsianer jetzt auf allerlei Allotria. So gaben sie neulich eine öffentliche Theater-Vorstellung, und namentlich ein noch jugendlicher Gründer machte seine Sache höchst effectvoll. Die Kinder Israel sind eitel genug, Alles können zu wollen, und sie können auch fast Alles, d. h. nachahmen, copiren, ausbeuten, verwerthen. Orginalität,

Erfindungsgabe und wirkliche Schöpferkraft sind ihnen versagt. Das Einzige, was sie selber erfunden und aus eigenem Vermögen geschaffen haben, sind die Gründungen.

Die 6procentigen Prioritäts-Obligationen der Flora notiren, weil die Zinsen mehr als unsicher sind und Ostern thatsächlich nicht gezahlt wurden, nur noch ca. 20. Die Actien stehen etwa 10; an heitern Tagen, wenn das Etablissement einigermafsen besucht ist, pflegen sie um ein viertel oder gar um ein halbes Procent zu steigen. Trotzdem hat der „Aufsichtsrath" schon verschiedentlich geplant, den Actionären auch noch das letzte Vergnügen, den freien Eintritt zu nehmen. Das aber wäre grausam, zumal dieses Vergnügen ohnehin nicht mehr lange dauern kann, bald genug von selber aufhören muss!

Dank gewissen Connexionen und Einflüssen, hat die Regierung, zur allgemeinen Ueberraschung, der Flora-Gesellschaft eine Lotterie im Betrage von 250,000 Thalern verstattet. Fürwahr, ein ebenso unverdientes wie nutzloses Geschenk, das der Flora wenig helfen wird, mit dem sich die Gründer nur wieder die Hände waschen werden! „Generaldebiteur" der Loose, die das Stück Einen Thaler kosten, und von denen „jedes gewinnen muss", ist natürlich Herr Jean Fränkel; und à Conto der Lotterie kündigt dieser Finanzkünstler nun die nachträgliche Einlösung der am 1. April fällig gewesenen Zinscoupons an; ohne dass deshalb die Prioritäten im Course steigen, denn das Publikum traut der Verzinsung nicht und hat, durch Erfahrung gewitzigt, einen heiligen Respect vor Allem, was von Jean Fränkel kommt.

Die Lotterie wird der Flora nicht mehr helfen wie die Luftfahrten der Börsianer. Auch die allergrösste Theilnahme des Publikums kann sie, bei einer Passivlast von über zwei Millionen Thaler, nicht wieder auf die Beine bringen. Sie wird dem Schicksal des Concurses ebenso sicher verfallen, wie ihr letzter Restaurateur. Arme unglückliche Flora! Nie ist ein Weib, und dazu noch eine Göttin, so misshandelt, so schamlos ausgeplündert und bestohlen worden!

"Central-Bazar" und "Oeffentliches Fuhrwesen", "Möbel-Transport" und "Spediteur-Verein", "Deutsche", "Continental-" und "Grosse Internationale Pferdebahn", "Admiralsgartenbad" und "Flora" — das sind die Früchte der "grossen Zeit", und wie Jedermann sehen kann, lauter faule Früchte. Darum fragen wir: Wo sind die "grossen Dinge"!? — --

X.

Die Culturkämpfer.

Worin der Unterschied zwischen den antiken und den modernen Gründern
besteht — Deutsche Baugesellschaft — Die Markthallen — Was das „Abwarten besserer Zeiten" kostet — Deutsche Eisenbahn-Baugesellschaft —
Eine Speisekarte für Actionäre — Die Manchesterleute schreien nach Staatshülfe — Berliner Stadtbahn — A fonds perdus — Herr Miquel giebt den
Ausschlag — Pommer'sche Centralbahn und Berliner Nordbahn, von Herrn
Kieschke und Herrn Eugen Richter bekämpft — „Voranschlag" und „vor-
läufiger Kosten-Entwurf" — Deutsche Reichs- und Continental-Eisenbahn-
Baugesellschaft — Posen-Creutzburg — Herr von Kardorff contrahirt mit
sich selber — Jacob Landau's Dreieinigkeit — Das „Finanz-Consortium" —
Herr von Kardorff predigt gegen den Gründungsschwindel — Wie die
„grossen Häuser" in den Parlamenten vertreten sind — Warum die Seehandlung fallen muss — Erdmannsdorfer Spinnerei und die Königlichen
Leihämter — Die verflossene Preussische Bank und die neue „Reichsbank"
des Herrn Ludwig Bamberger — Herr von Kardorff schwimmt „gegen
den Strom".

Wir haben Alle gehört von den Helden der sagen-
haften Vorzeit und von ihren Grossthaten im Dienste
der Menschheit. Sie verjagten die Räuber, erlegten
wilde Thiere und schreckliche Ungeheuer, rotteten
Sümpfe und Wälder aus und machten sie urbar, gründeten Städte, Staaten und Colonien, errichteten Tempel
und vereinigten die Stämme und Völker durch Ein-

setzung von gemeinsamen Festspielen. Sie rangen und kämpften für die Cultur, für die Civilisation, und so wurden sie die Lieblinge der Menschen und der Götter; die Menschen erwiesen ihnen göttliche Verehrung, und die Götter machten sie zu ihres Gleichen, verliehen ihnen Unsterblichkeit und ewige Jugend. — Wir kennen auch aus der Griechischen und Römischen Geschichte die Männer, die sich bei Mit- und Nachwelt grosse Ehre, hohen Ruhm erwarben, indem sie Theater, Gymnasien und öffentliche Bäder anlegten, Strassen und Häfen, Kanäle und Brücken, Wasserleitungen und Kloaken erbauten; indem sie Werke schufen, deren Ueberreste noch heute, nach Verlauf von Jahrtausenden, Bewunderung und Staunen erregen.

Solche Culturkämpfer und Helden der Civilisation traten auch neuerdings in Deutschland auf, und unter mächtigen Trompeten- und erderschütternden Posaunenstössen verkündigten sie ihre Pläne und Absichten. Sie wollten die Städte ausbauen und verschönern, die Bedürfnisse und Ansprüche ihrer Mitbürger in jeder Hinsicht befriedigen; sie versprachen gute und billige Wohnungen, allerhand verbesserte Einrichtungen, neue Eisenbahnen, Häfen etc.; sie verhiessen eine reiche Blüthe von Handel und Wandel, einen mächtigen Aufschwung der gesammten Cultur und der allgemeinen Wohlfahrt.

So wiederholt sich Alles in der Weltgeschichte, und jede Zeit hat ihre grossen Söhne. Nun besteht aber doch zwischen den antiken und den modernen Cultur-kämpfern ein kleiner Unterschied. Jene erhielten Lohn und Ehre hinterher, erst nach vollbrachter Arbeit; diese waren so vorsichtig, beides gleich vorweg zu nehmen. Jene schufen aus eigenen Mitteln, auf eigene Kosten; diese hatten ihre Hände sofort in den Taschen des Publikums und beutelten dasselbe gründlich aus. Jene verrichteten wirkliche Thaten; diese beliessen es meist bei Versprechungen. Jene schufen Werke, die sie noch Jahrhunderte überlebten; diese brachten es in der Regel nur zu Anfängen und Ansätzen, ihre Schöpfungen wurden gar nicht fertig, oder sie liegen schon wieder in Ruinen, in Trümmern und Schutt.

Die Culturkämpfer von heute sind die Gründer; und in diese Kategorie gehören vorzugsweise die Verfasser folgender Gesellschaften, die sich mit einem ebenso grossartigen wie allgemein und unbestimmt gehaltenen Programm einführten, kolossale Summen beanspruchten und zum Theil auch erhielten, aber von den über-schwenglichen Verheissungen so gut wie nichts erfüllten, entweder völlig scheiterten und zerschellten, oder doch gegenwärtig gar kläglich auf dem Trocknen sitzen:

Deutsche Baugesellschaft. Gründer resp. Aufsichtsräthe: Commerzienrath Adalbert Delbrück, Berthold Bensemann und Ad. Levien (Berliner Bankverein), Stadtverordneter Johann Georg Halske, Baron Eduard von der Heydt, Benoit Oppenheim (R. Oppenheim & Sohn), Fr. Meyer (E. J. Meyer), Dr. Mitscha und Ad. Schenk (Wiener Bankverein), Graf Othenio Lichnowsky in Wien. Directoren: Oberbürgermeister a. D. Kieschke und Stadtrath a. D. Risch. Actiencapital 6 Millionen Thaler, mit 70 Procent Einzahlung. März 1872 wurde der 40procentige Interimsschein durch Delbrück, Leo & Co. an die Börse gebracht und mit 48 Thalern bezahlt; heute gilt der 70procentige Interimsschein ca. 15 Thaler. Der ursprüngliche Cours verhält sich also zu dem jetzigen wie 120 zu $21\frac{1}{2}$.

Deutsche Eisenbahn-Baugesellschaft. Gründer resp. Aufsichtsräthe: Reichstagsmitglied Dr. juris Fr. Hammacher in Essen; Consul und ehemaliges Reichstagsmitglied Gustav Müller; Abgeordneter Stadtrath a. D. Adolf Hagen und Director Julius

Weissenburger (Deutsche Unionbank); Theodor Henoch, Carl Coppel; Heinrich Fromberg (Schlesischer Bankverein); Mitteldeutsche Creditbank; Julius Schiff (Gebrüder Schiff); früheres Reichstagsmitglied Edgar Ross in Hamburg; Friedrich Grillo in Essen, Julius May, Kurt Klotz und Gebrüder Sulzbach in Frankfurt a. M.; Internationale Bank und Norddeutsche Bank in Hamburg etc. Directoren: Wirklicher Geh. Ober-Regierungsrath Hartwich, Eisenbahndirector Windthorst und Baurath Mellin. Actiencapital 6,138,000 Thaler. Die Actien, gleichzeitig an den Börsen zu Berlin, Breslau, Hamburg und Frankfurt a. M. eingeführt, und bis 120 getrieben, stehen heute ca. 10.

Nicht zu verwechseln mit dieser Gründung ist die Deutsche Eisenbahn-Baugesellschaft zu Frankfurt a. M.; am 13. September 1871 in die Welt gesetzt von den Baronen Rafael von Erlanger, Ludwig von Erlanger und Simon Moritz von Bethmann, den Herren Franz Borgnis, Zacharias Königswarter, Isaak Königswarter und Regierungsrath Fr. Wiesenbach — über deren Thaten schon lange nichts verlautet.

Deutsche Reichs- und Continental-Eisenbahn-

Baugesellschaft. Gründer resp. Aufsichtsräthe: Baron Carl von Rothschild in Frankfurt; Geh. Commerzienrath Gerson von Bleichröder, Commerzienrath Ritter von Schwabach, Commerzienrath Jacob Landau und Banquier Wilhelm Ledermann in Berlin; Wilhelm Behrens (L. Behrens & Söhne) in Hamburg; Assessor Paul Gaspardt Friedenthal (Breslauer Discontobank); Ritter Theodor von Hornbostl und Ritter Moritz von Goldschmidt in Wien; Rechtsanwalt Hermann Makower; Reichstagsmitglied, Rittergutsbesitzer von Kardorff-Wabnitz; Geh. Legationsrath Graf Hatzfeld-Wildenburg, Kammerherr Baron von Rosenberg, Generaldirector Richter in Berlin. Vorstand: Regierungsbauräthe Adolf Schweitzer und Wilhelm Schultze und Regierungs-Assessor Leo Poschmann. Grundcapital 10 Millionen Thaler, worauf 40 Procent eingezahlt. Der 40procentige Interimsschein, zunächst mit 55 bis 65 Thalern bezahlt, notirt heute ca. 10 Thaler; was also einem Coursverhältniss von 160 zu 25 entspricht.

Baugesellschaft für Eisenbahn-Unternehmungen. F. Plessner & Co. Gründer: Banquier Jacob Löb Eltzbacher in Cöln, Geh. Commerzienräthe Albert Borsig und Paul Mendelssohn-Bartholdy, Commerzienrath Adalbert Delbrück, Banquiers Ferd. Güterbock und Julius Alexander, Baumeister Carl David Schultze und Ferd. Plessner, Bank-Agent Theodor Hertel, Landrath Ernst Otto Schubarth, Justizrath John Simson, Geh. Oberbaurath a. D. Eduard Koch in Magdeburg. Actiencapital schliesslich 4 1/2 Millionen Thaler. Die Gesellschaft ist bankerott. Die einst bis 180 getriebenen Actien sind völlig werthlos; und ist es ein wahrer Unfug, dass sie trotzdem von der Börse noch immer notirt werden.

General-Baubank. Gründer resp. Aufsichtsräthe: Baron Oscar von Reinach und Baron Ludwig von Erlanger in Frankfurt a. M.; Commerzienrath Victor Ludwig Wrede, Banquiers Paul Gravenstein und Adolf Abel, Carl Schlesinger (Ostdeutsche Bank), Geh. Regierungs- und Baurath a. D. von Derschau, Regierungs- und Baurath Friedrich Keil, Baumeister Heinrich Meske, Josef Herborn und Carl Fischer, Gerichts-Assessor a. D. Hermann Löwenfeld etc. Actiencapital 3 Millionen Thaler, mit 40 Procent Einzahlung. Die Gesellschaft befindet sich in Liquidation.

Imperial-Grunderwerb- und Bauvereins-Bank.
Gründer: Ephraim Aren in Stettin, Emil Laudé, Gabriel
Landsberger, Carl Görke, Carl Brüning, Alexander
Lodomez, Rentier Gottfried Fromm, Verlagsbuch-
händler Albert Cohn, Weinhändler Ferdinand Wuts-
dorff, Dr. Eduard Krause, Banquier Dr. Hermann
Grünfeldt in Dresden, Bauunternehmer Friedrich
Klimitz in Charlottenburg, Banquier Joh. Gottfried
Schulz in Schwerin, Joh. Ed. Langhans in Hamburg, Rittergutsbesitzer Heinrich Hermann etc.
Directoren: Banquier Emil Loeckel, Stadtrath a. D.
Theodor Risch. Die Gesellschaft kam erst nach
dem „Krach" und nach langen Wehen zu Stande,
kaufte eine Reihe von Grundstücken und suchte
sie mit eigenen Actien zu bezahlen, was auch vielfach glückte. Dem Unternehmen begegnete, wie
„Saling's Börsenpapiere" Theil IV, 4. Auflage,
bemerken, von vorne herein wenig Vertrauen und
nach ein paar Monaten drohte es bereits zusammen-
zubrechen. Verschiedene Grundstücke wurden sub-
hastirt. Actiencapital nicht weniger als 19 Millionen
Thaler!! Cours? — Gegen Rittergutsbesitzer Hermann schwebte ein Untersuchungsverfahren, das
aber auch im Sande verlaufen zu sein scheint.

Cuxhavener Eisenbahn-, Dampfschiff- und Hafen-Actien-Gesellschaft. Gründer resp. erste Zeichner: Baron Victor von Magnus, Geh. Commerzienrath Paul Mendelssohn-Bartholdy, Reichstagsmitglied Dr. Braun-Wiesbaden, Dr. Julius Faucher, Stadtrath Albert Löwe, Geh. Regierungsrsth Dr. Esse, Corvetten-Capitain z. D. Olberg, Gustav Kutter in Berlin; A. N. Zacharias, Rob. M. Sloman, J. E. Langhans (J. Greve & Co.), G. W. Reye und Reichstagsmitglied Gustav Adolf Schön in Hamburg; J. H. Hagenah in Stade etc. Actiencapital 20 Millionen Thaler, wovon zunächst 8 Millionen emittirt wurden. Die Actien sollten bis zur Vollendung des mehr als grossartigen Unternehmens 6 Procent „Bauzinsen" geniessen. Cours?

Gleichzeitig mit dieser Gesellschaft und im innigen Anschluss an dieselbe entstand die Cuxhavener Immobilien-Gesellschaft, und waren hier die Verfasser, ausser den schon genannten Jürgen Heinrich Hagenah, G. A. Schön, Joh. Ed. Langhans — die Herren Charles Ernst David, R. A. Seelig und Eduard Stahlschmidt (Hermann Geber). Grund-Capital 12,00,000

Thaler. In Betreff des Courses kann man in „Saling's Börsenpapieren" lesen: „Es ist wiederholt der Versuch gemacht worden, die Actien in den Börsen-Berichten als „gehandelt" auftreten zu lassen." — — —

Alle diese Gründungen hatten auf ihre Fahne mit riesengrossen Lettern den Culturkampf geschrieben: und wir wollen nun berichten von ihren Kämpfen und Erfolgen, von ihren Leiden und Schicksalen.

Die Deutsche Baugesellschaft*) war bei der Gründung, wie dies aus den Mittheilungen an die Börsenblätter hervorgeht, über ihren eigentlichen Zweck sich nicht recht klar, und verfolgte dann gleichzeitig eine Menge von Projecten. Sie wollte die Ackerstrasse und die Marienstrasse durchlegen, und legte auch wirklich die Vossstrasse nach dem Thiergarten durch. Sie „betheiligte" sich bei verschiedenen Bauunternehmungen und Terrain-Speculationen in Berlin und ausserhalb, und half zwei andere Baugesellschaften gründen: die „Hôtel-Gesellschaft"*) und die „Actien-Gesellschaft für Bauausführungen". Sie gedachte endlich — und das war die Hauptsache — in Berlin zwölf bedeckte

---

*) Vgl. S. 169 ff.

Markthallen zu erbauen, als Ersatz für die auf öffentlichen Plätzen stattfindenden Wochenmärkte.

Die Idee war nicht neu, sondern bereits einmal gescheitert. Schon im Jahre 1867 erhielt Berlin durch Strousberg eine Markthalle am Schiffbauerdamm, aber das Vergnügen dauerte nur sieben Monate, und endigte dann aus Mangel an Theilnahme, wegen Abneigung des Publikums wie der Verkäufer. Ein Kunstreiter pachtete später die pensionirte Markthalle und verwandelte sie in einen Circus. Trotz dieser üblen Erfahrung wollte die Deutsche Baugesellschaft zwölf neue Markthallen errichten; und der Magistrat, der seit Herrn Oberbürgermeister Hobrecht sehr zu Experimenten und kostspieligen Neuerungen neigt, war flink dabei; ja er war sogar bereit, sich an der neuen Markthallen-Actien-Gesellschaft mit einem Zehntel des Capitals zu betheiligen. Auch der Polizei-Präsident, Herr von Wurmb, hatte seine Zustimmung gegeben; aber dessen Nachfolger, Herr von Madai, erhob Bedenken. Er fürchtete, und mit Recht, dass solche Ueberlassung der Marktstätten an eine Privatgesellschaft führen könne zur Monopolisirung des Marktverkehrs, zur Verdrängung der Producenten durch Zwischenhändler, und so zur Vertheuerung sämmtlicher Lebensmittel. Das Ministe-

rium legte schliesslich sein Veto ein, und das Markthallen-Project fiel. zur Freude und höchst wahrscheinlich auch zum Gewinne des Publikums.

Die Deutsche Baugesellschaft aber stand mit einer
Menge von aufgekauften Grundstücken da, und der
inzwischen eingetretene „Krach" verleidete ihr auch
die Lust zu allen andern Unternehmungen. „Sie
wartet bessere Zeiten ab", und beschränkt sich, wie
der „Lindenbauverein", auf das Vermiethen der zahlreichen Häuser. Leider ist dieses Abwarten und Sich-
beschränken für die Actionäre recht kostspielig. Wiewol die Deutsche Baugesellschaft seit zwei Jahren
feiert, hat sie doch an Handlungsunkosten pro 1873
— 42,000 Thaler, pro 1874 — 30,000 Thaler, davon
an Gehältern 21,888 Thaler und resp. 15,820 Thaler
verausgabt. Die „Generalversammlung" hat diese er-
staunlichen Handlungsunkosten, diese splendiden Gehälter und die aus wenigen summarischen Posten bestehende geheimnissvolle Bilanz — der Grundbesitz
ist einfach mit 5,791,000 Thaler angegeben — sonder
Anstand genehmigt: denn 50 Actien geben erst
Eine Stimme.

Noch viel kläglicher steht da, noch weit ärger
verspeculirt hat sich die Deutsche Eisenbahn-

Baugesellschaft. Nach ihrer Ansicht litt das Deutsche Eisenbahnnetz an vielen Lücken; und sie ging nun daran, diese Lücken auszufüllen. Ihre Unternehmungen waren bald so zahlreich und so mannigfach, dass das ursprüngliche Capital von 5 Millionen Thaler weitaus nicht zureichte. Man beschloss, dasselbe auf 20 Millionen zu erhöhen; aber nur noch 138,000 Thaler fanden Abnahme, und weitere 1,000,000 Thaler wurden an ein Consortium verkauft.

Im Uebrigen erzielte die Gesellschaft, nach dem letzten Geschäftsbericht, folgende Resultate: 1) Von dem Bau der Holländisch-Westfälischen Eisenbahn trat sie zurück mit einem Verlust von 126,000 Thaler. 2) Das Project der Niederrheinisch-Westfälischen Kohlenrevierbahn liess sie fallen mit einem Schaden von 145,000 Thaler. 3) Bei dem Bau der Unstrutbahn (Naumburg-Artern) verlor sie 160,000 Thaler. 4) Bei der Concession für die Lemförde-Bergheimer Bahn büsste sie ein 263,000 Thaler und wahrscheinlich auch die bestellte Caution mit 300,000 Thaler. 5) Das Project der Berliner Südwestbahn kostete ihr 105,000 Thaler. 6) Der beabsichtigte Betrieb der Touage auf der Oder, der gleichfalls verunglückte, liess ihr auf dem Halse zwei Tauer-Dampfer und ein 6 Meilen langes Drahtseil.

7) Ausserdem besitzt sie eine Menge sehr theuer erworbener Grundstücke in Berlin, Charlottenburg, Dortmund, Essen etc., die zu Buch stehen mit 11½ Millionen Thaler (!!) und hypothekarisch belastet sind mit 6½ Millionen Thaler (!!!). Arme betrogene Actionäre, was sagt Ihr zu dieser Speisekarte?! — Selbstverständlich legte der Wirkliche Geheime Ober-Regierungsrath Hartwich die Direction, die er, wie damals die Blätter meldeten, mit specieller Erlaubniss des Reichskanzlers übernommen hatte, nach solchen Erfolgen nieder.

Der Deutschen Baugesellschaft wollte der Magistrat bei dem Markthallen-Project zu Hülfe kommen, aber die Regierung litt es nicht: der Deutschen Eisenbahn-Baugesellschaft dagegen sprang die Regierung, auf den Schmerzensschrei der Herren Hammacher und Genossen, selber bei. Während die Manchesterleute sonst gegen jede Staatshülfe zetern, bettelten sie hier um Staatshülfe, und der Staat erbarmte sich ihrer.

Die Deutsche Eisenbahn-Baugesellschaft vermochte die projectirte Südwestbahn nicht zu bauen, und sie musste auch auf den Bau der Berliner Stadtbahn verzichten, für welche sie eben eine Masse von Grundstücken in der theuersten Zeit erworben hatte. Auf

ihr Betreiben bildete sich nun zum Zweck der „Stadtbahn" eine besondere Actiengesellschaft mit einem
Grundcapital von 16 Millionen Thaler, welcher auch
die Regierung mit 7 Millionen beitrat. Von den rest-
lichen 9 Millionen zeichneten 5 Millionen die Berlin-
Potsdam-Magdeburger, die Magdeburg-Halberstädter
und die Berlin-Hamburger Bahn, und 4 Millionen die
Deutsche Eisenbahn-Baugesellschaft, welcher die neue
Stadtbahn-Gesellschaft jetzt einen Theil der Grundstücke
in Berlin und Charlottenburg zu einem Preise, „zehn
Procent unter dem Buchwerth", abnahm; das bedeutet hier, zu einem unverantwortlich hohen Preise,
der den wirklichen Werth der Grundstücke vielleicht
um das Doppelte übersteigt. Dieses „Geschäft" war
der eigentliche Kern der Association; bei welcher
merkwürdigerweise auch die Herren Consul Gustav
Müller und Banquier Julius Schiff — zwei bemooste Gründer — figuriren.

Als die Vorlage an das Abgeordnetenhaus kam,
stiess sie hier auf scharfen Widerspruch, und der
Handelsminister gerieth merklich in Verlegenheit.
von Kirchmann, Hoppe, Lasker und Virchow traten
nach einander in die Schranken und führten Folgendes
aus: Die Vorlage habe hauptsächlich den Zweck, einer

bankerotten Gesellschaft zu Hülfe zu kommen; und die Regierung setze sich dem Vorwurf aus, dass sie Geld habe für verunglückte Speculanten, aber nicht für nothleidende Arbeiter. Weil bereits die Verbindungsbahn bestehe, sei die neue Stadtbahn gar kein Bedürfniss, und überdies erfülle sie nicht entfernt den eigentlichen Zweck, da sie kein Netz, nur eine Linie bilde. Sie werde und könne sich nie rentiren, und die sieben Millionen, welche der Staat beisteuere, seien vorweg *à fonds perdus* zu schreiben.

So schlagend diese Einwände auch waren, sie fruchteten nichts. Herr Miquel, der Verbündete der Disconto-Gesellschaft und der Führer des Hauses, gab sein „Urtheil" dahin ab: Die Gelegenheit ist günstig, und wenn der Staat sie versäumt, kann das Unternehmen später nicht allein das Doppelte, nein, das Zehnfache kosten. — Nach Herrn Miquel war also nicht ein Fallen, sondern noch ein Steigen der Grundstücke in und um Berlin zu erwarten! — Mit grosser Majorität, nur gegen die Stimmen der vier Opponenten, wurde die Vorlage genehmigt.

Weit ungnädiger, weit härter bewiesen sich Handelsminister und Abgeordnetenhaus, als es sich um Uebernahme der durch die Lasker'schen „Enthüllungen" in so üblen Ruf gekommenen Pommerschen Centralbahn und Berliner Nordbahn handelte. Hier glaubte man auf die Actionäre, die Alles verloren haben, nicht die geringste Rücksicht nehmen zu dürfen; hier wurden die bestellten Cautionen ohne Erbarmen eingezogen. Herr Kieschke, der Mitgründer des Kaiserhofs und der Vater des Markthallenprojects, declamirte gegen Staatshülfe und gegen Schädigung des Nationalvermögens. Herr Eugen Richter, der gefeierte Finanzgelehrte des Hauses, der aber — was billig auffallen muss — bisher noch nie ein Wort gegen das Treiben der Gründer und Börsianer hatte; der im Gegentheil diesen Leuten bei Gründung der Bamberger'schen „Reichsbank" auch seinerseits hülfreiche Hand leistete — Herr Eugen Richter sang jetzt das alte abgeleierte Lied vom Geheimrath Wagener und vom Fürsten Putbus, als ob er aus dem Heer der Gründer nur diese beiden Dilettanten kenne.

Hier waren nicht 7 Millionen, sondern nur $2^3{}_4$ Millionen verlangt, und dazu für ein Object, das, wie Herr von Benda bemerkte, einen ungleich höhern Bauwerth und mindestens den gleichen Abbruchswerth repräsentirt; hier handelte es sich um keinen fragwürdigen Neubau, sondern um Vollendung zweier Bahnen, von denen die nach Neu-Brandenburg und

Stralsund fruchtbare Kreise durchschneidet, und jedenfalls ein langjähriges Bedürfniss ist. Dennoch wäre
die Vorlage kaum durchgegangen, hätte man nicht gewusst, dass hinter ihr der entschiedene Wille des Fürsten
Bismarck und resp. des Kaisers stehe.

Kommen wir noch einmal auf die „Deutsche Eisenbahn-Baugesellschaft" zurück, so hat ihr die Unterstützung der Regierung nicht viel geholfen. Auch nach
Abtretung der nöthigen Grundstücke an die Stadtbahn,
bleibt ihr noch immer ein grosser kostspieliger Besitz,
ein wahrer Ballast, der ihr den Athem benimmt, der
sie früher oder später erdrücken wird. Und in Betreff der „Stadtbahn" selber ist die Prophezeiung des
Abgeordneten von Kirchmann nur zu schnell einge-
troffen. Noch ist nicht einmal endgültig die Linie
gezogen, und schon überschreitet der „vorläufige Kosten-
entwurf" den ursprünglichen Anschlag um $2^1{}_2$ Millionen
Thaler. Der wirkliche Bau aber wird, wie Sachver-
ständige versichern, sich noch weit höher stellen, und
der Staat kann sich auf einen hübschen Zuschuss gefasst machen.

Die Deutsche Reichs- und Continental-
Eisenbahn-Baugesellschaft hat sich, trotz der
ellenlangen Firma, nur mit zwei Bahnen versucht:

Weimar-Gera und Posen-Creutzburg; und dieselben
bisher auch nicht einmal fertig stellen können. Ausserdem erwarb sie, was jedenfalls sehr überflüssig war,
die Königin Marienhütte zu Kainsdorf bei Zwickau,
welche den Actionären gut $2^3/_4$ Millionen Thaler kostet,
und im letzten Jahre einen Reingewinn von etwa
$3/_4$ Procent (!) gebracht hat. Die Gesellschaft vertheilte regelmässig Dividenden, wiewol ihre Einnahmen
hauptsächlich in Zinsen der disponiblen Fonds, also des
eigenen Capitals bestanden: pro 1873 — 8 Procent, sowie dem „Aufsichtsrath" 49,000 Thaler Tantième (!);
pro 1874 — 4 Procent.

Posen-Creutzburg ist eine Bahn, über deren Be-
rechtigung und Erspriesslichkeit starke Zweifel herrschen. Sie läuft mit ihren 27 Meilen neben der Rus-
sischen Grenze hin, berührt lauter kleine Orte und
verkürzt den alten Schienenweg über Breslau um ein
sehr Geringes. Posen-Creutzburg gehört zu den Bahnen, mit welchen sich in Folge der Lasker'schen
„Enthüllungen" die Special-Untersuchungs-Commission
befasste; und der sonst sehr zahme Bericht findet hier
doch mancherlei ausser aller Ordnung.

Herr von Kardorff-Wabnitz ist Gründer und
Aufsichtsrath der Bahn, und zugleich Gründer und

Aufsichtsrath der Deutschen Reichs- und Continental-
Eisenbahn-Baugesellschaft, welche die Bahn baut. Die
Baugesellschaft wurde überhaupt nur zum Zwecke der
Bahn gegründet, und erhielt den Bau in General-
Entreprise. Man überliess ihr das gesammte Actiencapital im Nennwerthe von 12 Millionen Thaler; aus
dem Erlös sollte sie sich bezahlt machen und ausserdem an die Actionäre bis zum 1. Juli 1875 fünf Procent „Bauzinsen" gewähren. Als Dritter in diesem
schönen Bunde existirt noch das Finanzconsortium, ein
Verein von Bankhäusern (S. Bleichröder, Jacob Landau etc.), welche die Actien zum Course von 73 (also
mit 27 Procent Abzug) versilberten, und die Auszahlung
der „Bauzinsen" übernahmen; letzteres gegen die kleine
Vergütung von 650,000 Thaler!

Zwischen den drei Consortien wurden die Kreuz
und die Quer verschiedene Verträge, allgemeine und
separate, officielle und geheime, geschlossen, und sie
bewilligten einander die Kreuz und die Quer eine Reihe
erklecklicher „Provisionen" oder Trinkgelder. Herr von
Kardorff war als Gründer und Aufsichtsrath der Bahn und
zugleich als Gründer und Aufsichtsrath der Baugesellschaft mehrere Mal in der interessanten Lage, mit sich
selber zu contrahiren. Diese Doppelstellung wurde

vom Königlichen Eisenbahn-Commissariat für „unzulässig" erachtet, worüber Herr von Kardorff sich beschwerte; indess hielt auch der Handelsminister die Entscheidung „aufrecht". Und Herr von Kardorff wird wieder noch in Schatten gestellt von dem Commerzienrath Jacob Landau, welcher sonder Verlegenheit in allen drei Consortien sass, zugleich dem Aufsichtsrath der Bahn, der Baugesellschaft und dem Finanzcomité angehörte, also bei jedem Vertrage dreimal in Einer Person fungirte!

Das Finanzconsortium hat natürlich den grössten Schnitt gemacht; ausser der Provision für Auszahlung der „Bauzinsen" mit 650,000 Thaler, verdiente es bei Versilberung der Actien durchschnittlich 4 bis 5 Procent, das heisst nochmals 5 bis 600,000 Thaler. Von wirklichen Einzahlungen auf die Actien ist, bis auf die Zeichnungen der betreffenden Kreise, welche die Bahn durchschneidet — und diese Zeichnungen betragen etwa ein Zehntel des Grundcapitals — nicht die Rede gewesen; und die Generalversammlung der Actionäre wie der Handelsrichter wurden auf Grund des famosen Actiengesetzes in bester Form getäuscht.

Wie erstaunlich war es nun, Herrn von Kardorff am 10. Juni d. J. im Abgeordnetenhaus zu hören, wie er plötzlich die Regierung anklagte, sie habe das Gründungstreiben und die Ueberspeculation begünstigt. Dieser Vorwurf ist neuerdings von den Gründern mehrfach erhoben, natürlich um sich in etwas zu reinigen; aber er ist doch nicht so ganz ohne. Herr von Kardorff wies auf die traurige Lage unserer Industrie hin, welche die Wirthschafts-Politik der Regierung mitverschulde; er bemerkte ganz richtig, dass die gegenwärtige Krisis noch im Steigen begriffen sei, und seine Rede gipfelte in den denkwürdigen Worten: Ich hielt es für nothwendig, vor dem Lande zu erklären, dass wenigstens einige Leute sich um diese Fragen bekümmern. (Allgemeine Bewegung!)

Herr von Kardorff kehrte sich namentlich gegen den Finanzminister Camphausen, den er „zum Theil als den intellectuellen Urheber unserer wirthschaftlichen Verirrungen" betrachte. Auf Veranlassung des Finanzministers hatte die Seehandlung im Jahre 1872, während des Gründungsschwindels, der Disconto-Gesellschaft aus den Beständen des Staatsschatzes drei Millionen Thaler gegen $2\frac{3}{4}$ Procent Zinsen und ohne Unterlage geliehen. Allerdings ein starkes Stück, das sogar die Oberrechnungskammer bemängelte, und das nun Herrn von Kardorff zu seiner Philippika reizte. Er bezeichnete die Existenz der Seehandlung als eine verfassungswidrige; er warf ihr vor, dass sie Geschäfte mache, die eines Staatsinstituts unwürdig seien, dass sie jede Bankpolitik gefährde und den Geldverkehr überhaupt durchkreuze. Er verkündigte für die nächste Session einen Antrag auf Aufhebung der Seehandlung.

Im Parlament wie im Publikum schüttelte man die Köpfe und fragte: was bedeutet das? — Nun es bedeutet, dass die grosse Discontogesellschaft und das grosse Haus S. Bleichröder, die sonst immer so hübsch mit einander gehen, sich irgendwie veruneinigt haben; oder doch, dass jenes riesige Darlehn, gegen so geringen Zinsfuss und ohne jede Sicherheit, den Neid und die Eifersucht von S. Bleichröder erweckt hat. Beide grossen Häuser haben im Reichstag wie im Landtag ihren Vertreter; die Discontogesellschaft hat, ihren Miquel, und S. Bleichröder hat seinen von Kardorff.

Jene Philippika bedeutet, dass die Seehandlung den grossen Financiers ein Dorn im Auge ist, und dass sie allernächstens aus der Welt geschafft werden soll, nachdem sie in den letzten Jahren schon verschiedentlich beschnitten wurde. „Der Staat darf nicht Industrie noch Handel treiben", ist die ewige Predigt der Manchesterleute; und sie haben ein Staats-Institut nach dem andern zu beseitigen gewusst. Die Seehandlung musste die Erdmannsdorfer Spinnerei verkaufen, welche dann Robert Thode & Co. und Richard Schweder in eine Gründung verwandelten, deren Actien heute ca. 20 notiren. Die Seehandlung muss auch die bisher Königlichen Leihämter in Berlin aufgeben, damit der kleine Mann den Vampyren der Pfandleiher und Rückkaufswucherer völlig überliefert werde.*)

---

*) Die Königlichen Leihämter sollten der Stadt Berlin überlassen werden, aber der Magistrat hat sich wiederholt gegen die Uebernahme erklärt. Der Hochweise Magistrat betrachtet die Sache einfach als „Geschäft", und wiewol sonst nichts weniger als sparsam und wirthschaftlich, findet er dieses „Geschäft" nicht „rentabel" genug. Er leugnet sogar, dass ein Bedürfniss vorliegt, meint vielmehr, dass die Leihämter nur der Lüderlichkeit und Vergnügungssucht der untern Classen Vorschub leisten. — — Die „Väter der Stadt" scheinen nicht zu wissen, dass der Arme in der Regel nach dem Leihhaus wandert, um sich und seiner Familie das Leben zu fristen, ja auch wol, um den Steuererheber zu befriedigen. Zu allen Zeiten ist das Leihhaus die Bank und fast die einzige Zuflucht der kleinen Leute; aber gegenwärtig, wo ein allgemeiner Nothstand herrscht und immer bedrohlicher anwächst, werden die Leihämter auch bereits von den Mittelclassen stark angegangen.

Die Stadtverordneten traten dem Beschlusse des Magistrats bei. Nur 22 Stimmen waren für Uebernahme der Leihämter, 43 dagegen. Zur Majorität gehörten eine Schaar von Juden, Gründern und Gründergenossen, sowie die beiden Abgeordneten Virchow und Richter. Herr Eugen Richter, der grosse Volkstribun, that gelassen den Ausspruch: die Leihämter dienen vorzugsweise

Nachdem die Preussische Bank, die theilweise ein Staatsinstitut war, glücklich in die „Reichsbank" umgewandelt worden, die eine reine Actiengesellschaft ist; nachdem die „Meistbetheiligten" der Preussischen Bank — das sind die grossen Financiers, die Matadore der Börsianer und Gründer — mit Hülfe der Herren Ludwig Bamberger und Genossen glücklich zu „Reichsbank-Antheilseignern" erhoben sind, und damit jede Concurrenz todt gemacht ist, soll nun auch das

dem Leichtsinn. Dagegen plaidirte er im Reichstag für die Eisenbahn-Gesellschaften, denen er zu Lasten des Postfiscus ein artiges Geschenk zuwenden wollte; worauf der General-Postmeister ihm entrüstet zurief: Das Reichsfass soll wieder einmal angezapft werden! Herr Richter meinte: wenn nicht Reichsfass, dann Publikum; und schien nicht abgeneigt, selbst eine Erhöhung der Portotaxen zu bewilligen. Aus diesen Vorgängen wollen „Staatsbürger-Zeitung" und andere Blätter den Schluss ziehen, dass Herr Richter sich zu sehr für das Klein- wie für das Grosswucherthum begeistere; und drohen, wenn er diese Leidenschaft nicht zügele, ihn kalt zu stellen.

Gegen den Beschluss von Magistrat und Stadtverordneten, also für Uebernahme der Leihämter haben sich die meisten Bezirksvereine erklärt, und sich dadurch in der öffentlichen Meinung wieder etwas rehabilitirt. Auch die „Vossische" und andere Zeitungen traten, zu Gunsten der armen Leute, warm für Erhaltung der Leihämter ein. Gegen dieselben, als „unvolkswirthschaftlich", eiferten u. A. die „Tribüne" und die „Volkszeitung" des Herrn Franz Duncker, das echt demokratische „Organ für Jedermann"; dessen Redakteur, Herr Sachse, in öffentlichen Vorträgen ebenso entschieden die Börsensteuer bekämpfte.

letzte Bankinstitut fallen welches der Preussische Staat noch besitzt — die Seehandlung.

Herr von Kardorff, ein vielseitiger Charakter, ist aus einem Saulus jüngst ein Paulus geworden; hat seinen Freunden, den Manchesterleuten, in Form einer Brochüre den Absagebrief geschrieben. Das Schriftchen ist, wie eine Zeitungsreclame meldet, „gegen den radicalen Freihandel gerichtet, welcher wol Spediteuren und reichen Zwischenhändlern Vortheile in die Hände spielt, in seinen Consequenzen aber zu den ungünstigsten Handelsbilanzen, dem Ruine zahlreicher einheimischer Industriezweige und dadurch zur Verarmung eines grossen Theiles des Arbeiterstandes führen muss". — Herr von Kardorff hat diese menschenfreundliche Brochüre höchst pathetisch „Gegen den Strom!" genannt; aber wir glauben nicht, dass der Verfasser, sonst ein so praktischer Mann, im Ernst gegen den Strom schwimmen wollte. Nein, er merkt, dass von Varzin her ein anderer Wind weht; er meint, dass die Manchesterleute in der Regierung, namentlich die Herren Camphausen, Delbrück und Michaelis zu wackeln anfangen, und darum nimmt Herr von Kardorff mit Grazie seinen Rückzug — denn ein leckes Schiff verlassen die Ratten.

XI

Noch die Culturkämpfer.

Was ist die „General-Entreprise"? — Strousberg und seine Jünger — Ferdinand Plessner und Landrath Schubarth — Ein klassischer Bankerott — „Pfandgläubiger" und Gründerverdienste — Rechtsanwalt Krönig und Baumeister Gottheiner accordiren — Herr Lasker inquirirt Herrn Plessner — Ferdinand Plessner „verrechnet" sich und geht unter die Schriftsteller — Was er seinen Gläubigern bietet — Berlin-Dresdener Eisenbahn — General-Baubank — 2500 Thaler Trinkgeld und 27 Groschen Dividende — Herr Gerichts-Assessor a. D. Hermann Löwenfeld — Elbinger Eisenbahnbedarf — Geheimrath Moritz Simon und Frau Strousberg — Eisenbahngesellschaft Erfurt-Hof-Eger — Herr Löwenfeld antwortet Herrn Lasker — Gründer-Dialektik und Gründer-Moral — Lasker's Reden und der „Krach" — Herr Ludwig Bamberger legt sich auf's Weissagen — Die „Volkswirthe" halten Lasker an den Rockschössen zurück — Die Gründer und Gründergenossen im Parlament — Lasker's Diplomatie und seine „verehrten Freunde" — Die Hölle lacht — Hoher Cours der Ehrlichkeit — Warum soll Lasker nicht Minister werden? — Excellenz Delbrück überrascht den Reichstag mit einem Witz — Herr von Kardorff warnt vor „Popularitätshascherei", nennt die Börse den „Magen im staatlichen Organismus". und vergleicht Lasker mit Robespierre — Herr Sonnemann klagt an, Herr von Bennigsen entschuldigt sich, und Lasker erklärt den Gründern von Neuem den Krieg. — Die Bahn Harburg-Stade und Dr. Braun-Wiesbaden — Cuxhavener Eisenbahn-, Dampfschiff- und Hafen-Actiengesellschaft — Jürgen Heinrich Hagenah, der „General-Entrepreneur" — Cuxhavener Immobilien-Gesellschaft — Der Hamburger Staatsanwalt und seine Collegen in Preussen — „Verschleierungen" — Ein Präjudiz des Preussischen Obertribunals — Was die „Schöpfungen" der Culturkämpfer eigentlich zu bedeuten haben.

„General-Entreprise" und „in Regie bauen" sind Gegensätze. Eine Bahn wird „in Regie" gebaut, wenn sie die betreffende Gesellschaft selber und mit baarem

Gelde baut. Bei der „General-Entreprise" dagegen wird nicht nur die ganze Ausführung des Baus, sondern auch die Beschaffung des Bahnkörpers, der Ankauf der Terrains einem General-Unternehmer überlassen, und die Gesellschaft bezahlt ihn mit Papier, mit ihren Actien, die er nun verwerthen mag. Er kann sie nur verwerthen an der Börse, mit Hülfe von Banken und Bankhäusern, die sie ihm entweder lombardiren (beleihen), oder zu einem bestimmten Course, natürlich stets unter Pari (100), abnehmen, und dann das Publikum damit beglücken. Der General-Unternehmer erleidet bei Versilberung der Actien einen Verlust, der sich auf 20, 30, ja 50 und mehr Procent stellt; ferner muss er die Gründer der Bahn abfinden, denen er Trinkgelder, „Provisionen" geheissen, von Hunderttausenden oder gar Millionen zahlt; und endlich hat er den Actionären Jahre lang „Bauzinsen" zu gewähren.

Selbstverständlich wird mit Rücksicht auf diese Ausfälle und Abzüge das Actiencapital möglichst hoch gegriffen, so hoch als die Staatsregierung es nur gestattet. Die Gründer dingen und feilschen förmlich mit der Regierung, und wissen sie durch eine Menge von Pfiffen und Kniffen regelmässig zu täuschen; oder sie setzen eine nachträgliche Erhöhung des Actiencapi-

tals durch. Eine Bahn, die in „General-Entreprise"
gegeben wird, kostet den Actionären- gewöhnlich noch
einmal so viel als eine solche, die „in Regie" gebaut
wird; und ihre Ausführung ist weit unsolider. Der
General-Unternehmer sucht bei den Materialien wie bei
den Arbeiten nach Möglichkeit zu sparen; und da er
seine Agenten, Lieferanten, Handwerker etc., wenigstens zum Theil, auch mit Actien bezahlt, stellen diese
die höchsten Preise und leisten dafür das Allernoth-
dürftigste.

Die „General-Entreprise", wie man sieht, ein ebenso unreelles wie unmoralisches Verfahren, wurde von
Strousberg erfunden; oder eigentlich, da sie in England und Frankreich schon früher bestand, von ihm
nach Deutschland verpflanzt. Strousberg war lange
Jahre der Günstling des Preussischen Handelsministers,
des arglosen Grafen Itzenplitz. Als dieser aber das
wahre Wesen der „General-Entreprise" endlich errieth,
wurde der „Eisenbahnkönig" ihm unangenehm; und es
ist nun fast komisch zu sehen, wie der Minister bei
spätern Eisenbahn-Concessionen sich den grossen „Doctor"
ausdrücklich verbittet; wie aber trotzdem auch dann
noch hinterher fast immer wieder Strousberg oder doch
die „General-Entreprise" zum Vorschein kommen.

Denn im Laufe der Zeit hatte sich das „System Strousberg“ zu einer Schule ausgebildet, und der „Culturheros“ fand Nachahmer und Concurrenten.

Ein solcher Generalunternehmer war auch der Baumeister Ferdinand Plessner; der im Wege der „General-Entreprise“ eine Reihe von Bahnen baute; sich im März 1870 von Löb Eltzbacher, Mendelssohn-Bartholdy, Albert Borsig, Adalbert Delbrück, Ferdinand Güterbock, Julius Alexander, Theodor Hertel und Genossen in eine „Commanditgesellschaft auf Actien“ verwandeln liess, und damit den Titel „Bau-Director“ annahm. Das Unternehmen galt für solide und vielverheissend, die Actien stiegen bis 180, wurden von den Banquiers im guten Glauben ihren Kunden empfohlen, und vom Publikum mit Vorliebe genommen. Man erhöhte das Actiencapital von ursprünglich 1½ auf 3 und dann auf 4½ Millionen Thaler, und vertheilte in den Jahren 1870 bis 1872 — 5, 11 und resp. 14 Procent Dividende. Nach dieser Glanzperiode schied der zweite Gesellschafter, Landrath a. D. Schubarth aus*), und es traten für ihn ein Rechtsanwalt Krönig

*) Landrath Schubarth trat als Director zur Rheinischen Baugesellschaft in Cöln über, von der auch nur Trübes zu melden ist. Dieselbe wurde im März 1872 aus der Taufe

aus Herford und Baumeister Gottheiner. Mit den
Dividenden war es vorbei, und im Januar 1875 musste
der Concurs eröffnet werden.

Die Activa der Masse betragen ca. $\frac{1}{2}$ Million, die
Passiva ca. $9\frac{1}{2}$ Millionen Thaler. Von den Passivis
oder Schulden sind aber durch Pfänder gedeckt ca.
4 Millionen Thaler, und zu den glücklichen Pfand-
gläubigern gehören auch die Mitgründer Men-

gehoben von: A. & L. Camphausen, Advocat-Anwalt Robert
Esser II, Justizrath Herbertz, von Kauffmann-Asser, Director
E. Königs (Schaaffhausen'scher Bankverein). W. Rautenstrauch
& Co., Heinrich Stein in Cöln; Consul G. Gebhard in Elberfeld,
Commerzienrath A. Heimendahl in Crefeld; Generaldirector
M. Neuenburg in Kalk; Oberbaurath Schmidt in Wien und
Stadtrath a. D. Abgeordneten Adolf Hagen (Deutsche Union-
bank) in Berlin. Der Prospect versprach Alles, und der Vor-
stand leistete Vieles. Man kaufte zu den höchsten Preisen
Häuser und Grundstücke in Cöln, Coblenz, Aachen, Barmen,
Solingen, Brüssel, Kissingen, Chemnitz, Berlin etc. etc. Man
machte in Bergwerken, Marmorgruben und Steinbrüchen; man
„betheiligte" sich an Terraingeschäften und allerhand Specu-
lationen, bei denen etliche der Herren Aufsichtsräthe persönlich
interessirt sein sollen; man übernahm faule Actien und machte
Schulden. Der Schaaffhausen'sche Bankverein, welcher zu den
Gründern gehörte, wurde Gläubiger der Gesellschaft und
kündigte ein Guthaben von 200,000 Thaler. Das Actiencapital von 3 Millionen Thaler wurde mit 40 Procent Einzahlung zum Course von 108 (oder eigentlich 120) aufgelegt, wobei die Gründer von vorne herein baare 240,000 Thaler einstrichen. Zur Zeit notirt der einst mit 48 Thalern bezogene
Interimsschein 2 oder 1 Brief! — —

delssohn & Co., Delbrück, Leo & Co. Die andern
Gläubiger haben etwa 10 Procent, unter Umständen
auch nur 3^{1}_{2} Procent zu erwarten. Der Concurs ist
wahrscheinlich viel zu spät angemeldet; jedenfalls hätte
die Gesellschaft liquidiren müssen, und sie ist zu diesem Schritt auch schon vor Jahr und Tag, sowol von
Gläubigern wie von Actionären gedrängt worden. Die
im Mai 1874 veröffentlichte Bilanz ergab noch einen
Vermögensrest von 45 Procent! Nun ist das Actiencapital von 4^{1}_{2} Millionen Thaler verschwunden; die
Actien sind Maculatur, aber wie schon erwähnt, werden sie an der Börse noch immer gehandelt.

In einer hiesigen Börsenzeitung erschien ein Inserat, welches an die Gründer Mendelssohn, Delbrück,
Borsig etc. die Frage richtete, ob sie es der Ehre
halber nicht für geboten erachteten, jetzt nach Ausbruch des Concurses, folgende von der Gesellschaft
bezogene Posten zurückzuerstatten: a) ihren Gründergewinn, b) die bei der zweiten Emission zu 120 eingesteckten 20 Procent Agio, c) das Agio bei der dritten
Emission, d) die pro 1872 eingesteckten 88,000 Thaler Gratification an Verwaltungsrath und Direction. —
Antwort ist nicht erfolgt.

Wie man doch irren kann! Herr Ferdinand Plessner galt für einen wohlhabenden, wenn nicht für einen reichen Mann; aber der zugleich über sein Privatvermögen verhängte Concurs ergab auch hier ein grosses Deficit. Sein Haus in der Wilhelmstrasse ist werth 211,000 Thaler und mit 250,000 Thaler Hypotheken belastet! In der Privatmasse der beiden andern Gesellschafter Krönig und Gottheiner „liegt nichts". Dennoch waren diese beiden Herren so nobel, ein Accordverfahren zu beantragen und den Gläubigern je ein Zehntel Procent zu bieten. Herr Krönig hat sich schnell gefasst und sich wieder als Rechtsanwalt anstellen lassen; und ebenso kehren viele andere Beamte, die zu den Gründern und Börsianern übergetreten waren, jetzt nach dem Krach eilfertigst in den Staatsdienst zurück, wo sie wol besser zu entbehren wären.

Es liegt eine wunderbare Ironie in dem Umstande, dass von der Special-Commission zur Untersuchung des Eisenbahnconcessionswesens auch Herr Plessner als Sachverständiger vernommen ward, und dass Lasker, welcher die Untersuchung fast ausschliesslich führte, an diesem Manne seinen ganzen Scharfsinn übte. Herr Plessner äusserte gelegentlich, dass er als Privatunternehmer dreimal so viel verdient habe wie als

Gesellschafter. Herr Plessner war auf die Finanzleute, welche ihm die Actien versilbern, gar nicht gut zu sprechen; aber er sah keine Möglichkeit, sich von ihnen zu emancipiren — es wäre denn die Ausgabe der Actien unter Pari (100); was das Gesetz bekanntlich verbietet. Selbstverständlich hielt er die „General-Entreprise" für unentbehrlich, und er hielt sie auch für praktisch und vortrefflich. Nach seiner Ansicht bauen die Privatgesellschaften billiger als der Staat, wenn auch etwas einfacher und dürftiger; aber darum nicht viel unsolider. — —

Nach dem „Krach" fing Herr Plessner an, sich fast überall und immer zu „verrechnen". Er verrechnete sich bei Erfurt-Hof-Eger, bei Oels-Gnesen, Altenburg-Zeitz und bei vielen anderen Bahnen. Die an Zahlungsstatt übernommenen Actien sanken fortwährend im Course und waren zum Theil gar nicht mehr zu versilbern. Ein Vertrag nach dem andern musste mit schmerzlichen Opfern gelöst werden; grosse Posten Actien mussten zurückgeliefert und hohe Cautionen im Stich gelassen werden. Die Jahre des Börsen- und Gründungsschwindels hatten die „General-Entreprise" gross gezogen wie den Kürbis des Propheten Jona — wir beziehen, wenn wir von der Börse sprechen, unsere Gleichnisse gern aus dem Alten Testament — aber der „Krach" stach ihr in's Haupt und liess sie in einer einzigen Nacht verdorren.

Auch Herr Ferdinand Plessner hat sich durch das Schicksal des Bankerotts nicht beugen lassen. Während des Concurses bezog er eine „Competenz" von fünf Thalern täglich, und hielt nun· „unverfroren" Vorträge, schrieb Brochüren etc. So schrieb er: „Noch ein Wort zur Anregung des Baues der Localbahnen und Einrichtung eines billigen Eisenbahnbetriebes" — worin er den Regierungen und dem Publikum gute Lehren ertheilt; und die Presse, eingedenk ihrer früheren Beziehungen zu dem „General-Entrepreneur", empfahl das Schriftchen als „sachlich" und „pikant". In der That muss die gute Laune des Concursifex bewundert werden, und es ist mehr als „pikant", wenn er z. B. äussert: — — Es giebt „Bahnen, die alle 2 bis 3 Meilen Entfernung eine sogenannte grössere Station haben. mit 10, 15 oder überhaupt soviel Minuten Aufenthalt, als der Zugführer «Bierlieb» braucht, um mit den spendablen Reiseonkeln die usancemässigen Töpfchen zu trinken, während die Passagiere inzwischen Zeit haben, selbst der hartnäckigsten Verstopfung Meister zu werden." — —

Auch Herr Ferdinand Plessner war geneigt zu accordiren, und bot seinen Gläubigern — $^2/_3$ Procent;
was höchst grossmüthig genannt werden muss, denn
in der Masse liegen nur $^1/_6$ Procent, und seine Privat-
und Gesellschafts-Schulden betragen zusammen an 10
Millionen Thaler. — — —

Zu den Bahnen, gegen welche der Abgeordnete
Lasker seine Angriffe richtete, gehört auch Berlin-
Dresden; und die Special-Untersuchungscommission
hat sich auch mit ihr beschäftigt. Sie wurde 1872
von folgenden Herren gegründet: H. C. Plaut, Adolf
Abel (S. Abel jr.), Paul Gravenstein; Victor
Ludwig Wrede, Max Sabersky, Commerzienrath
Feodor Zschille in Grossenhain, Geh. Oberregierungs-
rath und Eisenbahndirector Ludwig Heise, Geh. Hof-
rath Robert Dohme, Buchhändler Ferdinand Schneider,
Sächsischer Legationsrath Wolf Hugo von Lindenau.
Ritterschaftsdirector Leo von dem Knesebeck auf
Jühnsdorf, Landrath Prinz Handjery. Nach mehrfachen
Verhandlungen über die Höhe des Grundcapitals, setzte
der Handelsminister dasselbe auf $10^1/_2$ Millionen Thaler fest und verwarf ausdrücklich die „General-Entreprise“. Die Gründer gelobten „in Selbstregie“ zu
bauen, und übertrugen die Ausführung an die Gesell-

schaft der „vereinigten Bauunternehmer". Bald kam es jedoch zu Differenzen, und der Vertrag wurde gelöst. Die „vereinigten Bauunternehmer" und auch noch andere Personen erhielten Abfindungen, zusammen etwa 350,000 Thaler; und der Uebertritt des Geheimraths Heise von der Rechten Oder-Ufer-Bahn zur Berlin-Dresdener kostete gleichfalls 50,000 Thaler.

Nun wurde die General-Bau-Bank gegründet, zum Theil von denselben Personen, wie Adolf Abel, Paul Gravenstein, Victor Ludwig Wrede — und dieser der Bau übertragen. Die Gründer contrahirten wieder mit sich selber, nämlich als Eisenbahn- und zugleich als Baugesellschaft; und ausserdem bildeten sie drittens das Finanzconsortium, welches die Actien versilberte. Sie übernahmen die Stammactien im Nennwerthe von 5¼ Millionen Thaler zum Course von 70 und schlugen sie mit ca. 82 los; sie übernahmen die Stammprioritätsactien in gleichem Betrage zum Course von 83 und boten sie mit 90 aus, sollen aber mit diesen sitzen geblieben sein. Landrath Prinz Handjery wurde mit 350,000 Thalern „betheiligt", und erzielte, wie er bei seiner Vernehmung gestand, einen Gewinn „von 20,000 bis 30,000 Thaler". — Die Summe scheint ihm zu unbedeutend gewesen zu sein, als dass

er sie genau im Gedächtniss behalten; und er verfügte
später darüber zu Gunsten des Kreises Teltow.

Berlin-Dresden ist 1875 eröffnet, und man darf sie im
Interesse des Publikums begrüssen, denn sie macht
der Berlin-Anhalter, die sich bis dahin allmächtig
dünkte und aller Klagen und Beschwerden spottete,
eine heilsame Concurrenz. Ob aber auch die neue
Bahn mit der nöthigen Solidität erbaut und der Betrieb zureichend organisirt ist, darüber lauten die
Stimmen verschieden; jedenfalls befindet sich die Gesellschaft schon lange in finanziellen Verlegenheiten,
und sie unternimmt jetzt eine Anleihe von $4^1\!/_2$ Millionen
Thaler. Die Stamm-Actien stehen etwa 20.

Ausser Berlin-Dresden erbaute die General-Bau-
Bank nur noch die Militärbahn von Berlin über Zossen
nach Spremberg. Wie sie dabei gefahren, ist schwer
zu ersehen. Nach der Bilanz pro 1873 bestanden
ihre Einnahmen hauptsächlich in einem „Zinsenüber-
schuss", aus welchem sie $3^1\!/_2$ Procent Dividende und
dem Aufsichtsrath 2500 Thaler Tantième zahlte. Bei
solch kleiner Dividende ist das „Trinkgeld" für den
Aufsichtsrath ziemlich befremdend; und nach einem
Zeitungsbericht zu schliessen, hat es auch Reclamationen veranlasst und ist theilweise zurückerstattet

worden. Pro 1874 wurden 1 ¹/₈ Procent Dividende gegeben, entfielen auf jede Actie ganze 27 Silbergroschen; und in der Generalversammlung am 5. Februar 1875, wo 17 Actionäre 2700 Stimmen vertraten — jeder Actionär durchschnittlich 158 Stimmen — beschloss man die Liquidation der Gesellschaft und erwählte zum Liquidator Herrn Löwenfeld.

Herr Gerichts-Assessor a. D. Hermann Löwenfeld ist seit der Gründungsepoche eine vielgeschäftige und vielgewandte Persönlichkeit, und neuerdings namentlich bei Entgründungen thätig. Er ist Director der wieder von den Herren H. C. Plaut, Paul Gravenstein und Victor Ludwig Wrede gegründeten Centralbank für Industrie und Handel, Mitgründer und jetzt Liquidator der General-Bau-Bank, Mitgründer der Baugesellschaft Berliner Neustadt, Aufsichtsrath der Berlin-Dresdener Bahn, Liquidator der Bahn Erfurt-Hof-Eger, früherer Aufsichtsrath der 1875 an Entkräftung verschiedenen Elbinger Actiengesellschaft für Fabrikation von Eisenbahn-Material etc. etc. Bei allen diesen Gesellschaften macht er in den Generalversammlungen bald den Vorsitzenden, bald den Antragsteller oder Referenten; hält Reden oder besorgt diplomatische Missionen.

So erschien Herr Löwenfeld in Elbing, woselbst

unter den Hammer kamen die Grundstücke und Fabrik-
anlagen jener bankerotten Gesellschaft, welche einst
H. C. Plaut, Paul Gravenstein, Oberbürgermeister
a. D. Philipps etc. durch Umwandlung der Firma Ham-
bruch, Vollbaum & Co. gegründet hatten. Die Fabrik,
die in der Bilanz pro 1873 noch zu Buch stand mit
ca. 1,500,000 Thaler, wurde einem der Gläubiger, dem
Geh. Commerzienrath Moriz Simon aus Königsberg,
für 320,000 Thaler, also für ein Fünftel, zugeschlagen:
und Herr Löwenfeld, der frühere Aufsichtsrath, gab
jetzt als Gläubiger ein noch geringeres Gebot ab.
Augenscheinlich hatten die Herren Bieter sich verständigt, und der Concurs-Verwalter wollte auch zunächst
gegen den Zuschlag protestiren, liess sich jedoch beschwichtigen. So erhalten die andern Gläubiger ca.
20 Procent ihrer Forderungen, während die Actionäre
natürlich wieder Alles verloren haben. — Herr Simon,
der bekannte Königsberger Gründer, dem der Bankerott
des dortigen Banquier Jacob eine mehrwöchentliche
Gefängnissstrafe eintrug, welche die Gnade des Kaisers
in eine hohe Geldbusse umwandelte — trat die erstan-
dene Fabrik dem grossen „Doctor" Strousberg ab:
und dieser liess sie, wahrscheinlich aus Vorsicht, nämlich in Erwartung seines neuen Sturzes, auf den Namen

seiner Gattin schreiben. Frau Strousberg ist jetzt die nominelle Besitzerin, aber Herr Simon hat bereits die gerichtliche Sequestration der Fabrik beantragt, und dieselbe wird vermuthlich nächstens wieder veranctionirt werden.

Wir kehren zu Herrn Löwenfeld zurück. Dieser Börsen-Diplomat erschien auch zu Erfurt in der Generalversammlung, welche die Liquidation der wieder von H. C. Plaut, Paul Gravenstein, Ludwig von Erlanger in Frankfurt gegründeten Eisenbahn-Gesellschaft Erfurt-Hof-Eger beschloss, und liess hier eine längere in vieler Hinsicht hochinteressante Rede vom Stapel.

Diese Rede ist — man sollte es nicht glauben — wesentlich gegen Lasker gerichtet. Eduard Lasker erhob im Februar 1873 von der Tribüne des Preussischen Abgeordnetenhauses seine Anklage gegen die Gründer; und im Juni 1874 antwortete ihm auf einer Generalversammlung von Actionären, Namens der Gründer, Hermann Löwenfeld. Lasker's Rede wurde von der gesammten Presse wiedergegeben, in vielen Separatabdrücken verbreitet; Herr Löwenfeld liess seinen Speech in den Zeitungen als Inserat erscheinen, was ihm resp. seinen Freunden ein hübsches Stück Geld gekostet hat. Aber diese Rede ist ein charakteristisches Zeichen der Zeit, und sie verdient in den weitesten Kreisen bekannt zu werden. Sie übertrifft durch elegante Form weit die Lasker'sche, und sie ist ein Meisterstück von Dialektik — wir meinen, Dialektik im Sinne einer gewissen Griechischen Philosophenschule.

Herr Löwenfeld erklärt, das Verfahren bei Eisenbahn-Gründungen, welches Lasker so heftig verurtheilt, also die „General-Entreprise", die „Provisionen" oder „Trinkgelder" der Gründer und Financiers — seien die nothwendige Folge des Actiengesetzes vom 11. Juni 1870. „Lasker", sagt Löwenfeld, „stellt seine hohen Ansprüche ohne eine Spur der Beschämung, die den Urhebern jenes Gesetzes wohl anstehen würde. Denn wenn Missstände vorliegen, so trifft das Gesetz die Schuld, nicht aber Diejenigen, welche es auf die ihnen bequemste Weise handhaben." — — Gegen diesen Ausspruch und gegen diese Logik lässt sich leider nicht viel einwenden. Allerdings ist das Actiengesetz, wie wir schon öfter nachgewiesen haben, völlig verfehlt; es bietet den Uebertretern tausend Maschen zum Durchschlüpfen, es leitet zum Uebertreten förmlich an. „Gesetzlich erlaubt ist, was gesetzlich nicht verboten ist", folgert Herr Löwenfeld und will damit sagen:

Ein Gründer braucht sich nur um das Strafgesetz zu
kümmern; die Moral geht ihn nichts an. — Allerdings
gehört Lasker mit zu den Gesetzgebern; aber er war
doch der Einzige, der gegen das Gesetz Bedenken erhob
und die kannibalischen Gelüste der Herren Hammacher.
Braun, Miquel und anderer „Volkswirthe" etwas zu
zügeln suchte.

Nach Herrn Löwenfeld haben Lasker's „Enthüllungen" den ganzen „Krach" und speciell auch das Fiasco
der Bahn Erfurt-Hof-Eger verschuldet, „dem wirthschaftlichen Leben des Volkes für viele Jahre eine
tiefe Wunde geschlagen". — Man sieht, wie geschickt
Herr Löwenfeld Ursache und Wirkung verwechselt.
Was thatsächlich die Gründer und die Gründungen
vollführten, sollen Lasker und seine Rede gethan haben.
Nein, Herr Löwenfeld! Ohne Gründer und ohne
Schwindel kein „Krach"; und auch ohne Lasker's Rede
— so sicher, wie die Nacht dem Tage folgt — der
Krach!! Lasker ist an dem „Krach" so unschuldig
wie ein neugeboren Kind, und seine Rede hat den
„Krach" nicht einmal schneller zum Ausbruch kommen
lassen; wie wir das leicht beweisen können.

Schon im December 1872 verspürten die Börsen
den Krach in allen Gliedern, schon damals suchten

die Gründer und Börsianer ihren Raub in Sicherheit zu bringen. Ein grosser Berliner Banquier, der eine lange Reihe von Gründungen auf dem Gewissen hat, schloss bereits Ende 1872 sein ganzes Geschäft; und ein anderer professioneller Gründer, Mitverfasser des blutigen Lindenbauverein schrieb — der betreffende Brief liegt uns vor — an einen unglücklichen Actionär: Die Zeit scheint mir bedenklich; ich kaufe nichts mehr. — Mit dem Jahre 1873 brach, wie Herr Löwenfeld selber anführt, auf dem Geldmarkt eine grosse „Deroute" aus; und gleichzeitig ging der Abgeordnete Ludwig Bamberger, früher Banquier in Paris, unter die Propheten und weissagte: Die Börse ist jetzt bei den Bergwerken, und die Bergwerke sind, wie meine Erfahrungen lehren, stets der letzte Act des Dramas. Wir nähern uns der Katastrophe. — Lasker ist ein intimer Freund Bamberger's, und als er im Februar 1873 seine Rede hielt, ahnte gewiss auch er, dass der Krach heranziehe.

Auch hat man ihm ja vorgeworfen, dass er seine Anklage viel zu spät, erst post festum erhoben; und dieser Vorwurf liegt nahe. Lasker's Rede, etwa ein Jahr früher gehalten, mitten in den Gründungsschwindel geschleudert, hätte diesen vielleicht unterbrochen, ihn gelähmt und abgekürzt. Und thatsächlich wollte Lasker schon weit früher vorgehen. Schon am 17. April 1872 machte er im Reichstag gelegentlich aufmerksam „auf die betrügerischen Grundsätze bei den Gründungen der Gegenwart"; bedauerte, dass das Actiengesetz so arg gemissbraucht werde und sprach die Hoffnung aus, das Haus werde sich mit dieser Calamität noch in der laufenden Session befassen. Schon damals, mitten im Gründungstreiben, beabsichtigte Lasker, bestimmte Anträge gegen den verbrecherischen Schwindel zu stellen; aber das Preussische Abgeordnetenhaus wie der Deutsche Reichstag wimmeln von Manchesterleuten und „Volkswirthen", und diese hielten Lasker an den Rockschössen zurück.

Seine spätern „Enthüllungen" boten. wie Herr Löwenfeld ganz richtig bemerkt, weder der Börse noch der Regierung etwas Neues. Trotzdem sind und bleiben sie eine That und ein Verdienst. Als Lasker sich am 7. Februar 1873 erhob, sassen um ihn, dicht gedrängt, die Gründer und Gründergenossen. Während er seine stundenlange Rede redete und, um sich anzufeuern, ein Glas Wasser nach dem andern trank, schwitzten jene Blut, ihre Lippen verfärbten sich und ihre Augen suchten den Boden. Während sie nach

Athem rangen, schrieen sie „Hört! Hört!“ und „Bravo,
Bravo!“; und als er geendet, schlichen sie an ihn
heran, drückten ihm krampfhaft die Hände und über-
schütteten ihn mit Glückwünschen.

Lasker's „Enthüllungen“ waren freilich nur mangel-
haft und einseitig. Sie behandeln einige wenige Eisenbahn-Gründungen untergeordneter Art, und seine Angriffe richten sich ausschliesslich gegen ein paar conservative Gründer, gegen blosse Dilettanten, die sich
von professionellen Gründern haben vorschieben lassen.
Man hat sein Auftreten sogar eine edle Dreistigkeit
genannt, insofern er doch wissen musste, dass die
groben grossen Gründer hauptsächlich zu seinen Glaubensgenossen gehören, und die Verbündeten und Gehülfen derselben vorwiegend unter den liberalen Par-
lamentsmitgliedern sitzen.

Allein Lasker hat doch immer den Stein in's Rollen
gebracht. Er hatte Rücksichten zu nehmen; darum
war sein Vorgehen ein diplomatisches. Er exempli-
ficirte das Gründungsunwesen an einem Vertrage zwischen Finanzcomité und Baucomité, welchen gewisse
Personen zum Theil mit sich selber abgeschlossen
hatten, und sagte dann: Ich sehe in diesem Saale
Niemanden, den ich bei dem Vertrage mit den Finanz-

firmen in Verbindung wüsste; — — — „ich spreche
nicht von andern dabei mitspielenden Personen",
fügte er vorsichtig und nicht ohne Doppelsinn hinzu.
Nun sass im Saale der Abgeordnete, der als Mitglied
der Baugesellschaft von dem Finanzcomité eine „Provision" bezogen hatte, und zugleich als Aufsichtsrath der
zu erbauenden Bahn fungirte; und dieser sehr ehrenwerthe Abgeordnete stellte, nachdem Lasker seine Rede
geschlossen hatte, den Antrag auf Vertagung der
Sitzung.

Ferner sprach Lasker von einem „verehrten Freund",
den man mit Unrecht als Gründer bezeichne, und für
den er jederzeit eintreten werde. Ob Lasker noch
heute dazu bereit ist, wissen wir nicht; wir wissen
aber, dass ihn mehre „verehrte Freunde" später in
arge Verlegenheit brachten. Von verschiedenen Wahl-
kreisen ergingen an ihn Anfragen über solche Candi-
daten zum Abgeordnetenhause, denen man Theilnahme
an Gründungen zur Last legte; und er lehnte die
specielle Beantwortung öffentlich ab. Nur in Betreff
des Herrn Adolf Hagen, Stadtrath a. D. und Director
der Deutschen Unionbank, liess er sich zu einer für
diesen ziemlich günstigen Erklärung herbei, stiess aber
damit auf vielfachen Widerspruch.

Lasker's „Enthüllungen" sollten das öffentliche Bewusstsein wecken und der Regierung das Gewissen schärfen; darum fanden sie im ganzen Lande so lauten Wiederhall und so ausserordentlichen Beifall. Herr Löwenfeld freilich erklärt diesen, wie er meint, sehr unverdienten Beifall in seiner Weise. Er sagt: „Man sah nicht den colossalen Vortheil, den das Capital über die Industrie brachte . . . . ." (Wer lacht da?!) „Man sah nicht den enormen Vortheil, den die neuen Banken dem Handel und dem Gewerbe zuführten . . . . . ." (Hohngelächter der Hölle!!) „Man sah nur eine enorme Speculationssucht und den übermässigen Gewinn der Gründer. So entwickelte sich ein Hass der Aermeren gegen die Reichen, und Lasker gab diesem glühenden Hass einen beredten Ausdruck." — Nach Herrn Löwenfeld war das Deutsche Volk noch nicht „gebildet" genug, um sich sonder Murren von Gründern und Börsianern das Blut abzapfen zu lassen.

Es ist eine alte Geschichte, dass man Eigenschaften, die man selber besitzt, bei Andern wenig schätzt, dagegen über die Mafsen bewundert, was man entbehrt. So urtheilt auch Herr Löwenfeld, der selber ein Genie ist, über Lasker: „Die Staatsklugheit und praktische Verwendbarkeit der Ideen dieses Mannes stehen bei

weitem nicht auf einem so hohen Niveau wie die Sitt-
lichkeit seiner Gesinnungen und seines ganzen Charak-
ters." — Herr Löwenfeld und seine Freunde können
es gar nicht begreifen, dass der Abgeordnete Lasker,
so ungleich vielen seiner Collegen, sich von den Gründern und Börsianern nicht kaufen liess, dass er reine
Hände behalten hat. O Gott, dass es bei uns ehrlichen Deutschen so weit kommen konnte! Wie gewaltig hoch ist neuerdings bei uns im Preise die Ehrlichkeit gestiegen!!

Allerdings, Lasker war um Geld nicht feil — weil
er eben andere Absichten hat. Und warum auch nicht?
Sollte Herr Lasker einen Ministersessel nicht eben so
gut ausfüllen, wie Herr Achenbach oder Herr Friedenthal?!

Im Reichstag behandelte Lasker am 4. April 1873
nochmals in einer Rede die Gründungen überhaupt,
ihre wesentlichsten Pfiffe und Kniffe und ihre grobe Gemeingefährlichkeit, wobei er die Mitschuld der Regierung
und des Parlaments nicht leugnete; nannte aber diesmal
leider keine Namen.

Klassisch war die Antwort, welche er von Seiten
der Regierung erhielt. Der Präsident des Reichskanzler-
amts, Herr Delbrück, sonst ein so trockener Ge-

schäftsmann, antwortete mit einem Witzchen. Er
versprach „Abhülfe der Uebelstände so weit als
thunlich"; meinte aber: „Es liegt ausserhalb
der Macht einer jeden Gesetzgebung, Leute,
die nun einmal ihr Geld los sein wollen, daran
zu hindern." Herr Delbrück, der sich, nebst seinem
Adlatus, dem früheren Mitredacteur der „National-
Zeitung", jetzigen Geheimrath Otto Michaelis, gleichfalls zum Manchesterthum bekennt, goss also über die
ausgeplünderten Actionäre, deren Zahl doch Legion ist
und die fast das gesammte Publikum begreifen, noch
die Schale des Hohns aus — und die im Reichstag
sitzenden „Volkswirthe" und Gründer belohnten das
von Seiner Excellenz so plötzlich geleistete Bonmot
mit wiehernder Heiterkeit.

Einer derselben, auf den Lasker in seinen beiden
Reden wiederholt anspielte, der als Aufsichtsrath verschiedener Gesellschaften verschiedentlich mit sich
selber contrahirt, und dafür jedesmal ein erkleckliches
Trinkgeld empfangen hatte, fühlte sich durch die
spassige Antwort des Ministers Delbrück zu einem
Fechterstückchen ermuthigt. Herr von Kardorff —
warum sollen wir ihn nicht nennen? — trug damals
im Abgeordnetenhause auf Vertagung der Sitzung an:

heute im Reichstag verlangte er frisch und frei die Besprechung der Lasker'schen Interpellation. Ja — man wird es nicht für möglich halten — er hatte diese Interpellation selbst mit unterschrieben, und er rühmte sich dessen! Vielleicht, dass Lasker Herrn von Kardorff um seine Unterschrift anging, um diesem ein Bein zu stellen; vielleicht auch, dass Herr von Kardorff die Interpellation aus eigenem Antrieb unterzeichnete, um seinerseits Herrn Lasker ein Bein zu stellen.

Dem sei, wie ihm wolle: Herr von Kardorff, in vielen Sätteln gerecht, that einen Ausfall gegen Lasker, indem er die Befürchtung aussprach, dieser könne durch seine Interpellation in den Verdacht „einer etwas leichten Popularitätshascherei" gerathen; denn jeder Angriff auf das Börsentreiben sei ausserordentlich populär, besonders „in allen Arbeiterkreisen, die von socialistischen und communistischen Ideen inficirt sind". Herr von Kardorff, der sich, wenn er gerade nichts Einträglicheres zu thun hat, noch zuweilen der alten Klassiker erinnert, kam auf die Fabel des Agrippa Menenius, von der Empörung der Glieder gegen den Magen, zu sprechen; und verglich nun seinerseits sehr geistreich die Börse als den Magen im staatlichen Organismus, über den das ausgeplünderte Publikum sehr mit

Unrecht sich beklage. Sodann that er einen Sprung aus dem alten Rom in die Französische Revolution. und verglich Herrn Lasker mit — Robespierre. Lasker sei, wie Robespierre, ein Idealist, und sein Idealismus verführe auch ihn zum Blutdurst: Lasker sei ein Robespierre der Tugend, insofern er die Börse mit Gewalt moralisch machen wolle. Das könne aber nur die — Schule und die Kirche. (Statt Kirche, hätte der fromme Philosoph wol Synagoge sagen müssen). Die Hauptschuld an dem ganzen Schwindel sah Herr von Kardorff in dem „Goldzufluss der Französischen Milliarden"; und schliesslich betheuerte er wehmüthig, dass die Coursgewinnste der Financiers und die Trink- gelder der Aufsichtsräthe nur „sehr mässig" seien, und diesen Biedermännern wohl zu gönnen wären, da sie doch immer auch ein Risico zu tragen hätten.

Auch Herr Sonnemann nahm das Wort, sprach aber mehr im Sinne Lasker's. Er machte eine Reihe von faulen Gründungen namhaft und äusserte dann: „Die Presse hat auch nicht überall ihre Schuldigkeit gethan." — Herr Sonnemann muss das wol wissen. denn er selber ist Besitzer der „Frankfurter Zeitung". Wie prächtig es diese Leute doch verstehen, sich stets nach beiden Seiten zu decken! — Auch Herr Sonnemann konnte nicht umhin das Publikum anzuklagen, dass es an dem Schwindel „nicht den kleinsten Theil der Schuld" trage: — „Ich könnte Ihnen hunderte von Briefen vorlegen von Seiten der Capitalisten und Speculanten, die gewissen Blättern einen Vorwurf machen, dass sie nicht alle neue Actienunternehmungen anpreisen und dass sie sich nicht gewissermafsen zu Advocaten des Gründerthums machen." — Herr Sonnemann versteht also unter „Publikum" auch Speculanten — das heisst doch, berufsmässige Spieler und Börsianer, welche die Course treiben wollen; und die er mit ehrlichen Privatleuten, mit ernstlichen Actionären ganz ungenirt in Einen Topf wirft. Auch so ein Taschenspieler-Coup!

Der Bericht der Specialcommission zur Untersuchung des Eisenbahn-Concessions-Wesens kam im Herbst 1873 an das Abgeordnetenhaus „zur weitern gefälligen Veranlassung" — blieb jedoch seither ganz unbenutzt liegen. Zu seiner Rechtfertigung erklärte der Präsident des Abgeordnetenhauses, Herr von Bennigsen — der leider auch in die faule Gründungsgeschichte der Hannover-Altenbecker Bahn verwickelt ist — später einmal: Er habe ausdrücklich angefragt, ob und wann Herr Lasker jenen Bericht zur Discus-

sion gestellt wissen wolle; aber eine ablehnende A..
wort erhalten. Erst wieder am 25. Januar 1875, als
man die Bamberger'sche Reichsbank berieth, erklärte
Lasker, dass er „dem Gründungsschwindel den Krieg
bis auf's Messer ankündige"; und wie Herr von
Diest-Daber veröffentlichte, hat er diesem mit Mund
und Hand gelobt, nunmehr auch gegen die „liberalen
Gründer" vorzugehen. Leider erkrankte Lasker gleich
darauf, aber inzwischen ist er genesen, und so hoffen
wir, dass er in der neuen Parlaments-Session seine
Versprechungen einlösen wird.

Den Beschluss der Culturkämpfer sollen die beiden
Cuxhavener Gesellschaften machen.

Am 5. Februar 1872 kam im Preussischen Abgeordnetenhause ein Gesetzentwurf zur Berathung,
welcher den Bau verschiedener Bahnen aus Staatsmitteln forderte. Unter Anderem handelte es sich um
die Linie Harburg-Stade, die schon die frühere
Hannöver'sche Regierung im Jahre 1866, kurz vor
Ausbruch des Krieges, beschlossen hatte, und die jetzt
Preussen mit einem Aufwande von 3,300,000 Thaler
ausführen wollte. Zu diesem Paragraphen stellte der
Abgeordnete Braun-Wiesbaden das von vielen andern
„Volkswirthen" unterstützte Amendement: die Bahn

Harburg-Stade einer Privatgesellschaft zu übertragen, falls diese Gesellschaft die Linie bis Cuxhaven weiter-führe und dort einen Hafen errichte. — Ein kurioses Amendement, aber man befand sich in der Gründer-zeit und nahm es ohne jedweden Einspruch an.

Bald darauf wurde die Cuxhavener Eisenbahn-Dampfschiff- und Hafen-Actiengesellschaft geboren, und zum Erstaunen naiver Leute trat Herr Braun-Wiesbaden als Mitgründer hervor und ward so-gar Director der neuen Gesellschaft. Man versprach eine Bahn von Harburg über Stade und Cuxhaven nach Geestemünde, sowie den Bau eines stets offenen Seehafens in Cuxhaven mit grossartigen Dampfschiffs-verbindungen; und forderte dafür die Bagatelle von 20 Millionen Thaler. Der Prospect war so bescheiden. das Unternehmen mit das grossartigste des Jahrhun-derts zu nennen, und verschiedene Brochüren rechneten eine Rentabilität heraus, dass dem Leser die Augen thränten.*) Solch masslose Marktschreierei fiel selbst

*) Für das Unternehmen warb auch eifrig und wurde in Tausenden von Exemplaren über die Provinz Hannover aus-gestreut die aus der Held-Daubitz'schen „Staatsbürger-Zeitung" entstandene „Berliner Bürger-Zeitung", welche einem Consortium gehört, an dessen Spitze Buchhändler Daniel Collin, Regierungsrath a. D. Stadtverordneter Beutner und Abgeord-

in der Gründungsperiode auf, und namentlich die Hamburger Presse machte sich darüber lustig.*) Von den 20 Millionen Thaler wurden vorderhand 8 Millionen emittirt, aber nur $3/4$ Millionen gezeichnet, und viele Zeichner liessen ihre 40procentigen Interimsscheine im Stich, da sie keine Nachzahlung riskiren wollten.

Die Gesellschaft suchte überall nach Geld umher, und fand es nur tropfenweise. Die Arbeiten wurden spät in Angriff genommen und kamen nie recht in Gang. Abgesehen von beträchtlichen Summen für Presserzeugnisse und technische Vorarbeiten, abgesehen von hohen Verwaltungsunkosten — die Directoren Braun-Wiesbaden und Charles Ernst David sollen glänzende Gehälter bezogen haben — ist bisher verausgabt, das will hier bedeuten, verzettelt: 1) für den Hafen 1,300,000 Thaler. 2) für den Eisenbahnbau

unter Braun-Wiesbaden stehen. Als dieses Consortium das Blatt übernahm, schied Dr. Alexis Schmidt, einst Chef-Redacteur der alten „Spener'schen Zeitung", die auch dem Gründungsschwindel zum Opfer fiel, aus der „Staatsbürgerzeitung", die er eine Weile geleitet hatte, und machte solches öffentlich bekannt.

*) Die Gründer hatten bereits eine Partei im Hamburger Senat gewonnen, und dieser war bereit, der Gesellschaft eine Subvention von 60,000 Thaler jährlich auf 26 Jahre (!) zu gewähren; aber unter dem Einfluss der Presse, versagte die Hamburger Bürgerschaft ihre Genehmigung.

1,100,000 Thaler. 3) an Cautionen 610,000 Thaler.
Der Posten zu 2 ist an den Mitgründer **Jürgen Heinrich Hagenah** in Stade gezahlt, welchem die Linie
Stade-Cuxhaven in „General-Entreprise" gegeben war.
Wegen mangelhafter und verspäteter **Ausführung** wurde
ihm der **Vertrag** gekündigt, und das **Gericht** verurtheilte ihn, an die Gesellschaft ca. 400,000 Thaler
herauszuzahlen.

Die Cautionen sind verfallen, so Hafen und Eisenbahnen nicht bis Neujahr 1876 fertig gestellt werden;
was aber eine Unmöglichkeit ist. Entweder das grösste
Werk des 19. Jahrhundert bleibt ein Schutthaufen,
oder die Regierungen von Preussen und Hamburg
müssen den Ausbau in die Hand nehmen. Aufrichtiges
Bedauern verdienen nur die Bewohner der Landschaft
Bremen, welche um die Bahn Harburg-Stade seit fast
einem Vierteljahrhundert petitioniren, und nun die
feste Verheissung ihres Wunsches schon zweimal ver-
eitelt sehen mussten.

Die Mitgründer **Hagenah, Schön, Langhans,**
sowie Director **David** componirten auch noch in Verbindung mit **R. A. Seelig** und **Eduard Stahlschmidt**
(**Hermann Geber**) die Cuxhavener **Immobilien-
gesellschaft**, eine Filiale der vorigen; um in den

neuen Weltstädten Cuxhafen und Ritzebüttel Geschäfts-
häuser, Hôtels etc. zu errichten. Zu diesem Zwecke
liess Herr Hagenah, der General-Entrepreneur der Bahn
Stade-Cuxhaven, einige Parcellen zu dem enormen
Preise von 549,000 Thaler ankaufen, und überantwor-
tete sie für 1,530,000 Thaler, also mit einer Million
Aufschlag, an Eduard Stahlschmidt (Hermann Geber),
der sie nun wieder der plötzlich aus den Coulissen
tretenden Immobiliengesellschaft überliess.

Herr Greve, bis dahin Commis bei Hagenah und
ein junger Mensch von 25 Jahren. hatte den ersten
Ankauf vermittelt und ward jetzt Director der neuen
Gesellschaft. Als solcher veröffentlichte er in der Hamburger „Börsenhalle" die Bilanz pro 1872, in welcher
zu lesen stand: „An Immobilien-Conto, Kaufpreis
— 1,530,000 Thaler." — Da ereilte ihn die Nemesis
in Gestalt der Staatsanwaltschaft.

Was kein Staatsanwalt in Preussen fertig bekommen
hat, vollbrachte der Oberstaatsanwalt in Hamburg,
Dr. Mittelstädt, und wir bezeigen ihm hiermit unsern
Respect. Trotz des famosen Actiengesetzes. ja auf
Grund desselben erhob er gegen Director Greve die Anklage wegen „Verschleierung des Vermögensstandes
der Gesellschaft", durch Aufstellung einer unwahren

Bilanz.*) Der wirkliche Kaufpreis der Parcellen war ja nur 549,000 Thaler gewesen — nicht 1,530,000 Thaler, mit welchen man sie den Actionären berechnete.

———————

*) Inzwischen haben wir auch in Preussen einen solchen Prozess erlebt. Der Staatsanwalt Angern in Magdeburg beantragte die Untersuchung gegen die Gründer der Sudenburger Maschinenfabrik. Angeklagt waren: Kaufmann Simon Levy in Berlin; Kaufleute Julius Levy, Meyer Samuel Meyer, Gustav Sommergut, Fabrikbesitzer Aug. Klusemann, Directoren Otto Henniges, Adolf Oelkers, Ingenieur Stromberg in Magdeburg; und Banquier Gustav Plaut (H. C. Plaut) in Leipzig. Die Fabrik, reell etwa 225,000 Thaler werth, wurde von den Gründern mit 600,000 Thalern bezahlt — aber nicht baar, sondern zum grossen Theil in Actien — und der Gesellschaft mit 800,000 Thaler überwiesen. Als von den betrogenen Actionären Einige energisch vorgingen, gaben die furchtsamen Gründer Actien im Nennwerthe von 350,000 Thaler heraus — der ziemlich gewaltsam gegründete Vorbesitzer Klusemann allein an 200,000 Thaler. Nur Herr Gustav Plaut verstand sich zu Nichts. Trotzdem denuncirten andere Actionäre, und die Anklage lautete auf Betrug und Verschleierung des Vermögensstandes.

Den Angeklagten stand eine Schaar Advocaten zur Seite, von denen — was gewiss charakteristisch ist — mehre selber Gründer und Gründergenossen sind; und der Hauptentlastungszeuge, Geheime Commerzienrath Emil Stephan, ist sogar ein grober Gründer. Justizrath Lesse aus Berlin „verurtheilte das Denunciationswesen der Actionäre, das leicht auf diese zurückfallen könne" (!). Justizrath Karsten aus Berlin bezeichnete die Forderungen und Drohungen der Actionäre, gegenüber den Gründern, als „Erpressung" (!!). Rechtsanwalt Träger, früher in Cölleda, erachtet den Ruf seines Clienten Gustav Plaut über allen Zweifel erhaben! Herr Albert Träger,

Was kein Gerichtshof, weder in Deutschland noch
in Oesterreich, bisher glaubte ahnden zu können: die

auch als zarter Dichter bekannt, und neben Hermann Löwenfeld, Liquidator der entgründeten Eisenbahngesellschaft Erfurt-
Hof-Eger, that den hochpoetischen Ausspruch: „Dem Gründungsschwindel ist die Gründerhatz gefolgt." (!!!)
„Die geschäftsmässigen Lärmmacher kaufen die gefallenen Papiere auf, um durch unberechtigte Forderungen den Cours zu
treiben, und dann die Verfolgung der Gründer anderen Lärm-
machern zu überlassen." — —
Der Gerichtshof fand die Angeklagten des Betruges nicht
schuldig, und verurtheilte nur Julius Levy, Meyer, Henniges,
Klusemann, Oelkers und Stromberg wegen „Verschleierung" zu
einer Geldbusse von 500 resp. 100 Thalern. Simon Levy,
Gustav Sommergut und Gustav Plaut gingen ganz frei aus.
Der Gerichtshof hielt die Kriterien des Betruges für vorhanden; meinte aber, dass es an einem Betrogenen fehle (!).
Das Publikum im Allgemeinen könne nicht dafür angesehen werden (!!) — Wenn ein Quacksalber sich „Arzt"
nennt, wenn Jemand zum Spielen in einer ausländischen Lotterie einladet, wird er kurzweg verurtheilt, ohne dass man erst
nach einem „Betrogenen" fragt. — Die Actien der Sudenburger
Maschinenfabrik sind über das ganze Land verbreitet, und unter
den zahlreichen Actionären fehlt es gewiss nicht an „Betrogenen".
Zwar hat der Staatsanwalt gegen das freisprechende
Urtel appellirt und, wie verlautet, die Vernehmung der ersten
Zeichner beantragt. Die ersten Zeichner aber sind wieder
die Gründer selber und ihre Verbündeten. Das grosse Publikum zeichnet überhaupt nicht Actien, sondern lässt sie erst
später durch die Banquiers an der Börse kaufen. Wie es
scheint, sind Staatsanwalte wie Richter in die Gründungskomö-
dien und das Börsentreiben leider noch immer zu wenig eingeweiht.

Umtriebe der Gründer — wir meinen nämlich grosse professionelle Gründer, nicht kleine dilettantenhafte Gründlinge, die allerdings hie und da abgefasst wurden — that kurz und gut das Hamburger Strafgericht. Es verurtheilte den Director Greve zu einem Monat Gefängniss, und das Oberappellationsgericht in Lübeck hat diese Sentenz einfach bestätigt. Ja, es giebt noch Richter in — Hamburg und Lübeck!*)

Noch meldeten verschiedene Blätter: der Angeklagte Meyer Samuel Meyer in Magdeburg sei ein Bruder des berüchtigten Redacteurs der „New-Yorker Handelszeitung", dem das Deutsche Publikum die oberfaulen Prioritäten Amerikanischer Eisenbahnen verdankt, für welche dieser Mann in seinem Journal eine betrügerische Reclame machte.

*) Als der Prozess Ofenheim in Wien einen so beklagenswerthen Ausgang nahm, schrieb die Berliner „Nationalzeitung", die dem Gründungsschwindel in Deutschland Vorschub geleistet hat, wie kaum ein anderes Blatt:

„Die Freisprechung Ofenheim's ist für den Oesterreichischen Staat eine der schwersten Niederlagen, ein moralisches Königgrätz, und vielleicht um so schwerer, je weniger man sich darüber wundert. Die Geschworenen mögen, wenn nicht schlimmere Triebfedern mitwirken, sich gescheut haben, einen Mann zu verurtheilen, der bei Lichte besehen, zahllose Complicen hat, und dessen Verurtheilung eine ganze Reihe von Verfolgungen hätte nach sich ziehen sollen." — — —

Was sagt die „Nationalzeitung" nun zu der Freisprechung der Sudenburger Gründer? — Gar nichts! Und auch in der übrigen Presse haben wir vergebens nach irgend einem Worte gesucht. Alles blieb stumm und still! Auch bei uns haben eben Levy und Meyer „zahllose Complicen" — noch viel, viel mehr als Ofenheim in Oesterreich!!

Leider vermochte die Strafe nicht die eigentlichen Attentäter, die Gründer zu erreichen: sie traf nur deren Werkzeug, den jungen Director Greve, der sich nun von einer durch Strohmänner gebildeten Generalversammlung als Märtyrer feiern liess. Mit Recht konnten Greve und sein Vertheidiger behaupten, solche „Verschleierungen" seien bei den Actiengesellschaften von 1871/72 gäng und gebe, solch falsche Bilanzen wären in Deutschland hunderte und tausende publicirt. Hier war sogar noch eine Zwischenperson: Eduard Stahlschmidt (Hermann Geber) eingeschoben, was man häufig nicht einmal für nöthig gehalten hat; z. B. bei dem „Lindenbauverein", wo Herr Paul Munk ruhig an sich selber, an sich als Mitgründer verkaufte, und ebenfalls für das Dreifache.

Aber auch die Ansichten der Richter wechseln, und das Preussische Obertribunal hat bereits entschieden, dass der von den Gründern verschwiegene Profit als Betrug angesehen werden soll. Nun denke man sich einmal, dass dieses Präjudiz zur allgemeinen Anwendung käme — was für ein Schauspiel würden wir dann erleben! Wir würden plötzlich auf der Armensünderbank sehen Tausende von reichen und vornehmen Gründern; und in den Gefängnissen würden als blosse

Nummern figuriren und in grauen oder gestreiften
Drillich umhergehen: Zeitungsschreiber und Zeitungs-
besitzer, „Volkswirthe" und Parlaments-Mitglieder,
Geheimräthe und Excellenzen, Edelleute und Grafen,
geadelte Börsianer und baronisirte Financiers. O, das
wäre ein Schauspiel für Menschen und Götter! — — —

In Summa muss von den modernen Culturkämpfern
gesagt werden, dass sie, wie alle grossen Geister, ihrer
Zeit sehr vorauseilten, jedes Bedürfniss weit hinter
sich zurückliessen, und argen Ueberfluss schufen, wo
überhaupt gar kein Mangel vorhanden war.

XII.

„Dividendenjauche".

Zu Rostock ist ein Büchlein erschienen, betitelt
„Der grosse Schwindel und der grosse Krach". Ein
originelles ergötzliches Büchlein! Es ist nämlich eine
humoristisch-satirische Geschichte der Schwindelperiode,
blos zusammengestellt aus Citaten der Berliner Witzblätter: „Kladderadatsch", „Wespen" und „Ulk"; also
ein Geschichtswerk, das auf unantastbaren, koscheren

17*

Quellen beruht. Im Gegensatz zu der übrigen Presse,
haben „Kladderadatsch" und Genossen den Schwindel
als solchen gekennzeichnet, und mit ihren Witzen begleitet. Aber eben diese Witze und Schnurren halfen
vielleicht täuschen über den blutigen Ernst des Schwindels, liessen den verbrecherischen Frevel, der an dem
ganzen Volke verübt wurde, nicht recht zum Bewusstsein kommen. Während wir die auf Kosten der Gründer
und Börsianer gerissenen Witze und Spässe belachten,
merkten wir nicht, dass dieselben Gründer und Börsianer
auch uns die Taschen leerten, auch uns bis auf's Hemde
auszogen.

Die allgemeine Ausplünderung der Gesellschaft voll-
zog sich allmälig und fast unmerklich, im Laufe von
Jahren; aber als unmittelbare Folgen des Schwindels
zeigten sich sofort allerlei Calamitäten und Wehen.
Hand in Hand mit der Wohnungsnoth, ging die Vertheuerung und Verschlechterung der Lebensmittel. Alle
Lebensmittel und alle Waaren wurden nicht nur theurer,
sondern auch schlechter, zugleich geringer an Quantität
und an Qualität; oder sie erlitten gar eine grobe und
nicht selten gesundheitsgefährliche Verfälschung. Das
Publikum wurde nicht blos übertheuert, dreimal betrogen: man beeinträchtigte und verleidete ihm auch

den Genuss, man verkümmerte ihm des Leibes Nahrung
und Nothdurft. Besonders geschah dies mit einem
Artikel. der neben dem Brode, im täglichen Haushalt
eine Hauptrolle spielt.

In ganz Deutschland steigert sich seit länger als
dreissig Jahren der Bier-Consum, ist namentlich das
sogenannte „Bairisch" zu einem Nahrungsmittel für
alle Classen geworden. Bis 1870 war es durchweg
ein reines gehaltvolles Getränk: mit dem Gründungsschwindel verlor es sofort und reissend an Geschmack
und an Güte; und wenn es sich auch nach dem „Krach"
wieder etwas verbessert hat, so giebt es doch immer
noch viel zu klagen.

In Berlin wurde ehedem ein gutes, ja vortreffliches
„Bairisch" verschänkt. Eine Reihe hiesiger Brauereien,
wie die von Schwendy, Lipps, Ahrens, Wagner. Patzenhofer, lieferten ein Fabrikat, das in Stadt und Provinz
einen wohlverdienten Ruf genoss. Auch das „Actien-
Bier" von Tivoli hatte zahlreiche Liebhaber. Tivoli,
1857 begründet (nicht „gegründet"), war lange die
einzige Actienbrauerei. Erst 1869 trat Friedrichshain, vormals Lipps, hinzu — eine blosse Umwandlung;
schon eine Vorgründung, besorgt von Banquier Rauff,

Justizrath Hinschius, Commerzienrath Gilka und Genossen.

Die hiesigen Brauereien vermochten den Bedarf nicht entfernt zu decken; in jedem Sommer zeigte sich Biernoth; das ganze Jahr hindurch wurden von nah und fern, aus der Umgegend und aus ganz Deutschland gewöhnliche Lagerbiere und „echte" Biere eingeführt. — Hier lag ein wirkliches (nicht blos, wie bei den Wohnungen, ein scheinbares und künstlich gesteigertes) Bedürfniss vor; und es konnte den Gründern nicht entgehen. Zugleich mit der „Wohnungsfrage" nahmen die Gründer auch die „Bierfrage" in die Hand, und lösten sie nach ihrer Weise.

Noch vor Ausbruch des Actiengesetzes, und natürlich in Voraussicht desselben, wurden im Frühjahr 1870 zwei Brauereien in „Commanditgesellschaften auf Actien" — damals die bequemere, weil leichter erreichbare Form — verwandelt:

Unions-Brauerei, früher Gratweil; und Böhmisches Brauhaus, dem Gerichts-Assessor a. D. Knoblauch gehörig.

Hermann Geber, auch hier wieder der Erste auf dem Platz, „gründete", in Verbindung mit den Banquiers Julius Guttentag und Georg Sackur und dem

Rechtsanwalt Hecker — seinen Freund Hermann Gratweil; der sich alsbald selber zu einem flotten Gründer
entwickelte, beziehentlich bei verschiedenen, eigentlich Geber'schen Gründungen hilfreiche Hand leistete.

Armand Knoblauch liess sich „gründen" von F. W.
Krause & Co., Commerzienrath Viktor Ludwig
Wrede, Gustav Gravenstein, Fabrikbesitzer Gustav
Schöpplenberg und Justizrath Ahlemann.

Am 11. Juni 1870 explodirte das Actiengesetz,
und nun kamen die übrigen Brauereien an die Reihe;
eine nach der andern wurde „gegründet". Wir classi-
ficiren sie, wie folgt:

Nicht zu böse Gründungen:

Friedrichshöhe, vormals Patzenhofer. Verfasser:
Banquier Anton Emil Wolff (Hirschfeld & Wolff),
Banquier Paul Heimann (Marcus Nelken & Sohn),
Generalconsul Ascher Salinger (Gebr. Arons) etc.
Cours ca. 50.

Schultheiss. Verfasser: Commerzienrath Wilhelm
Herz, Consul und ehemaliges Reichstagsmitglied
Gustav Müller, Consul Georg Marchand,
Commerzienrath Benjamin Liebermann, Oscar
Hainauer, Julius Schiff, Adolf Roesicke, Ri-
chard Rösicke. Cours noch ca. 100.

Ziemlich böse Gründungen:

Bock, früher G. Hopf. Gründer: Commerzienrath Meyer Cohn, Julius Alexander, Dr. Otto Hübner, Fabrikant Hermann Reimann etc. Cours ca. 50.

Moabit, früher Moritz Ahrens. Gründer: Josef Pincuss (Feig & Pincuss), Bernhard Friedheim, Carl Deibel, Julius Grelling (Gebrüder Grelling). Aufsichtsräthe resp. erste „Revisoren": Regierungsrath a. D. Albert Bühling, Dr. Georg Kurs. Dr. Hermann Rasche, Aron Aumann. Cours ca. 40.

Entschieden böse Gründungen:

Schöneberg, vormals Heinrich Schlegel. Gründer: Hermann Schuster, Gustav Löwenberg, Aron Aumann, Carl Coppel, Ludwig Max Goldberger, Adolf Martini, Fabrikbesitzer Emil Moritz Rathenau. Cours ca. 30.

Adler, vormals G. Schwendy. Gründer: Hugo Wolff, Hermann Frenkel, Director Spielhagen, Stadtrath Pohle etc. Cours ca. 20.

Königstadt, vormals Busse & d'Heureuse. Gründer resp. Aufsichtsräthe: Alwin Soergel (Deutsche Genossenschaftsbank von Soergel, Parrisius & Co.), Johann Kämpf in Halle (Halle'scher Bankverein), Anton

Securius, Julius Busse, Louis Feig, Heinrich Boofs,
Arnold Wittkowski, Reichstagsmitglied Stadtrath
Hausmann in Brandenburg etc. Cours ca. 20.

Sehr böse Gründungen:

Societätsbrauerei; gegründet von Heinrich Reh,
Carl August Arndt und Johann Gottlieb
Maecker: welche auch die berühmte Tempelhofer
Baugesellschaft in die Welt setzten. Cours ca. 8.

Hasenhaide, früher C. Kelch. Gründer: Julius
Samelson, Julius Pickardt, Felix Mamroth.
Julius Hahlo, Joseph Neisser, Gustav Noah,
Director Gustav Hartmann, General-Director
Julius Müller etc. Director und später Liquidator:
Albert Neisser. Cours $\frac{1}{2}$.

Von all' diesen „Gründungen" war wol die an-
ständigste „Friedrichshöhe". Nach Saling's Börsen-
handbuch geschah sie „mit einem sehr bescheidenen
Aufschlag". Dies war aber nicht die Schuld der
Gründer, sondern die des Vorbesitzers, G. Patzenhofer,
der seine Hand darüber hielt. Der ehrliche dicke Patzenhofer behielt auch die Leitung der Brauerei bis zu
seinem, im vorigen Jahre erfolgten Tode, und unter
ihm behaupteten Friedrichshöhe von allen Bier-Actien

den höchsten Stand. Erst hinterher, unter der Direction von F. Goldschmidt und Paul Potocky-Nelken, fiel mit der Dividende auch der Cours, und die Actien nehmen nicht mehr die erste, sondern nur noch die vierte oder fünfte Stelle ein. Unter Patzenhofer betrugen die Dividenden 1870—73 durchschnittlich 10 Prozent; nach seinem Tode gab es pro 1874 nur noch 8 Prozent, und das laufende Jahr warf sogar nur 5 Prozent ab.

Wie es bei den Bier-Gründungen sonst, für gewöhnlich zugegangen ist, hat ein Herr Bötzow verrathen, der sich 1871 von der Vereinigung der Brauereibesitzer trennte, und damals Folgendes erzählte:

Man hatte ihm für seine Brauerei, um dieselbe zu „gründen", die enorme Summe von 300,000 Thaler geboten. Der Commissionair, der das Geschäft vermittelte, beanspruchte für sich die Kleinigkeit von 25,000 Thaler; der eigentliche Leiter oder Hauptgründer verlangte 50,000 Thaler, die Banquiers oder das Börsen-Consortium forderten 200,000 Thaler; so dass ein Actiencapital von 600,000 Thalern ausgeworfen werden sollte. — Herr Bötzow hatte den Muth, abzulehnen; aber viele seiner Collegen warfen sich den Gründern mit Wollust in die Arme.

Alle jene Bier-Gründungen — auch die, deren

Actien noch hoch im Course stehen — waren sehr theuer; alle sind heute mit einem zu grossen Capitale belastet. Auch Tivoli und Friedrichshain, die schon von 1857 und resp. 1869 datiren, haben sich in der Schwindelperiode mit neuen Emissionen und neuen Anleihen übernommen.

Das Grundcapital von Tivoli betrug bis 1870 — 1,000,000 Thaler; seitdem hat es sich, mit Hülfe der Herren Gerson von Bleichröder und Ferd. Jaques. und einschliesslich der Hypotheken, bis auf 2,600,000 Thaler erhöht. 1871 ward ein zweites Brauerei-Etablissement zugekauft, und generös bezahlt. Es liegt in Fürstenwalde (!) und der Verkäufer war Herr August Zimmermann, der erste Director von Tivoli!! Die höchsten Dividenden warf die Gesellschaft vor dem Schwindel und vor der Capitalsüberlastung ab: 1868 — 11 Prozent und 1869 — $12^{1}\!/_{2}$ Prozent; während die Dividende pro 1874 nur noch $6^{1}\!/_{4}$ Prozent betrug. Der höchste Coursstand war gleichfalls vor dem Schwindel = 145; dagegen ist er heute bis auf ca. 90 gesunken. Der zeitige Reservefond verdankt seine Existenz hauptsächlich dem Agio, mit dem die „jungen Actien" unter die Leute gebracht wurden.

Ebenso hat Friedrichshain oder Lipps das Actien-

capital von 300,000 auf 600,000 Thaler vermehrt, und
dazu 356,000 Thaler Hypotheken aufgenommen. Cours
noch ca. 95. — Böhmisches Brauhaus liess der
I. Emission von 600,000 Thalern, 1873 eine II. von
200,000 Thalern, und 1874 die III. von 300,000 Thalern
folgen; doch fand diese keinen Anklang mehr, und musste
von Armand Knoblauch selber übernommen werden.
Neben dem Actiencapital von zusammen 1,100,000
Thalern stehen noch 500,000 Thaler Hypotheken.
Trotzdem notiren die Actien über 100, und ist ihr
Cours gegenwärtig unter den Brauerei-Gesellschaften
der höchste. — Unionsbrauerei von Gratweil und
Geber hat ein Actiencapital von 1,000,000 Thaler und
332,000 Thaler Hypotheken. Der Cours, einst bis
140 getrieben, ist auf ca. 65 zurückgegangen.

Schultheiss trägt an Grundcapital nur 500,000
Thaler und 232,000 Thaler Hypotheken; Moabit oder
Ahrens dagegen 850,000 Thaler resp. 258,000 Thaler;
der Bock 825,000 Thaler resp. 300,000 Thaler. Moabit
wollte noch 150,000 Thaler Actien mehr machen, der
Bock sogar noch 225,000 Thaler; aber Börse und
Publikum versagten. Die kostspielige Wirthschaft in
Moabit reizte einen der Beamten zu einem ansehnlichem
Unterschleife; und dem Bock kostete die „Betheili-

gung" an dem verunglückten Restaurant in der Paul Munk'schen „Passage", woselbst er ein ziemlich dünnes Getränk unter der Devise „Passage-Bier" verschänken liess, im Jahre 1873 — 12.500 Thaler und pro 1874 — 25,000 Thaler. Dazu gingen im letzten Jahre Production und Ertrag erheblich zurück, und die angefangenen Bauten blieben aus Mangel an Geld liegen.

Schlossbrauerei Schönberg, Adler und Königstadt gehören schon zu den grausamen Gründungen; wie dies freilich nur dem Charakter der Verfasser entspricht, die sich durch eine Reihe, zum Theil noch schlimmerer Werke fast unsterblich gemacht haben. Hermann Schusters's Schlossbrauerei ist einschliesslich der Hypotheken mit 820,000 Thaler, Hermann Frenkel's und Hugo Wolff's Adler mit 1,000,000 Thaler, Alwin Sörgels Königstadt mit 1,200,000 Thaler belastet; und Königstadt gedachte Ende 1872 noch „400,000 bis 600,000 Thaler neue Actien" auszugeben, was aber nicht mehr gelang.

Schlossbrauerei Schöneberg wurde von dem Vorbesitzer Heinrich Schlegel „dirigirt", bis ihm, Januar 1874, in stürmischer Generalversammlung die Actionäre, statt der Decharge, ein zorniges Misstrauensvotum ertheilten. Adler hatte die alte mangelhafte

Brauerei von G. Schwendy übermässig bezahlen müssen, stak von vorn herein in Finanznöthen und kam aus solchen nicht mehr heraus. 1873 wurden 3 Prozent Dividende vertheilt, 1874 nur 1½ Prozent; und das laufende Jahr wird voraussichtlich noch weniger abwerfen, denn es sollen durch Unachtsamkeit an 2000 Tonnen Bier vollständig verdorben sein. Eine hübsche Illustration zur Actiengesellschafts-Wirthschaft!

Königstadt wurde von dem Vor-Mitbesitzer, Julius Busse, geleitet, und hatte unter „groben Fehlern des Braumeisters" zu leiden. Für das Geschäftsjahr 1871, welches aber nur 4 Monate umfasste, kam eine Dividende von 10 Prozent zur Vertheilung, die eigentlich gar nicht verdient, sondern ein verschämtes Geschenk der Vorbesitzer war; und wurden in Folge dessen die Actien bis auf 120 getrieben. Ebenso griff 1873 der „Vorstand" in die Tasche, holte 20,000 Thaler heraus, und vertheilte unter die Actionäre 2½ Prozent. 1874 gab es gar nur 1¼ Prozent Dividende. Der Herr Director Julius Busse schob die Schuld den „hohen Gerstenpreisen" in die Schuhe, und vertröstete die Actionäre auf das Fallen der Gerste — was von der Versammlung „befriedigend" aufgenommen wurde. Doch jene Vertröstung und diese Befriedigung sind zu Wasser

geworden. Pro 1875 ist die Dividende —0, und das
Jahr schliesst, wie die „National-Zeitung" zartsinnig
meldete, mit einer „kleinen Unterbilanz", die „auf
kostspielige technische Verbesserungen zurückgeführt
werden muss".

Auf der schiefen Ebene der Gründungen geht es
ohne Halt abwärts, tiefer und tiefer. Ein Gründer
übertrumpft immer noch den anderen; in vielen Fällen
haben sie das gegründete Objekt sich nicht nur zwei-,
drei-, fünf-, zehnmal über den Werth bezahlen lassen,
sondern allmälig auch das ganze Actiencapital escamo-
tirt; ja die Gesellschaft noch mit grossen Schulden belastet, nicht nur die Actionäre um Alles gebracht,
sondern auch noch die Gläubiger betrogen. Freilich
sind die „Gläubiger" oft nur fingirt, oder doch die
heimlichen Verbündeten der Gründer, resp. der Herren
„Directoren" und Aufsichtsräthe".

Wahre Nachtstücke von Gründungen sind die Socie-
täts-Brauerei und die Bergbrauerei Hasenhaide.

Herr Heinrich Reh „gründete" sich selber, seine
eigene, noch gar nicht fertige Brauerei, die er Societäts-
Brauerei nannte und nach und nach mit 800,000
Thalern belastete. Den Actien und Hypotheken liess
er noch 6 prozentige „Prioritäts-Obligationen" folgen.

die wahrscheinlich noch tiefer stehen als die der „Flora“,
schon lange gar nicht mehr notirt werden. Wie mit
den „Prioritäten“ der Flora. so handelte auch mit den
Prioritäten des Herrn Heinrich Reh — der geniale
Finanzkünstler Jean Fränkel: denn schöne Seelen
finden sich, und wo es eine besonders faule Gründung
giebt, ist in der Regel auch Herr Jean Fränkel dabei.

Heinrich Reh warf pro 1873 eine Dividende von
ganzen drei Procent aus: bekam aber gleich darauf
Gewissensbisse und zahlte die grandiose Dividende
lieber nicht aus, sondern trug sie in die Bilanz als
„unerhoben“ (!) ein. Die vorjährige Generalversammlung setzte er auf den heiligen Christabend. Nicht,
dass er den Actionären eine angenehme Weihnachtsbescheerung zu machen gedachte: nein, er rechnete
darauf, dass ihnen die Stunde ungelegen sein und dass
sie dieselbe verpassen würden. Aber in den Zeitungen
erschienen menschenfreundliche Merkzeichen und Finger-
weise, und die Actionäre meldeten sich so zahlreich,
dass Herr Reh schliesslich Viele abwies und ihnen die
Eintrittskarte verweigerte. Auch war er so vorsichtig,
die „Vertreter der Presse“ auszuschliessen, das will
hier sagen, die Abgesandten der Börsenblätter — woraus
wir ihm übrigens nicht den geringsten Vorwurf machen

wollen, denn diese Leute sind sehr überflüssig, und sie
verfolgen nicht die Interessen des Publikums, sondern
nur die der Börse.

Trotz aller Vorsichtsmassregeln war die Versammlung zahlreich, und sie nahm einen sehr aufrührerischen
Verlauf. Von allen Seiten erhoben sich Klagen, Vorwürfe, Anschuldigungen und Drohungen; aber Herr
Reh stand da wie im brandenden Meer der Fels. Er
leugnete nicht einmal, er gab fast Alles zu, er liess
die empörten Actionäre schreien und toben bis sie
müde wurden, und dann schloss er ruhig und würdig
die Sitzung. Seiner Pflicht gemäss, veröffentlichte er
auch wieder die Bilanz, ohne sie aber, wie es Gebrauch
ist, von einem Revisor bescheinigen zu lassen. Herr
Heinrich Reh weiss sich über solche Formen hinweg-
zusetzen; und in Wahrheit ist bei den Bilanzen der
Actien-Gesellschaften der „Revisor" eine blosse Form.

Der Bergbrauerei Hasenhaide hatte der frühere
Besitzer C. Kelch für das erste Jahr eine Dividende
von 8 Prozent garantirt, und er bezahlte sie auch.
Die Gesellschaft erwarb das Etablissement für den
kolossalen Preis von Einer Million und schritt dann
noch zu kostspieligen Ankäufen und Bauten. Die Bilanz pro 1874 schloss mit einem Verluste von 96,000

Thalern; thatsächlich war aber bereits das ganze Actien-Capital und noch mehr verloren. Man musste liqui-diren, und die Firma Benoni Kaskel erstand die Brauerei für 555,000 Thaler; welche Summe noch nicht einmal die Forderungen der Gläubiger deckt. Die Actien sind völlig werthlos; trotzdem werden sie an der Börse noch immer mit $\frac{1}{2}$ notirt und flott gehandelt.

Nicht nur, dass die Actien-Brauereien theuer „ge-gründet" sind — auch ihr Umbau und Ausbau, ihre Vergrösserung und Erweiterung, die in manchen Fällen das Mafs überschritt, fällt gerade in die theuerste Zeit. Sie kauften Terrains, Grundstücke und Maschi-nen zu den höchsten Preisen, sie haben überaus kost-spielig gebaut. Seitdem sind Gebäude und Baugründe im Werthe sehr gesunken, die Löhne und die Preise der Materialien rapid gefallen.

Ferner ist auch die Verwaltung der Actien-Braue-reien, wie die jeder Actien-Gesellschaft überhaupt, sehr theuer. Hoch sind die Gehälter und Löhne, unver-hältnissmässig hoch sind die Tantièmen, welche „Vor-stand" und „Aufsichtsrath" beziehen. Diese Tantièmen verhalten sich nicht selten zu der Dividende, welche auf die Gesammtheit der Actionäre entfällt, wie 1 zu 5. Böhmisches Brauhaus zahlte an die Actionäre 85,000

Thaler, an Vorstand und Aufsichtsrath 15,000 Thaler; Friedrichshain 45,000 Thaler und resp. 9000 Thaler; Unionsbrauerei 62,000 Thaler und resp. 10,000 Thaler; Schultheiss 50,000 Thaler und resp. 11,000 Thaler; Tivoli 125,000 Thaler und (bei nur 6¼ Procent Dividende!) 21,000 Thaler. Solch riesige Tantièmen waren vor dem Gründungsschwindel unerhört. Und selbst bei den Gesellschaften, die nur eine klägliche Dividende abwerfen, scheuen sich die Herren Directoren und Aufsichtsräthe nicht, eine erkleckliche Tantième einzustreichen. So erhielten sie bei Moabit (4 Procent Dividende) 4000 Thaler; bei der Bockbrauerei (4⅓ Procent Dividende) 5800 Thaler; und sogar bei Adler (1½ Procent Dividende) 1775 Thaler!!

Die Gründer beschränkten sich darauf, Privat-Brauereien in Actiengesellschaften umzuwandeln. Die christlichen Brauereibesitzer wurden fast durchweg von Juden „gegründet", und die Brauereien traten vom Christenthum zum Judenthum über. Aber dieser Religionswechsel bekam dem Gebräu sehr schlecht. Unter dem jüdischen Regime wurde das Bier sofort trübe und missfarbig, dünn und wässrig, matt und fade, übelschmeckend und widerlich. Was von manchen Brauereien fabricirt, an vielen Orten verschänkt wurde, war fast ungeniessbar, war oft geradezu Gift. Um die Bier-Actien unterzubringen, warf man hohe Dividenden aus; und um, bei der ungeheuren Belastung und der kostspieligen verschwenderischen Wirthschaft überhaupt Dividenden erzielen zu können, producirte man ein Getränk, dem das Volk mit vollem Recht und höchst treffend den Namen „Dividendenjauche" beilegte.

Unter diesem widerlichen Gesöff, das den Durst nicht stillte, und doch auch wieder nicht reizte, mancherlei Unbequemlichkeiten und sogar Unpässlichkeiten erzeugte, litten Publikum und Gastwirthe gleichmässig. Man trank es nur mit Unbehagen und Widerstreben, und man trank natürlich weit weniger als sonst. Selbst leidenschaftliche Biertrinker bezwangen und kasteieten sich.

Alle Biere, auch die, welche die noch übrig gebliebenen Privatbrauereien herstellten, wurden schlechter. Das früher so beliebte „Actienbier" von Tivoli verlor schnell seinen Ruf; und „Actienbier" wurde nur noch im verächtlichen Sinne gebraucht, wo man nicht „Dividendenjauche" sagen wollte. Alle Actienbrauereien lieferten ein miserables Getränk, das miserabelste aber diejenigen Gesellschaften, welche sich später als faule und oberfaule Gründungen erwiesen, wie

Schlossbrauerei Schöneberg, Adler, Societätsbrauerei und Hasenhaide. Im besten Falle wurde ein Gebräu fabricirt, das früher als „Bier zweiter Klasse" galt, und das, die Tonne einen oder ein paar Thaler billiger, in gewissen Tanzlocalen und Vergnügungsetablissements verschänkt worden war.

Nur Eine Ausnahme ist zu vermerken. Der alte brave Patzenhofer liess sich zu dem Schwindel der „Dividendenjauche" nicht herab. Auch in der Gründerperiode behauptete „Patzenhofer", wiewol jetzt ebenfalls „Actien-Bier", seinen alten Geschmack und Gehalt. Selbstverständlich war es sehr begehrt und konnte der Nachfrage nicht genügen. — Erst nach Patzenhofer's Tode verlor es allmälig, und in der letzten Zeit hat es, zugleich mit den Dividenden, sich entschieden verschlechtert. Es enthält, wie der Volkswitz, unter Anspielung auf den Namen des neuen Directors behauptet, zu viel „Nelken".

Aber nicht genug an der Dividendenjauche — die edlen Fabrikanten beschlossen, den Preis für dieses köstliche Nass auch noch zu erhöhen. Ihnen vorauf gingen freilich die Weissbierbrauer.

In Berlin wird noch immer viel Weissbier getrunken; auch bei der jüngeren Generation hat das

„Bairisch" die „kühle Blonde" nicht verdrängen können. Weissbier ist ein moussirendes, in heissen Sommer- tagen ganz probates, nur in Cholerazeiten etwas ge- fährliches Getränk. Um es überhaupt trinken zu können, muss man mindestens zehn Jahre in Berlin gelebt haben. Um es mit Geschmack zu trinken, muss man in Berlin geboren sein. Dem Fremden, dem Anfänger erscheint es wie Lehmwasser, und es schmeckt ihm auch nicht besser. Dem geborenen Ber- liner dagegen dünkt es Champagner; als gewitzter und vorsichtiger Mann vergisst er aber doch nicht, auf die „kühle Blonde" stets eine „Strippe", das ist den landesüblichen Gilka oder Kümmel zu setzen.

October 1871 traten die Weissbierbrauer zusammen, und erklärten, die „übliche Rabatt-Tonne" nicht mehr gewähren zu wollen. Alsbald versammelten sich im grossen Saale des Handwerkervereins die Weissbier- Schänker und Weissbier-Verleger*), sprachen ihre moralische Entrüstung aus und verpflichteten sich auf Ehrenwort zu einem gemeinsamen Strike. Nach einigen

---

*) Wer in Berlin mit Bier in Flaschen oder Kruken han- delt, heisst „Bier-Verleger"; und es giebt hier auch „Milch- und Sahne-Verleger" oder „Milch- und Sahne-Büreaux".

schwachen Versuchen mussten die Brauer sich wieder zu der hergebrachten „Rabatt-Tonne" verstehen.

Durch diesen Ausgang nicht belehrt, verbündeten sich jetzt die Actienbrauereien, und verlangten für die Tonne „Bairisch", statt 7 Thaler, von Neujahr 1872 ab — 7½ Thaler. Auch hier gaben den Anstoss die fragwürdigsten Gründungen, wie Moabit, Schöneberg. Adler; und bald schlossen sich ihnen die anderen Gesellschaften an. Alle verschworen sich, nicht billiger zu liefern, und erliessen an die Schankwirthe einen drohenden Ukas. Aber diese handelten ebenso geschlossen und noch energischer. Sie wiesen das „menschenentwürdigende" Circular, wie sie den Ukas nannten, weit von sich, verpflichteten sich zu Conventionalstrafen, gründeten eine Strike-Casse und bezogen ihr Bier aus Privatbrauereien oder von auswärts.

Beide Theile legten den Casus dem Publikum vor; denn beide Theile versicherten, nur die Interessen des Publikums zu vertreten, dem die Brauer nur vorzügliches Bier liefern, das die Wirthe durchaus gegen Uebertheuerung schützen wollten. Die Brauer behaupteten, dass die Wirthe an jeder Tonne 100 Procent profitiren — was die Wirthe sonder Zögern zugaben. Dagegen bemerkten diese, dass die Brauer ihrerseits an jeder Tonne gleichfalls 100 Procent verdienen — was die Brauer nicht leugnen konnten. Publikus schien von beiden „Enthüllungen" nicht überrascht zu sein, und sah dem Kampfe gleichmüthig zu. Die Brauer waren die Klügsten, denn sie gaben nach. Einer nach dem andern vergass seinen Schwur und lieferte zum alten Preise; während sie sich gegenseitig des Wortbruchs und des Meineids anklagten.

Die Wirthe hatten gewonnen, aber nun gingen sie gegen das Publikum vor.

Dank unsern Manchesterleuten und der allein selig machenden Manchester-Doctrin von der „freien Concurrenz", existiren in den Restaurationen keine geaichten Gläser und Flaschen, kümmert sich um Quantität und Qualität der verschänkten Getränke kein Gesetz, keine Aufsichtsbehörde. Ursprünglich hatten die sosogenannten Bier-Seidel den Inhalt eines halben Quarts und wurden bis zum Rande, ohne Spritzschaum, gefüllt. Allmälig verkleinerten sich die Gläser; die Fabriken legten sich förmlich darauf, Vexirseidel zu machen, mit zolldickem Boden, fingerdicken Wänden und nach oben spitz zulaufend. Das war schon vor der Gründerzeit, aber nun wurde es noch weit ärger. Die Wirthe liessen die Gläser immer winziger werden, bis sie in vielen Localen zu einem halben Seidel zusammenschrumpften, das man dem Gaste präsentirt, zu zwei Drittel Bier und zu einem Drittel Spritzschaum.

Die Tonne Bier kostet dem Wirth 7 Thaler, und bringt ihm, in ordentlichen Seideln verschänkt, 14 bis 16 Thaler. Bei solchen Miniatur-Gläsern aber schlägt er 18 bis 20 Thaler heraus. Und auch damit begnügten sich die Herren noch nicht: viele von ihnen erhöhten die Preise jetzt um 33 bis 66 Procent. Während man früher für ein ausgewachsenes Seidel guten Bieres 1 $\frac{1}{2}$ Groschen zahlte, musste man jetzt für ein Zwerg-Seidelchen „Dividendenjauche", das der Brauerei höchstens 3 Pfennige, dem Wirth vielleicht 6 Pfennige kostete — 2 und auch 2 $\frac{1}{2}$ Groschen blechen.

Dazu kommt noch das Trinkgeld an den Kellner. Die Kellner erhalten vom Wirth gar keinen oder doch einen erbärmlichen Lohn, und sind daher auf den Wohlthätigkeitssinn der Gäste angewiesen. Vor dem Schwindel waren die Trinkgelder facultativ, wie die allgemeine Wehrpflicht; jetzt wurden sie obligatorisch, wie die Civilehe. Ehemals dankten die Kellner schon für einen halben Groschen; nun thaten sie es auch für einen ganzen noch nicht. — Nebenbei bemerkt, über-

nahmen von den Kellnern die Gründer und Gründer-
gehülfen die Lehre von den Trinkgeldern, und bildeten
sie zu einem System aus, das statt der Groschen,
Tausende und Hunderttausende von Gulden und Thalern
setzt.

Um neuen Ausschreitungen der Actienbrauereien vorzubeugen, um dem Publikum etwas Besseres zu bieten,
als die ekle „Dividendenjauche", trat eine Anzahl von
Restaurateuren zusammen, lauter politisch und ora-
torisch ausgebildete Männer, die sich offenbar zu etwas
Höherem berufen fühlten, und gründeten, unter Führung des Bankhauses Bercht & Swoboda, eine eigene
Brauerei, die Vereinsbrauerei Berliner Gastwirthe. Das war auf diesem Gebiete die einzige
wirkliche Neu-Schöpfung der Gründer; aber dafür ist
sie auch darnach.

Am 15. April 1872 legte man den Grundstein
der Vereinsbrauerei, und Abends gab's einen grossen
Ball, wo gemüthlich mit einander Gründer und Actionäre tanzten. So verlustirt sich die Katze mit den
Mäusen, eh' sie sie frisst; so spielen mit einander
Wölfe und Lämmer. Hätten die Actionäre ahnen
können, was ihnen bevorstand: das Tanzen und Jubi-
liren würde ihnen vergangen sein.

„Der rühmlichst bekannte Ingenieur, Herr Nehrlich, Chef des grossen Ingenieur-Bureaus von Nehrlich & Ellissen in Frankfurt a. M." wurde „für das Unternehmen gewonnen"; und derselbe Herr Nehrlich fungirte auch zeitweise als „Vorsitzender des Aufsichtsraths". Herr Hugo Nehrlich baute „mustergültig", aber überraschend theuer, und reichte hinterher auch noch eine „Nachrechnung" über „Extralieferungen" ein, die den Actionären fast Thränen entpresste. Die Vereinsbrauerei ist mit $1^3/_4$ Millionen Thaler belastet; daraus erklärt sich der Cours der Actien mit ca. 10. Die Vereinsbrauerei producirte noch dünneres und schwächeres Bier als ihre Colleginnen; und sie ist in jeder Hinsicht ein würdiges Seitenstück zu der Societätsbrauerei des Herrn Heinrich Reh. Die Geschichte dieser beiden Gründungen studirt jetzt der Staatsanwalt; aber wir fürchten, es wird dabei wieder nichts herauskommen.

Die 14 Bairisch-Bierbrauereien auf Actien tragen, einschliesslich der Hypotheken, eine Capitalslast von 17 Millionen Thaler — gewiss eine gefährliche Ueberbürdung. Die Gesammtproduction betrug 1874 circa 800,000 Tonnen; welche Leistung gegenüber jener Summe, nur mässig genannt werden kann. Die Durch-

schnitts-Rente war im selben Jahre nur $4\frac{1}{2}$ Procent;
6 Brauereien zahlten über 5 Procent, 8 unter 5 Procent Dividende; Hasenhaide, Societäts- und Vereinsbrauerei — 0. Wenn Friedrichshain 9, Schultheiss 10 und Böhmisches Brauhaus gleichfalls 10 Procent Dividende gaben, trotz der grossen Belastung und trotz der kostspieligen Wirthschaft, so sieht man, wie hocheinträglich das Braugeschäft ist.

Neben „Bairisch‟ machten die Gründer auch in der „kühlen Blonden‟. Sie „gründeten‟ die drei Weissbierbrauereien von Carl Landré, Emil Gericke und H. A. Bolle.

Landré wurde verfasst von Samelson & Sackur, Hirschfeld & Wolff, Meyer Heymann, Moritz Heilmann, Julius Pickardt, Hermann Gratweil etc. Man versprach 12 Procent Dividende und zahlte pro 1873 — $4\frac{1}{2}$, pro 1874 — 6 Procent. Cours ca. 80.

Landré ist noch verzeihlich, aber bösartig sind wieder Gericke und Bolle, denn sie entstanden beide unter den Händen des Herrn — Jean Fränkel.

Bei Bolle waren ausserdem thätig: Regierungs-Assessor a. D. Plewe, Salo Pincuss, Leopold Friedmann, Carl Sachs etc. Director H. Metzkow wurde Juli 1874 seines Amts enthoben. Die letzte

Bilanz schloss mit einem Verlust von 20,000 Thaler. Cours ca. 20.

Bei Gericke hatte Herr Jean Fränkel folgende Gehülfen: Moritz Ed. Meyer, Max David, Moritz Eisner, Dr. med. Ludwig Eisner, Gastwirthe Peter Link und Ernst Radtke, Dr. juris Rellstab, Wilhelm Salamonski, Dr. Martin Ebers, Hauptmann Ludwig Ebers, Assessor Plewe. Als „erste Zeichner" fungiren auch noch die Redacteure Theodor Cossmann, Carl Krafft und Alexander Hoffers, sowie ein Studiosus (!), dessen Namen wir, in Erwägung seiner Jugend, und da wir ihm in den Annalen der Gründungen nicht weiter begegnet sind, verschweigen wollen.

Gericke war eine ganz unbedeutende Brauerei, die den Actionären 210,000 Thaler kostete. Im Prospect wurden 18 Procent Dividende versprochen, und pro 1871 — 12 Procent gegeben — aber nur für das Geschäftsjahr von vier Wochen! Herr Jean Fränkel zahlte pro Actie Einen Thaler aus; in den beiden letzten Jahren nichts mehr. Dafür genossen die Actionäre den Ruhm, dass ihre Direction bei der Weltausstellung in Wien eine Bude aufstellte und daselbst „Berliner Weissbier" verschänkte. Der Vorbesitzer, Emil Gericke, der Herrn Jean Fränkel bei verschie-

denen Gründungen assistirte, leitete die Brauerei bis
April 1874. Nach seinem Ausscheiden hob sich der
Cours, der inzwischen bis ca. 15 gesunken, wieder
etwas, und steht jetzt ungefähr 25.

Nachdem die Gründer von Bairisch- und Weiss-
bier-Brauereien „gegründet" hatten, was sich irgend
gründen liess, schauten sie scharf aus, und entdeckten
in einer abgelegenen Strasse eine Wittwe Fischer, die
in stiller Zurückgezogenheit von der Welt und unbekümmert um die Fortschritte der Cultur, in patriarcha-
lischer Weise ein patriarchalisches Getränk braute —
das heute nur noch in unterirdischen Gemächern kre-
denzte und nur noch von Kindern und alten Weibern
begehrte „Braun- und Bitter-Bier". Ueber diese un-
schuldige Wittwe stürzten sich: Benno Beer, Hermann Leubuscher, Max Gerschel, Gustav Loth,
Julius Pickardt und Hofrath Moritz Alberts,
und nöthigten sie, sich flugs in eine Actiengesellschaft
verwandeln zu lassen, die sie mit dem pompösen Namen
Berliner Brauhaus belegten. Die Bitter-Bier-Brauerei
wurde den Actionären mit 390,000 Thaler berechnet,
und war wirklich eine bittere Gründung. Inzwischen
hat man liquidirt, und die Liquidation ergab ganze
$2^1{}_2$ Procent.

Selbstverständlich beschränkten sich die Berliner Gründer nicht auf Berlin; sie suchten auch die Provinzen, das ganze grosse Deutsche Vaterland sorgfältig ab.

In der nächsten Umgegend entstanden:

Potsdamer Brauerei, vormals W. Höne. Gründer: Louis Bamberger, Jean Fränkel, Salomon Kann, Isaak Wiener, Assessor a. D. Plewe etc. Cours ca. 15.

Brauerei Werder bei Potsdam, vormals F. W. Hoffmann; vorgekauft von Joseph Julius Seelig und Siegfried Geber. Gründer: Julius Pickardt. Leopold Krautheim, Fritz Ramme etc. Cours ca. 5.

Brauerei Oranienburg, vormals Heinrich Wisotzki: an die Berliner Börse gebracht durch die Makler A. Borchardt und Paul Busse. Gründer: Julius Pickardt, Julius Joseph, Bernhard Bonwitt, Louis Gratweil, Alfred Glasenfeld, Emil Treitel, Moritz Treitel, Louis Blumenthal in Oranienburg. Cours 10 Brief.

Wie man sieht, kehren dieselben Personen häufig wieder, treten bei den verschiedensten Gründungen auf. In sehr intimen Beziehungen stehen zu einander und gründeten oft Hand in Hand: **Hermann Geber** (gewissermafsen der Häuptling, der aber gern hinter den Coulissen bleibt), Siegfried Geber, Reinhold Alexander Seelig, Joseph Julius Seelig, Eduard Stahlschmidt, Hermann Leubuscher, Julius Pickardt, Hermann Gratweil, Louis Gratweil, Moritz Bonwitt, Bernhard Bonwitt, Bernhard Maywald, Alwin Philipp, Justizrath Hinschius (kürzlich zum Geheimrath ernannt): Julius Müller, Generaldirector der Wöhlert'schen Maschinenfabrik; Julius Schweitzer, Börsen-Redacteur der „National Zeitung" etc.

Hermann Gratweil „gründete" in Verbindung mit Samelson & Sackur, David Liepmann in Berlin, Gebr. Alexander, Ludwig Heyne, Oppenheim & Schweitzer in Breslau — die dortige Brauerei Wiesner; und in Verbindung mit Seelig und Ferdinand Strahl (Centralbank für Genossenschaften) die Brauerei von Herberz & Co. in Dortmund; die beide den Actionären viel Schmerzen bereiteten.*) Louis Gratweil „gründete" die Brauerei Schloss Oranienburg; und mit Kaufmann und Gustav Bendix die Grätzer

---

*) In Sachen der Dortmunder Brauerei von vormals Herberz & Co. wurde von den Actionären eine „Untersuchungs-Commission" gewählt, und liessen sich demnächst die Gründer resp. Vorbesitzer bewegen, eine Summe von 100,000 oder 200,000 Thaler herauszugeben.

Brauerei im Posen'schen; eine Gesellschaft, die 16 Procent Dividende versprach, aber gleich bei der Geburt verunglückte, indem zwei angebliche Mitgründer die Unterzeichnung des Prospects öffentlich bestritten.

Die Kieler Actien-Brauerei, vormals Consul C. Scheibel, ward von der Gruppe Geber-Stahlschmidt gegründet; die Mecklenburgische Actien-Brauerei in Schwerin, vormals Schall & Schwenke, von F. E. Schreiber Söhne in Berlin und G. J. Schulz in Schwerin; die Schlesische Actienbrauerei, vormals Carl Scholtz in Breslau, von Heinrich Quistorp; die Hessische Brauerei in Cassel von Robert Baumann (Berliner Bank). Die Stettiner Brauerei wurde zur Zeichnung aufgelegt von S. Abel jr.; die Nürnberger Brauerei, vormals Heinrich Henninger, von Samelson & Sackur; die Gumbinner Brauerei von Meyer Cohn; die Actien-Brauerei zu Gohlis von Emil Ebeling; die Geraer Actien-Brauerei von Moritz Löwe & Co.; die Görlitzer Brauerei von F. Martin Magnus etc. etc.

Was auswärts nicht Berliner Gründer thaten, thaten Gründer in der Provinz. In jeder Stadt, in jedem Städtchen erstanden Actienbrauereien. Von diesen in der Provinz „gegründeten" Actienbrauereien sind in-

zwischen eine lange Reihe in Liquidation getreten oder
in Concurs gerathen. Viele kamen unter den Hammer
des Auctionators, und gingen für ein Spottgeld in
Privathände über.

Aller Orten klagte und schalt man über „Dividendenjauche". Merkwürdigerweise fanden diese lauten
Klagen in der Presse nicht den geringsten Wiederhall.
Die Presse, die sich als Organ der öffentlichen Meinung, als Vertreterin der allgemeinen Interessen ge-
berdet, war und blieb ein stummer Hund. Sie hatte
auch kein Wort für das Treiben der Bäcker, welche
die Backwaaren klein bis zur mikroskopischen Grenze
werden liessen, und den Preis des kleinsten Gebäcks
rasch auf das Doppelte und Dreifache erhöhten. Sie
sah es ruhig mit an, wie die Fleischer und Höker,
Gewürzer und Händler aller Art die Mafs- und Ge-
wichtsordnung benutzten, um namentlich die kleinen
Leute in der unverantwortlichsten Weise zu kürzen und
zu betrügen. Unsere Zeitungen werden nicht sowol
für als gegen das Publikum geschrieben, das sie nicht
warnen, nicht schützen, das sie vielmehr täuschen und
plündern helfen.*)

---

*) Mit dem Fortschreiten der Krisis, mit dem Wachsen

Erst neuerdings, wo das Uebel schon nicht mehr
so crass auftritt, las man in einigen Zeitschriften Aufsätze über Verschlechterung und Verfälschung des
Biers, und auch im Reichstag kam die Sache zur
Sprache. Da geriethen die Brauer in Harnisch, wiesen
die Beschuldigung mit Entrüstung zurück und drohten
mit gerichtlichen Strafanträgen.

Herr Richard Roesicke, der „gegründete" Mitvorbesitzer und jetzige Director der Schultheiss'schen
Brauerei, erliess als Inserat eine lange Abhandlung,
worin er nachzuweisen sucht, dass die Brauer nur
wenig Malzsurrogate und gar keine Hopfensurrogate
verwenden. Indess muss er doch zugeben: „dass
die Biere nicht mehr so stark gebraut und nicht
mehr so lange gelagert werden, wie früher".
Das aber sind, wie Jedermann begreifen kann, zwei
wesentliche Mängel, die allein schon die Verschlechterung des Biers erklären. Herr Roesicke meint zwar:
die Fortschritte in der Brauereikunst, die Verwerthung
des Dampfes, die Vervollkommnung der Maschinen etc.

des Nothstandes haben endlich einige Berliner Blätter sich auf
ihre Pflicht besonnen, und gegen die unverschämten Preise der
Fleischer, Bäcker etc. für das Publikum Partei genommen.
So thaten namentlich die „Vossische", die „Staatsbürger-Zeitung" und der „Figaro" oder die „Neue Freie Zeitung".

Doch das ist eitel Dunst! Unsere Zunge lehrt uns, trotz Herrn Roesicke, dass die Biere entschieden an Gehalt und Geschmack verloren haben, dass sie lange nicht mehr das sind, was sie vor dem Gründungsschwindel waren.

Und die Regierung thut ein Uebriges. Anstatt die Brauweise und den Ausschank des Biers unter Controle zu stellen, legte sie ein Gesetz vor: die Erhöhung der Braumalzsteuer. Wahrscheinlich, um die Börsensteuer annehmbarer zu machen, die sie seit Jahren plante, aber bisher nicht einzubringen wagte, soll das Bier nun doppelt besteuert werden. Nach Aufhebung der Schlacht- und Mahlsteuer, nachdem die Wissenschaft jede Besteuerung der eigentlichen Lebensbedürfnisse für verwerflich erklärt hat — gewiss ein wunderbares Project, das da zeugt von dem rathlosen Hin- und Herschwanken, von dem verzweifelten Experimentiren unserer manchesterlichen Steuerpolitiker. Die Brauer protestiren gegen die Erhöhung der Braumalzsteuer. Sie erblicken darin eine „neue Schädigung" des Brauereigewerbes, das „ohnehin durch die hohen Preise der Rohmaterialien, sowie durch die in der Gründungsperiode entstandene grosse Concurrenz mit einem sehr geringen Nutzen zu arbeiten genöthigt ist". — —

Nun, die Herren Brauer werden sich schon zu sal-
viren wissen. Entweder sie erhöhen die Preise, oder
sie fabriciren „Steuerjauche". Vielleicht thun sie auch
Beides! Das Publikum würde den Schaden spüren,
das Publikum würde die Steuer zahlen müssen; und
zwar nicht einfach, sondern doppelt und dreifach.
Darum, so hoffen wir, wird der Reichstag ein Einsehen haben, und die Erhöhung der Braumalzsteuer
verwerfen, wie er einst die Petroleumsteuer verwarf.

XIII.

An der Berliner Börse.

Eilf Uhr Vormittag.

Wir befinden uns Ecke der Burg- und Neuen
Friedrichstrasse. Wir stehen vor dem Tempel des
Gotts Merkur oder der Göttin Fortuna — wie man
will. Die Börsianer selber nennen das mächtige präch-

tige Haus etwas unehrerbietig, aber mit anerkennens-
werther Unbefangenheit und Offenheit, den Palast der
Prinzessin — Mumpitz; welches Wort ungefähr soviel wie — Schwindel bedeutet.

Noch sind die dreizehn Thüren (eine ominöse Zahl!),
welche in das Vestibül führen, geschlossen, aber schon
kauern und lungern davor Zeitungsjungen, Apfelsinen-
mädchen, Dienstmänner etc. Die von dorischen Säulen
getragene Vorhalle füllt sich alsbald mit Börsenleuten,
welche sofort an's „Geschäft" gehen.

Schon um 11 Uhr beginnt hier draussen die Vorbörse. Sie wird officiell nicht anerkannt, man legt
ihr blos einen Privat-Charakter bei; aber sie kümmert
sich nicht darum, sie hat trotzdem ihre volle Bedeutung. Schon hier wird eifrig gehandelt, ununterbrochen
Cours auf Cours gemacht; schon hier treffen telegra-
phische Depeschen von der Wiener Vorbörse ein; schon
hier entscheidet sich häufig, ob die Börse „fest" oder
„matt", „animirt" oder „lustlos" wird, ob eine „Hausse"
oder eine „Baisse" heranzieht, oder gar der Teufel los
ist — eine „Panique" droht, welche die Course pro-
centweise stürzen lässt.

Die Herren, welche so früh versammelt sind, gehören der Coulisse an. Es sind im engern Sinne,

die Speculanten der Börse. Sie handeln nicht *per comptant:* Zug um Zug, und Geld gegen Waare; sondern sie machen lauter Zeitgeschäfte, die erst später, nach Tagen oder Wochen, regulirt werden. Sie kaufen und verkaufen ohne Geld, nur auf Credit; sie verkaufen Papiere, die sie gar nicht haben, und sie kaufen Effecten, die sie nie abzunehmen gedenken.*)

Die Coulisse zerfällt in zwei Lager, in die Hausse- und in die Baisse-Partei. Jene speculirt auf das Steigen; diese, auch Contremine genannt, auf das Fallen der Papiere. Man kauft: auf fixe Lieferung, auf tägliche Lieferung, auf fixe und tägliche Lieferung, auf Ankündigung; man schliesst Prämiengeschäfte, indem man Vorprämien oder Rückprämien auswirft, man macht eine Stellage, man kauft oder verkauft mit 3 oder gar 7 mal Noch; man prolongirt das Geschäft, nimmt die Papiere in Kost, und erhält dafür Report, oder entleiht Stücke (Effecten) und zahlt dafür Deport. — Die Zeitgeschäfte sind von so mannigfacher Art, wie die Thiere in der Arche Noah's. Wir könnten Bogen darüber schreiben, und der nicht eingeweihte Leser

---

*) Vgl. S. 4.

würde uns doch nicht verstehen. Die berühmten Mysterien zu Eleusis waren gar nichts dagegen.*)

Am Ultimo, dem letzten Tage des Monats, werden die Geschäfte oder eigentlich, Wetten regulirt, wird Gewinnst und Verlust ausgeglichen, werden die Differenzen bezahlt. Wer nicht zahlen kann oder nicht zahlen will, bleibt von der Börse fort und zieht sich für einige Zeit in's Privatleben zurück.

Die Papiere, in denen die Coulisse vorzugsweise handelt, und die doch viele Speculanten Zeit ihres Lebens nie zu Gesicht bekommen, heissen Speculations-Effecten oder Spielpapiere. Obenan stehen die sogenannten internationalen Spielpapiere, welche an den verschiedensten Börsen, nicht nur in Berlin, sondern auch in Wien, Frankfurt a. M., Hamburg, Paris, London gehandelt werden. Die vornehmsten sind: die Actien der Oesterreichischen Südbahn, der Oesterreichisch-Französischen Staatsbahn und der Oesterreichischen Credit-Anstalt. Die Börse, welche die Kürze liebt und

---

*) Herr James Moser hat ein Buch verfasst: „Die Lehre von den Zeitgeschäften". Er entwickelt dieselben zugleich nach „synthetischer" und „analytischer" Methode. in „mathemathischer" und „nicht mathematischer" Form. Nach ihm ergiebt das Prämien-, Stell- und Nochgeschäft nicht weniger denn 51 „Combinationen"!

die Worte spart, nennt diese drei Papiere einfach „Lombarden“, „Franzosen“ und „Credit“.*) Neben den internationalen giebt es auch locale Spielpapiere, von denen gegenwärtig den ersten Rang behaupten: die Actien der Berliner Disconto-Gesellschaft, die Actien der Vereinigten Königs- und Laurahütte bei Beuthen in Oberschlesien, und die Actien der Union, Gesellschaft für Bergbau, Eisen- und Stahl-Industrie in Dortmund. Sie sind kurzweg „Disconto“, „Laura“ und „Union“ getauft.

„Lombarden“ setzen an der Vorbörse — wir reden jetzt den poetischen Börsen-Jargon — mit 182 ein, steigen auf 183—183½, gehen auf 182½ zurück und schliessen mit 183⅛. „Franzosen“ kommen zu 490 aus Wien matt, behaupten sich hier aber ziemlich. Auch „Credit“, mit 318,₅₀ von auswärts gemeldet, zieht etwas an. — „Disconto“ wird mit 109 stark angeboten. Auch „Laura“ muss nachgeben: 60—59¼. „Union“ ist fast gar nicht gefragt, und schliesst flau mit 7,₆₀.

Zehn Minuten vor Zwölf.

Die Thüren werden geöffnet, die „Vorbörse“ löst sich auf, von allen Seiten strömen die Jünger Merkur's herbei.

---

*) Vgl. S. 3.

Sie kommen zu Fuss und zu Wagen, in Droschken zweiter und erster Classe; auch in eigenen, oft kostbaren Equipagen, mit galonirten Kutschern und Bedienten. Es kommen die „jungen Leute" (Commis), die Boten und Ausläufer; es kommen die Makler, Agenten und Banquiers; es kommen die „Häuser" und die „grossen Häuser".

Alles drängt und fluthet in das Vestibül, wo ein Portier und zwei Controleure Wache halten — drei stattliche Figuren in schmucker Uniform und, wie alle Bedienstete und Unterbeamten, christlich-germanischer Abkunft. Links geht es zur Fonds- oder Geldbörse, rechts zur Producten- und Waarenbörse. Hier ist der Zuspruch verhältnissmässig schwach, dort stark und massenhaft. Eine mächtige Thür, in Form eines mit grünem Tuche ausgeschlagenen Drehkreuzes, das man geschickt und behutsam benutzen muss, bildet den Zugang. Bei jeder Umdrehung werden wol ein Viertelhundert Personen befördert, und zwar im Geschwindeschritt. Trotzdem schlüpft so leicht Keiner durch. Der Controleur kennt Jeden, und wen er nicht kennt, den hält er an, fragt nach der „Karte" oder nach dem „Hause", und führt den Unberechtigten höflich am Kragen wieder hinaus.

Wir sind nicht Mitglied der Kaufmannschaft, wir haben keine Eintrittskarte gelöst; also steigen wir auf die Galerie, wo der Zugang ohne Weiteres für Jedermann, auch für Damen, freisteht. Unten, im Börsensaal selber werden, mit Ausnahme der Heben am Büffet, nur Männer gelitten.

Wir befinden uns in dem grössten geschlossenen Raume Berlins. Der Börsensaal ist beispielsweise dreimal so gross als der früher vielbewunderte Königssaal bei Kroll; und fasst über 5000 Personen. Er ist grossartig und prächtig, vielleicht etwas überladen. Doch entspricht dies ja dem Geschmack des auserwählten Volks; und auch der Erbauer Hitzig, der Sohn des bekannten Criminalisten und Begründers des „Neuen Pitaval", ist orientalischer Abkunft. Polirte, aus einem Stück bestehende Säulen von schlesischem Granit, 128 an der Zahl, tragen in zwei Reihen übereinandergestellt, eine umlaufende Galerie. Die 65 Fuss hohe gewölbte Decke ist ebenso wie der getäfelte Fussboden von kunstreicher Arbeit. Eine offene Arkade, über welcher eine nach beiden Seiten hin sichtbare Uhr mit doppeltem Zifferblatt angebracht ist, theilt den Saal in zwei Hälften: die nördliche gehört der Geld-, die südliche der Getreidebörse, und beide sind von den Sitzreihen der Handelsfirmen durchzogen.

Zwölf Uhr.

Der Saal ist gefüllt, die officielle „Börse" hat begonnen. Wir blicken auf ein Meer von Köpfen, theils voll von meist dunkeln blanken oder wolligen Locken, theils gelichtet und kahl und erglänzend wie silberner Mondschein. Unten sind Tausende von Lippen in Bewegung; man spricht, man ruft, man schreit — aber wir verstehen kein Wort. Nur ein Murren, ein Murmeln klingt herauf, und schlägt gegen die Wände und schlägt bis zur Decke. Was ist dagegen das Gemurmel, welches wir beim Gastspiel der Meininger, im „Fiesco" hörten; das künstliche Gemurmel des aufgeregten Volks! Ein schwaches, fragwürdiges Summen. Hier dagegen haben wir Natur und Kraft, hier redet Israel in begeisterten Zungen, in den unnachahmlichen eigenartigen Kehlhauchen und Gaumenlauten. Es rauscht wie der Wald vor dem ausbrechenden Gewitter, es braust wie die See nach dem Sturm.

Wir starren hinab und suchen nach einem bekannten Gesicht. Plötzlich entdecken wir Herrn Cohn; und der Zufall will, dass auch er uns bemerkt. Er grüsst und nickt, er lächelt und winkt, und wir eilen

hinab. Es leben in Berlin ca. 500 mehr oder weniger
ausgewachsene Männer, die sich Cohn oder Kohn schreiben; aber fast alle mosaischen Glaubens sind und fast
alle für den Handel schwärmen. Gut die Hälfte der
Cohn's geht täglich an die Börse, und zu diesen gehört auch unser Freund Cohn. Seinen Vornamen nennen
wir nicht, denn wir wissen ihn nicht.

Herr Cohn ist „corporirt", d. h. Mitglied der
Kaufmannschaft. Er hat das Recht, Fremde einzuführen; er erwartet uns am Drehkreuz, reicht uns
seinen Arm, und wir spazieren durch die geräumige
Garderobe, wo leider seit dem „Krach" häufig Regen-
schirme, Hüte und Paletots verschwinden, in den
Börsensaal.

Der Eintritt ist nur von den Seiten. Die beiden
Längswände sind von je dreizehn Thüren durchbrochen,
welche mit den Thüren des Vestibüls correspondiren.
Die nach der Vorhalle hin werden nie geöffnet, weil
sonst die ganze Börse vor Zug auffliegen würde; wohl
aber die gegenüberliegenden, welche in einen Säulen-
hof führen, wo man im Sommer Luft schöpft.

Die Börse ist lange nicht mehr so besucht wie in
den Jahren 1871—73. Trotzdem herrscht noch immer
Gedränge, staut und stopft sich zuweilen die Menge,

und wir müssen uns dann mit Armen und Schultern
Bahn brechen. Täglich melden die Zeitungen eine
grössere und grössere „Geschäftsstille", die „kaum
noch überboten werden könne". Aber dem Fremden
wird das Leben und Treiben auch heute noch impo-
niren. Mindestens neun Zehntel der Anwesenden stam-
men aus dem gelobten Lande. „An den hohen jüdischen Festtagen", wie es in den Berichten heisst, ist
die Börse leer und verödet.

Auf erhöhten Plätzen, umgeben von Schranken,
sitzen die Makler, welche die Geschäfte zwischen
Käufer und Verkäufer vermitteln. Sie erhalten ihre
Aufträge vor und während der Börse · von den Banquiers und von den Speculanten, verkehren also nicht
mit dem Publikum selber, und fertigen über die ab-
geschlossenen Geschäfte Schlusszettel, Schlussnoten
oder blosse Notizen aus. Banquiers und Speculanten
handeln aber auch ohne Makler, direct mit einander.
Es giebt amtlich angestellte oder vereidete Makler
und unvereidete oder Pfuschmakler. Zwischen beiden
besteht kein besonderer Unterschied; und vermitteln
die Pfuschmakler nicht selten mehr Geschäfte als die
vereideten Makler. An der Fondsbörse bilden allein
die Makler mit ihren Gehülfen ein Corps von mehren

Hundert Personen; während die Zahl der andern Besucher: Banquiers mit ihren Commis, Speculanten, Private etc. durchschnittlich gegen 2000 beträgt.

An einer Maklerbarre werden Staatspapiere, Pfand- und Rentenbriefe, Wechsel und Geldsorten, Hypotheken-Certificate und Lotterie-Anleihen gehandelt; an der andern Eisenbahnpapiere, an der dritten Bank-, an der vierten Industrie- und Versicherungs-Actien. Ist das Geschäft lebhaft, sind die Maklerschranken wie voll-gepfropft, und jede Barre von einem drei- bis zehn-fachen Gürtel umlagert. Auf den Fussspitzen stehend und sich fast die Hälse ausreckend, wirft man sich Fragen und Antworten zu, handelt man über die Köpfe von sechs Vordermännern hinweg: Köln-Mindener oder Rheinische Eisenbahn-Actien, Darmstädter Bank und Meininger Credit, Harpener Bergbau und Bochumer Gussstahl. Die Gesammtzahl der Papiere, welche an der Berliner Börse Cours haben, ist auch gegen 2000.

Die Banquiers erhalten von ihren Kunden eine Provision, welche $\frac{1}{8}$ bis $\frac{1}{4}$ pro Cent vom Nenn-werth der gekauften oder verkauften Effecten beträgt. Die Makler erhalten von den Banquiers und Specu-lanten eine Courtage, von Käufer wie Verkäufer ge-wöhnlich $\frac{1}{2}$, also zusammen 1 pro Mille. Erscheint

namentlich die letztere Gebühr nur klein, so haben
doch verschiedene Makler. als das Geschäft noch blühte.
durchschnittlich mehre Hundert Thaler Courtage an
Einem Tage eingestrichen; woraus man entnehmen
kann, wie riesig der Umsatz gewesen ist. Selbst heute
giebt es noch Makler, welche durch Vermittelung von
Zeitgeschäften eine tägliche Einnahme von ca. 50 Thalern erzielen. Viele ihrer Collegen dagegen, besonders
die, welche in Industriesachen handeln, machen gegenwärtig sehr schlechte Geschäfte.

Trotz der „miserabeln Zeiten“, trotz der „drücken-
den Geschäftsstille“ herrscht in einem Theile des
Saals, in der südwestlichen Ecke, stets arges Gedränge
und wildes Getümmel. Es ist das Lombarden-
Viertel, es ist das Reich der Coulisse und der Pfuschmakler. Hier werden nur Zeitgeschäfte gemacht, hier
werden nur Spielpapiere zu festen Coursen gehandelt. Im Vergleich zu diesem Schauspiel ist das
sonstige Treiben der Börse still und matt zu nennen.
Hier wird eine Schlacht geschlagen, hier tobt ein
Kampf wie einst vor Trója, mit lautem Rufen im
Streit. Man stürzt hin und her, man springt auf die
Sitze, man steht einander fast auf den Köpfen. „Wer
kauft Credit?“ — „Wer hat Credit?“ — „Ich nehme

Franzosen mit $6\frac{1}{4}$!" — „Ich gebe Lombarden mit $2\frac{1}{2}$!" (Der Kürze wegen werden im Laufe des Geschäfts blos die Einer und Bruchtheile gerufen, während man die Zehner und Hunderte als bekannt voraussetzt.) „Wie steht Credit?" — „Was gelten Lombarden?" — „Ich brauche Credit bis $7\frac{5}{8}$!" — So schallt es wild durcheinander. Wild und ununterbrochen. Die Rufer im Streit, welche das Notizbuch und den Bleistift in der Hand, wie besessen hin und herspringen, sind die Pfuschmakler; und ihr Dienst ist wirklich anstrengend. Die meisten leiden an ewiger Heiserkeit; einige sehen bedenklich schlagflüssig aus; manche verlieren binnen ein paar Jahren völlig die Stimme und müssen dann nothgedrungen ihren Abschied nehmen.

„Rumänier (Rumänische Eisenbahnactien) zu $25\frac{1}{2}$!" ruft ein dünnes Männchen mit schriller Stimme; und er plappert es in Einem fort, ohne den Athem anzuhalten. Mit $25\frac{1}{2}$ bietet er Rumänier aus. Herr Cohn, der sich noch immer an unserer Seite befindet, macht plötzlich gegen das Männchen eine Wendung und spricht: „50,000 (Thaler) von Ihnen!" Nun braucht der Andere blos zu antworten: „An Sie!" und das Geschäft wäre rechtsgültig abgeschlossen.

Aber nein, er blickt Herrn Cohn nur grinsend in's
Gesicht, und versetzt mit dem selben breiten Grinsen:
„Reden Sie doch keinen Stuss!" Herr Cohn lächelt
gleichfalls, murmelt mit offenbarem Wohlwollen:
„Alter Spitzbube!" und geht weiter. Das Männchen
aber nimmt seinen Ruf wieder auf, und Herr Cohn
erklärt uns dieses Räthsel, indem er bemerkt: „Der
Alte braucht selber Rumänier, darum schreit er sie
herunter." — „Credit! Ich kaufe Credit!! Ich nehme
50 (Stück) Credit mit 7 ½ !!!" brüllt ein grosser Mann,
ebenso schön anzusehen wie Thersites, und mit einem
ebenso melodischen Organ ausgerüstet. „„Ich gebe
sie franco (ohne) Courtage!"" bemerkt ein modischer
Jüngling. „Mit! Sonst verdiene ich nichts!" brummt
Thersites. „„Franco!"" wiederholt der Modische.
Thersites besinnt sich noch einen Augenblick, dann
kritzelt er in sein Taschenbuch, spricht: „Gemacht!"
und stürzt sich wieder in die Schlacht.

Unter der Coulisse ist jedes Alter, vom Milchbart
bis zum Greise, vertreten, und sie recrutirt sich aus
den verschiedensten Ständen. Hier ist Mancher, der
„seinen Beruf verfehlt" hat, manche „catilinarische
Existenz"; manches „confiscirte" Gesicht, dem wir nicht
gern bei Nacht oder im tiefen Walde begegnen möchten.

20*

Viele sind noch Neulinge, andere erfahrene bemooste Häupter. Die gewöhnlichen Coulissiers beschränken sich in ihren Abschlüssen auf mässige Summen, und spielen thatsächlich um das tägliche Brod. Die da selbständig vorgehen, und grössere Operationen unternehmen, heissen Faiseurs; aber augenblicklich fehlt es an solchen sehr.

Dort sitzt ein kleines Kerlchen, gelb wie eine Quitte, mit klugen stechenden Augen. Er sitzt wie ein bevorrechteter Stammgast unmittelbar vor dem Makler, dem er fortwährend Aufträge ertheilt, und den er fast allein beschäftigt. Seine Glaubensgenossen, die Baissiers, sehen mit Bewunderung zu ihm — nicht hinauf, dazu ist er zu klein — aber doch hinunter, und richten sich nach ihm wie die Heerde nach dem Leithammel. Herr Levi — so heisst er — wenn wir nicht irren — verkauft ein 50 Stück Credit und ein 100 Stück Lombarden nach dem andern. Aber er verkauft nicht blos: er kauft auch wieder; er kauft fast ebenso oft — um sich zu „decken", wie es in der Börsensprache heisst. Der Cours steigt und fällt wie die Meereswoge; Herr Levi hat sich „gedeckt" und „fixt" von Neuem darauf los. Er glaubt an die Baisse,

und in diesem Glauben scheint sich auch der allergrösste Theil der Börse zu befinden.

Die Mehrzahl der Jobber, wie die blossen Spieler
genannt werden, hält nicht lange Stich, sondern ver-
schwindet etwa binnen Jahres-, ja häufig schon nach
Monatsfrist; und sie werden nur dann vermisst, wenn
sie, was sich nicht zu selten trifft, die Differenzen
schuldig geblieben sind. Wie man behauptet, sollen
die Haussiers besser als die Baissiers oder Fixer gedeihen, aber genauer besehen, spinnen die Jobber überhaupt keine Seide. Sie bereichern nur die Banquiers
und die Makler, und die kleinen Speculanten werden
fast regelmässig von den grossen aufgefressen. Nur
selten versteht es Einer, sich zur rechten Zeit mit
seinem Gewinnst zurückzuziehen; häufig verliert er
ihn wieder und das Doppelte und Dreifache dazu.
Sicher ist, dass hier viele Familien ruinirt werden, und
der Teufel hier eine reiche Ernte hält.

Gegen das Spiel an der Börse sind alle Hazard-
spiele blosse Kindereien, waren sogar die aufgehobenen
sogenannten „Spielhöllen" unschuldig zu nennen. In
Homburg oder Baden-Baden konnte man doch nur so
viel verlieren, als man gerade bei sich hatte. Beim
„Differenzeln" an der Börse weiss man nie, wieviel

man verliert, kann man in einer Stunde mehr verlieren, als man überhaupt besitzt. Das Börsenspiel ist so halsbrecherisch und gemeingefährlich, dass es die Regierungen nimmermehr dulden sollten. Trotzdem hat es unter den manchesterlichen „Volkswirthen" seine „wissenschaftlichen" Vertheidiger, seine begeisterten Lobredner gefunden. Herr Dr. Otto Michaelis, „correspondirendes Mitglied der kaiserlichen Akademie der Wissenschaften in St. Petersburg", vortragender Rath im Reichskanzler-Amt und die rechte Hand von Excellenz Delbrück, hat einen Aufsatz geleistet: „Die wirthschaftliche Rolle des Speculationshandels"*), worin er nachweist, dass auch das reine Differenz- oder Spielgeschäft durchaus berechtigt, ja erspriesslich ist, indem es Handel und Verkehr „regulirt", Umschläge ausgleicht und Stockungen beseitigt; indem es den Interessen des Publikums dient, „einen Theil der unvermeidlichen Verluste von den Privatinhabern auf die Börse abwälzt". — — Die Börsenspieler, und namentlich die Fixer, welche die Course gewaltsam herunterreissen, sind also eben solche Wohlthäter der Gesellschaft, wie die Gründer!

Allerdings gelten die Zeit- oder Differenzgeschäfte

---

*) „Volkswirthschaftliche Schriften" von Otto Michaelis, Bd. 2, Berlin 1873.

nicht für ganz reinlich und zweifelsohne; sie werden nicht im amtlichen Theil des Courszettels, sondern in einem Nachtrage notirt, und hauptsächlich durch Pfuschmakler vermittelt; der Börsenvorstand ignorirt sie gewissermafsen und duldet sie anscheinend nur. Dessenungeachtet beherrschen sie die ganze Börse, geben sie täglich Stimmung und Haltung derselben an, setzen sie Hausse oder Baisse auch für alle übrigen Papiere in Scene. Schon früher überwog bedeutend das Zeitgeschäft*); aber seit dem „Krach" ist dies noch weit, weit mehr der Fall. Das Cassageschäft tritt fast gänzlich zurück, und den ganzen Monat hindurch richtet sich das Denken und Sinnen, Fürchten und Hoffen der Börse hauptsächlich auf den Ultimo und die Ultimoregulirung. — Die Börsensteuer würde hauptsächlich die Spielgeschäfte oder Wetten treffen. aber ebendeshalb ist sie den „Volkswirthen" ein Gräuel, wird sie von ihnen als „unvolkswirthschaftlich" bekämpft, als den Verkehr beengend und hemmend.

Ein Uhr.

Das Geschäft hat seine Höhe erreicht. Durch das Gewühl und Gedränge winden sich fortwährend die

---

*) Vgl. S. 4.

Boten des in einem Nebenzimmer befindlichen Tele-
graphen-Bureaus, und alsbald ist der Fussboden
mit Couverts bedeckt. Der Empfänger wagt das
Telegramm nur ein Viertel auseinander zu falten,
und liest es dicht vor dem Gesicht, damit ein Nach-
bar rechts oder links nicht mit hineingucke. Will
Einer dem Andern etwas allein sagen. so packt er ihn
beim Kopf und flüstert ihm in's Ohr. In gleicher Weise
verkehren auch die Ausläufer und die „jungen Leute"
mit ihren Chefs, denen sie Meldungen abstatten, oder
von welchen sie Befehle erhalten.

Die „Häuser" und die „grossen Häuser" sitzen in
stolzer Zurückgezogenheit auf ihren Plätzen, tauschen
dann und wann eine Bemerkung aus, beobachten ruhig,
und winken ihre Angestellten heran, denen sie zuweilen nur Ein Wort sagen oder mit den Augen ein
Zeichen machen, worauf gewöhnlich irgendwo eine Bewegung entsteht. gewisse Effecten in „Posten" (grossen
Summen) gekauft oder verkauft werden; bald so heimlich als möglich, bald, um Aufsehen zu erregen, mit
absichtlichem Geräusch.

In der Ecke neben dem Büffet, am sogenannten
Moritzplatz, werden die „Schundpapiere", z. B.
federleichte Eisenbahnen, wie Rhein-Nahe, Lüttich-

Limburg, Schweizer Union. Tamines-Landen*), auf
Zeit, oder eigentlich auf Stunde gehandelt. Hier hat
eine armselige Sorte von Pfuschmaklern Posto gefasst,
die von Stunde zu Stunde um eine Kleinigkeit speculiren, die sich untereinander 1 bis 2 Thaler abnehmen, und bei einem Verlust von 5 Thalern „aus-
bleiben".

Während die Beamten, denen „die Erhaltung und
Handhabung der äusseren Ruhe, der Ordnung und des
Anstandes obliegt", fernab von dem lärmenden Treiben
ein verstohlenes Mittagsschläfchen halten, belegen sich
im „Lombardenviertel" ein paar erhitzte Jobber mit
den schwersten Ehrenkränkungen, und sie gehen gar
oft zu Maulschellen über. Im „Lombardenviertel"
herrscht *comment suspendu;* Verbal- und Realinjurien
werden als selbstverständlich gegeben und empfangen;
sie kommen zu häufig vor, als dass man deswegen klagen,
als dass man deshalb sich beleidigt fühlen sollte.

Ist man gerade unbeschäftigt, so macht man „Ulk".
Der Eine heftet dem Andern Papierschnitzel an den
Rockkragen, steckt ihm garstige Dinge in die Taschen,
schlägt ihm den Hut über die Augen; und was der-

---

*) Vgl. S. 19.

gleichen sinnreiche Scherze mehr sind. Am beliebtesten ist das sogenannte „Tippen", welches namentlich gegen Fremde zur Anwendung kommt. Der umhergaffende Fremdling wird plötzlich ohne Aufhören angestossen, gezupft, geschoben und angerannt, ohne dass er im Gedränge die Attentäter entdecken kann. Doch hat es sich schon mehr als Einmal zugetragen, dass ein biederer vierschrötiger Provinziale, der nicht Spass verstand, aus der Schaar der ihn umzingelnden Judenjünglinge ein halb Dutzend herausgriff, und alle Sechs mit Einer Handbewegung zu Boden schlug. Gerathen sich Zwei in die Haare, so ertönt der Ruf „Kreis!" Man schliesst die Kämpfer in einen Kreis, um ihnen freien Raum zu gönnen, um sie den Augen der Beamten zu entziehen, und begleitet das Schauspiel mit anfeuernden Zurufen. Hat sich Jemand besonders missliebig gemacht, so wird er unter allgemeinem Schreien und Toben exmittirt, von einem lärmenden Haufen buchstäblich zur Thür hinausgedrängt.

Von Zeit zu Zeit gehen die „Berichterstatter der Presse" durch den Saal, um über den Stand der Geschäfte Erkundigungen einzuziehen. Diese Herren, fast durchweg orientalischer Abkunft, und in der Regel ehemalige Commis, nahmen früher unter den Journa-

listen nur einen bescheidenen Rang ein; wogegen sie
während der Gründerperiode bei ihren Blättern eine
Hauptrolle spielten, und an der Börse mit mehren
Adjutanten aufzogen, unter denen die Coursnotirung
der verschiedenen Fonds und Actien vertheilt ist.
Diese Adjutanten pflegten nebenbei ein wenig selber
zu differenzeln, und dasselbe thaten auch wol die
Herren Ausläufer und Cassenboten der Banken und
Banquiers, denn Gelegenheit macht — Jobber.

Die „Berichterstatter", einige dreissig an der Zahl,
werden von den Börsenleuten mit grosser Aufmerksamkeit behandelt, und man bewarb sich, namentlich
in der Gründungsperiode, eifrig um ihre Gunst. Da
ist Herr Julius Schweitzer, unter seinen Collegen
der Senior. Er hat das Börsenreporterthum in Berlin
erst erfunden; nachdem er, wenn wir nicht irren, vorher in Wien als Banquier verunglückt war. Vor
25 Jahren erschien er an der hiesigen Börse plötzlich
als Berichterstatter, und seit 25 Jahren berichtet er
für die „Nationalzeitung". Am 20. April 1875 beging er sein Jubiläum und empfing eine Fülle von
Auszeichnungen. Kaufmannschaft und Börsencommis-
sariat überreichten ihm eine Adresse; und er hat es
um sie wohl verdient. Von allen Seiten kamen Adressen

und Deputationen. Sogar das „Statistische Bureau"
der Stadt gratulirte — wir wissen freilich nicht,
mit welchem Rechte. Herr Schweitzer ist jetzt in der
Loge Royal-York Meister vom Stuhl, und seit vielen
Jahren Cassirer der „Berliner Presse". Auch hat sich
der gefeierte treffliche Mann kürzlich ein kostbares
Haus vor dem Potsdamer Thore zugelegt; und er gab
die Veranlassung zu dem Federkrieg, der zwischen
Herrn von Diest-Daber und der „National-Zeitung"
entbrannte und noch immer nicht beendet ist.

Da ist Herr H. Killisch, der einst am Busen
seines Freundes Hermann Geber lehnte und klagend
fragte: Was werden wir essen? Was werden wir
trinken? Wovon werden wir uns kleiden? — Jetzt ist
er Eigenthümer der „Berliner Börsen-Zeitung", die
ihn schon lange zum Millionär gemacht hat; und er
nennt sich von Horn — nach einem nothleidenden
Edelmann, den er grossmüthig an Vaters Statt angenommen hat. Trotzdem bezieht er noch immer selber
die Börse, wo er amtlich und auch privatim beschäftigt ist; schreibt er noch immer selber den Börsen-
bericht, aus dem man entnehmen kann, ob der Verfasser gerade *à la hausse* oder *à la baisse* engagirt ist.
Er hat durch Erfolg und Verdienst alle seine Collegen

überflügelt, und doch ist er nicht einmal semitischer, sondern blos germanischer Abkunft. Aber eben deswegen hat er auch viele Feinde und Neider; und als er neulich für die viel angegriffene Disconto-Gesellschaft etwas stark in's Zeug ging, und dabei in seiner Zeitung das Wort „Juden!" fallen liess, wurde er, als er am nächsten Tage an der Börse erschien, von der empörten Israelitengemeinde mit wüthendem Gemauschel empfangen, und sofort rückwärts concentrirt, Schritt für Schritt hinausgedrängelt.

Da ist ferner Herr Georg Davidsohn, früher Sonntags-Feuilletonist des Herrn Killisch, bis er seinem Meister den Dienst kündigte und ihm Concurrenz machte. Er gründete den „Börsen-Courier" und sah sich alsbald im Besitz eines Stadthauses und eines Landgutes. Doch soll er kein objectiver Beobachter des grossen Börsenschwindels geblieben sein, sondern sich selber arg verspeculirt haben. Herr Davidsohn ist nebenbei Schöngeist. Er hat im Salon einer Dame von der hohen Aristokratie Zutritt, und ficht mit ihr für den musikalischen Messias, Richard Wagner, gegen seine eigenen Glaubensgenossen.

Da ist auch Herr J. Treuherz. Zunächst Redacteur der Theodor Heymann'schen „Bank- und

Handels-Zeitung", schuf er 1871 die „Neue Börsen-
Zeitung", und erfand für seine Abonnenten, die an
Actien litten, das geistreiche Frage- und Antwortspiel,
das manchen Fragesüchtigen sehr in die Fichten geführt
hat. Herr Treuherz ist unter seinen Collegen wahrscheinlich der gebildetste, ein Mann von akademischer
Bildung; aber, wie das so zu gehen pflegt, nicht gerade der reichste von ihnen. Im Gegentheil scheint
er weniger als Jene vor und hinter sich gebracht zu
haben, woran gewiss nicht Mangel an gutem Willen
schuld ist.

Ausser den eigentlichen Börsenblättern, die während
des Gründungsschwindels wie Pilze emporschossen, aber
seit dem Krach sich wieder etwas verringert haben —
sind an der Börse auch sämmtliche politische Zeitungen,
grössere wie kleinere, und sogar die unpolitischen
Local- und Klatschblätter repräsentirt, und diesen Re-
präsentanten nebst Gehülfen ein eigenes Zimmer, neben
dem Telegraphen-Bureau, angewiesen.

Zwei Uhr.

Die Börse ist officiell zu Ende. Die „Häuser"
und die „grossen Häuser" haben sich schon vorher
entfernt; jetzt leert sich allmälig der Saal. Die vereideten Makler ziehen sich zurück, um die Course

festzustellen. Jeder Makler handelt nur in bestimmten Effecten; und jedes Papier wird von zwei, drei und mehr Maklern gehandelt, welche den Cours gemeinschaftlich machen, indem sie die erhaltenen Aufträge zu An- und Verkäufen gegen einander abwägen. Diese Aufträge sind theils:

1) Unlimitirt, d. h. „bestens" auszuführen; so billig als möglich anzuschaffen, bezüglich so hoch wie möglich zu veräussern.

2) Limitirt, d. h. begrenzt; nicht höher zu kaufen, bezüglich nicht billiger zu verkaufen, als der Auftraggeber den Preis gesetzt hat.

3) Fest, d. h. im Laufe des Geschäfts zu dem gerade geltenden Preise zu kaufen, bezüglich zu verkaufen.

Die festen und unlimirten Aufträge gehen vor, und werden ausgeführt, sobald genügendes Material, bezüglich noch Käufer am Markte sind. Die limitirten Aufträge sind bedingungsweise gegeben, sie stehen den andern nach, und können nur vollzogen werden, falls sich der festgesetzte Preis erzielen lässt.

Unter Abwägung der verschiedenen Aufträge einerseits, des vorhandenen Materials und bezüglich der vorhandenen Käufer andererseits, ermitteln die Makler gemeinschaftlich für jedes Papier den sogenannten Mittelcours, welcher nun für die limitirten wie für die unlimitirten (aber nicht für die festen) Ordres zur Ausführung kommt, und der auch in den amtlichen Courszettel aufgenommen wird. Selbstverständlich fällt der Cours, je mehr Waare am Markte ist, und er steigt, wenn die Käufer überwiegen.

Indess sind auch die „vereideten" Makler nur Menschen, und so passirt ihnen manches Menschliche. Sie machen nicht selten Course, die das Erstaunen, ja den Aufschrei des Publikums wie der Börse hervorrufen. Besonders kommt dies bei unlimirten Ordres vor. Ein Papier, das z. B. seit Wochen 60 steht, kann plötzlich, wenn es durchaus verkauft werden soll, nur 50 oder gar 45 notiren, während es morgen schon wieder den alten Cours erreicht und fortan consequent behauptet. Ein Effect, das unbedingt angeschafft werden soll, ist plötzlich 10 bis 15 Procent theurer, aber schon morgen wieder zum gewöhnlichen Preise zu haben. Die Makler kaufen und verkaufen auch für eigene Rechnung, machen selber Geschäfte; wiewol ihnen selbstverständlich solches ausdrücklich verboten ist. Der „Krach" hat auch aus den Reihen der „vereideten" Makler verschiedene Opfer gefordert, Diesen bankerott werden lassen, Jenen in den Tod getrieben. Ebenso ordnungs- und gesetzwidrig ist, dass die Makler nicht immer selber fungiren, sondern häufig durch ihre Gehülfen, blosse Commis, die Geschäfte abschliessen und die Course feststellen lassen.

Nach Rückkehr der Makler werden die vereinbarten Mittelcourse an den verschiedenen Schranken ausgehängt, und von den Reportern der Zeitungen abgeschrieben. Inzwischen geht der Handel im „Lombardenviertel" mit ungeschwächten Kräften fort.

Halb Drei.

Es werden die letzten Speculations-Course notirt. Der Portier läutet die Börse förmlich aus. Er treibt mit der Glocke die Jobber vor sich her, und hinter ihm dringen Weiber mit Besen und Schaufeln ein, um den Saal zu reinigen.

Während der Gründerzeit währte die Börse bis 3 Uhr, und die Mittelcourse wurden erst um $2\frac{1}{2}$, ja um $2\frac{3}{4}$ veröffentlicht, was den Herren „Berichterstattern der Presse" häufig zu klagen gab, denn der Courszettel konnte nur mit Mühe und Noth noch in die Abendzeitung aufgenommen werden.

Als der Börsenschwindel auf der Höhe stand, dachte man daran, wie in Wien und Frankfurt a. M., auch in Berlin noch eine Abendbörse einzuführen, also den ganzen geschlagenen Tag zu handeln. Aber die Makler und die Banquiers, die ohnedies auf ihren Comtoiren bis tief in die Nacht sassen, protestirten, und und das Project wurde amtlich fallen gelassen. Dagegen bildeten die unersättlichen Jobber eine Privatoder Winkelbörse, die sie irgendwo auf der Strasse, bald hier bald dort, abhielten; doch wurden sie bei ihrem Differenzeln häufig durch die Polizei gestört.*) Auch die Sonntagsbörse hat keinen amtlichen Charakter und tagt in einem gemietheten Local, aber sie wird von allen Schichten der Börsianer besucht und pausirt nur während der Sommermonate.

---

*) Vgl. S. 157.

XIV.

Anhang.

An

Herrn Ernst Keil,

Herausgeber der „Gartenlaube"

in

Leipzig.

Berlin, April 1875.*)

Sehr geehrter Herr,

Sie erweisen mir die Ehre, meine Artikel „Der Börsen- und Gründungsschwindel in Berlin" in Nr. 5 Ihres geschätzten Blattes einer Kritik, vom Standpunkte der Redaction, zu unterziehen, und dabei einen Punkt zu bemängeln. Ich weiss natürlich, dass Sie das aus Pflicht- und Billigkeitsgefühl, im Interesse der Sache thun, die Sie nicht einseitig, nicht parteiisch

---

*) Abgedruckt in No. 20 der „Gartenlaube", Jahrgang 1875.

21*

behandelt wissen möchten; ich glaube deshalb Ihrem Wunsche zu entsprechen, wenn ich meine Entgegnung gleichfalls an dieser Stelle abgebe. Ich habe diese Entgegnung absichtlich verzögert, um inzwischen noch einige Artikel mehr erscheinen zu lassen, und mir so die Antwort zu erleichtern.

Sie fechten den ersten, einleitenden Artikel namentlich in diesem Satz an:

„Die nationale Begeisterung, die heiligsten Gefühle eines Volkes wurden von der Speculation und von dem Schwindel für ihre schnöden Umtriebe, für ihre verbrecherischen Zwecke ausgebeutet."

Sie bezweifeln das und fragen: „Was haben die «heiligen Gefühle» mit Strousberg'schen und Quistorp'schen Actien zu thun?" —

Darauf muss ich nun antworten: Viel, sehr viel, geehrter Herr; nicht weniger denn Alles. Ohne den grossartigen Aufschwung, den Preussen und Deutschland genommen, wären Strousberg und Quistorp bei uns gar nicht möglich gewesen, wären ihre „Gründungen" nie zu Stande gekommen, wären ihre Actien nimmer an den Mann gebracht worden. Erst die Siegesfreude, die nationale Begeisterung, das so mächtig erwachende Selbstbewusstsein des Deutschen Volks, seine heiligsten

Gefühle — Sie sehen, ich halte jedes Wort aufrecht — mussten angerufen, mussten ausgebeutet werden, um all' die zahllosen Actienunternehmungen verwirklichen, um den ganzen Börsen- und Gründungsschwindel in Scene setzen zu können. Allerdings haben nur Wenige aus reiner Begeisterung, aus blossem Patriotismus gezeichnet und gekauft, aber Alle thaten es doch zunächst, weil sie die Unternehmungen für solide und rentabel, für gemeinnützig und einem wirklichen Bedürfnisse entsprechend hielten. Ausserdem entstand im Publikum der Wahn, dem politischen Aufschwunge müsse eine ebenso reiche Blüthe der materiellen Wohlfahrt auf dem Fusse folgen, der Wohlstand sei plötzlich ein allgemeiner geworden. Freilich ein Irrthum, ein schwerer Irrthum! Lehrt doch die Geschichte, dass nach jedem Kriege, wo die Arbeit feiert, wo Handel und Wandel stocken, wo Zehntausende von Jünglingen und Männern Leben oder Gesundheit einbüssen, und Zehntausende zu Wittwen und Waisen werden — dass nach jedem grossen Kriege naturgemäss eine Reaction, ein empfindlicher Rückschlag eintritt. Aber das Publikum wurde eben getäuscht, unter fortwährendem Hinweis auf die Französischen Milliarden, von denen es selber doch so gut wie nichts

bekam; es wurde durch diese und andere Vorspiege-
lungen getäuscht und bethört von den Gründern und
Börsenrittern und von den mit ihnen verbündeten
„Volkswirthen“ und Zeitungen.

Nachdem nun die Gründungen verübt waren und
die allgemeine Ausplünderung sich vollzogen hatte —
gleich nach dem Wiener „Krach“, wurde von der dortigen Presse, die, wie der Prozess Ofenheim bewiesen
hat, fast durchweg im Solde der Börse steht, die Parole ausgegeben: „Wir haben Alle gesündigt. Die
Börse und die Gründer haben geschwindelt, das Publikum aber hat gespielt und dadurch den Schwindel
unterstützt. Wir sind Alle mit einander schuldig.
Darum bedecken wir die Geschichte mit Schweigen
und suchen wir sie zu vergessen!!“ — Diese famose
Parole wurde auch in Deutschland begierig aufgenommen und in allen Tonarten variirt. Ja, man ging
hier noch weiter und begann das Publikum geradezu
anzuklagen, ihm Vorwürfe zu machen wegen seiner
„Spielsucht“; ihm in's Gesicht zu schleudern, dass
es seiner „Spielsucht“ zum Opfer gefallen, und ihm
daher nur Recht geschehen sei. Diese Moral- und
Strafpredigten wurden von denselben Leuten gehalten,
die dem Publikum soeben das Fell über die Ohren

gezogen hatten — von den Gründern und ihren Helfershelfern. So predigten die Wölfe und die Füchse den Schafen. Ist das nicht überaus rührend und erbaulich?!!

Durch solch freche Verdreherei der Begriffe und Thatsachen, geehrter Herr, entstand das Märchen von der „Spielsucht" des Publikums überhaupt und von der „Gewinnsucht" der „kleinen Leute" insbesondere. Die Spiel- und Gewinnsucht hat sich im Verlauf des Schwindels allerdings gezeigt, aber doch nur theilweise, nicht entfernt allgemein; und jedenfalls war sie ursprünglich nicht vorhanden, sondern sie wurde von den Gründern und Börsianern erst künstlich erzeugt, mit unzähligen Mitteln fortwährend genährt. Die „kleinen Leute" namentlich, und selbst die gewöhnlichen Bürgerclassen, hatten bis 1870 von der ganzen Börse nur eine schwache Ahnung; sie kannten Actien kaum dem Namen nach, und der Courszettel war ihnen eine Tafel mit Hieroglyphen. Sie verwahrten ihre Ersparnisse im alten Strumpf; sie gaben ihr Geld auf die Sparkasse oder auf Grundstücke — bis der Gründungsschwindel auch sie aufblicken liess, auch sie in seinen Strudel zog.

Jedes Blatt und jedes Blättchen legte sich einen Courszettel zu, errichtete eine ständige Rubrik für

Börsennachrichten, brachte im Inseraten- wie im redac-
tionellen Theil täglich Reclamen für neue Gründungen
und neue Actien. Es entstand plötzlich eine neue
Classe von Reisenden, der „Börsenreisende für Stadt
und Land“, welcher von Haus zu Haus ging, in die
Keller und in die Dachkammern stieg und seine —
Actien anbot. Die Börse hatte überall, im kleinsten
Städtchen und im abgeschiedensten Dörfchen ihre
Agenten, welche dem Handwerker, dem Bauern dieses
oder jenes Börsenpapier aufredeten, indem sie ihm
Himmel und Erde versprachen und ihn gläubig, ihn
sicher machten durch die Unterschriften, durch die
stolzen vornehmen oder doch wohlaccreditirten Namen,
welche die Actie trug. Was Wunder, wenn die
schlichten, ehrlichen Leute sich verlocken liessen und
durch kleine Gewinne vollends geködert, allmälig ihre
ganze Habe der Börse in den Rachen warfen! Ich
denke nicht daran, ihnen die „patriotische Märtyrer-
krone“ aufzusetzen, wohl aber meine und behaupte
ich: sie verdienen, als die Verführten, nur Bedauern
und Entschuldigung; während die ganze Schuld, die
unbedingte Verurtheilung — wenigstens vor dem
Richterstuhle der Moral, denn gesetzlich sind sie nicht
zu fassen gewesen — die Verführer trifft.

Im Uebrigen, verehrter Herr, haben die „kleinen Leute" allein den Kohl nicht fett gemacht. Dazu gehörten auch noch die Wohlhabenden und Reichen, alle Classen und Stände ohne Unterschied. Das ganze Volk ist durch den Börsen- und Gründungsschwindel in Mitleidenschaft gezogen: unter zehn Personen sind immer neun, direct oder indirect, ausgeplündert oder doch geschädigt worden. Die Netze, welche die Börse auswarf, waren so zahlreich und so mannigfaltig, die Lockspeisen so raffinirt, dass sie Alles miteinander eingefangen hat: Arm und Reich, Gebildet und Ungebildet, Gescheit und Einfältig, Jung und Alt, Mann und — — Weib!

Das, verehrter Herr, sollen eben meine Artikel nachweisen, und ich schmeichle mir sogar, die bisher erschienenen haben es zum Theil schon bewiesen.

Mit dem Ausdruck meiner Hochschätzung

Ihr ergebener

Otto Glagau.

XV.

Nachträge.

Zu S. 12. **Strousberg.** Nachdem der „Culturheros" seine
Rolle in Deutschland ausgespielt hatte, setzte er dieselbe noch
fort in Belgien, Russland, Oesterreich-Ungarn, Frankreich etc.
Aber sein Credit hatte zu stark gelitten und konnte sich nie
wieder recht erholen. October 1875 wurde Strousberg in Moskau eingesperrt, woselbst er der dortigen „Commerz-Leihbank",
mit Hülfe ihres jüdischen Directors, Landau, und zweier andern
Juden, Manczyk und Schlesinger — 7 Millionen Rubel abge-
schwindelt hatte. Ueber sein Vermögen ward zugleich in Prag
und in Berlin der Concurs eröffnet; und haben die nicht bevorrech-
teten und nicht durch Pfandstücke gedeckten Gläubiger so gut
wie gar keine Aussichten, auch nicht auf die kleinste Quote.
Sämmtliche Cassen waren geleert, und die grossen Liegenschaften Strousberg's in Preussen, Böhmen und Polen sind über
ihren Werth mit Hypotheken belastet.

Der neue Durchfall des Wunderdoctors setzte für ihn noch
einmal die Presse in Bewegung: denn — alte Liebe rostet nicht!
Die Zeitungen besprachen ihn wie einen tragischen Helden.
In einem Wiener Blatt erschien ein Feuilleton: „König Strousberg's Glück und Ende"; das nun die Runde durch viele Journale machte. Die Berliner „National-Zeitung" entlehnte angeblich der „Moskauer Zeitung" eine Schilderung von dem
Tageslauf des grossen Gefangenen, worin es u. A. heisst: „Er
steht Morgens schon um 8 Uhr auf, trinkt seinen Thee und

liest dann ernste (!) wissenschaftliche (!!) Bücher." — — „Die Kleidung Strousberg's ist überaus einfach." — — (Also ohne Zobel und Hermelin, ohne Diamanten und ohne alle Orden!) — Berliner, Prager und Wiener Blätter verkündeten: Man werde Preussischer wie Oesterreichischer Seits auf diplomatischem Wege von Russland Strousberg's Freilassung verlangen; und sobald dieselbe, wie nicht zu bezweifeln, erfolge, werde der geniale Mann sich rasch wieder aufhelfen. Auch auf die bekannte Sentimentalität der Deutschen wurde stark speculirt, und gar rührsam erzählt, wie Frau Strousberg — übrigens in allen Berichten, als ob es sich um eine Dame aus der höchsten Gesellschaft handelte, stets die „Gemahlin" Strousberg's genannt — wie Frau Strousberg mit ihren Töchtern sich geflüchtet; wie sie ihre bisherige Residenz, das „altczechische Königsschloss" zu Zbirow bei Prag verlassen, ohne Geld und ohne alle Mittel; wie sie von ihrem Sachwalter 450 Gulden zur Reise entliehen habe.

Frau Strousberg, die keinen Heller in die Ehe gebracht, ist aber nominelle Besitzerin der Elbinger Fabrik für Eisenbahn-Material*), sowie einer andern Waggon-Fabrik in Böhmen. Sie hat vor und nach der Katastrophe für ihren „Gemahl" verschiedene Bürgschaften übernommen, z. B. der Moskauer „Commerz-Leihbank" die Summe von 4 Millionen garantirt: sie hat, wie der gleichfalls verhaftete Director Landau erklärte, „ein Vermögen von 3 Millionen und gar keine Schulden". Strousberg ist so vorsichtig gewesen, die Seinigen für jeden Fall sicher zu stellen. Sein Sohn ist Inhaber der ersten Hypothek auf den Siegener Eisensteingruben, im Betrage von 150,000 Thaler; und auch seiner „Gemahlin" eignen mehre solcher Hypotheken.

Nach den Versicherungen der Presse befand sich der grosse „Doctor" zu Moskau nur in „Schuldhaft", und er wurde von dem Untersuchungsrichter nur als „Zeuge" vernommen; von welcher Vernehmung er jedesmal „sehr nachdenklich"

---

*) Vgl. S. 206.

zurückkam. Das „Neue Berliner Tageblatt" meldete zuerst: Strousberg sitzt in Untersuchungs-Haft; was dann endlich auch die „National-Zeitung" eingestehen musste. Doch brachte dieses ehrenwerthe Blatt, zu dem der „Wunderdoctor" noch immer Beziehungen zu haben scheint, sofort die Beschwerdeschrift, welche ein Moskauer Advocat für den Angeschuldigten gefertigt hatte, und worin nachzuweisen versucht wird: Strousberg's Gefangenschaft sei durchaus ungesetzlich, eine „Machtüberschreitung gegenüber einem des Schutzes beraubten Ausländer". —

Auch in Preussen schwebte 1871 gegen den „Eisenbahnkönig" ein Untersuchungsverfahren, aus dem er jedoch siegreich hervorging. In Russland hingegen macht man ihm den Prozess wegen vierfachen Verbrechens des gemeinen Betruges. Darum fragt die „Deutsche Eisenbahn-Zeitung" sehr witzig: „Konnte der Mann nicht in civilisirten Ländern bleiben?" — —

Der „Berliner Börsen-Courier" des Herrn Georg Davidsohn forderte energisch, die Preussische Regierung solle für Strousberg interveniren; und Madame Strousberg hatte, wie die „National-Zeitung" meldete, eine Audienz beim Reichskanzler.

Zu S. 30. **Centralbank für Bauten.** Diese Gründerbank verfasste auch ein halb Dutzend Banken in Süddeutschland, die jedoch keine Beschäftigung fanden und alsbald liquidirten. Im Uebrigen stehe hier noch ein Geschichtchen, das wir directer Mittheilung verdanken:

Ein Baumeister aus Ostpreussen wurde der Centralbank durch den Schwiegervater des Gründers und ersten Directors Heinrich Bergmann zugetrieben. Er gab seine Anstellung auf und trat in den Dienst der Gesellschaft, bei der er 5000 Thaler, sein ganzes Vermögen deponirte. Nach ein paar Monaten rief ihn ein Krankheitsfall zu seiner Familie, die noch in der Heimat geblieben. Er reiste mit Urlaub, war aber kaum bei den Seinigen, als er von der Gesellschaft ein Schreiben erhielt, das ihn ohne Weiteres verabschiedete. So verlor er seine Stellung; und binnen Jahresfrist verlor er auch seine Ersparnisse, die 5000 Thaler, welche Herr Bergmann,

wider den Willen des Armen, zum Ankauf „junger" Central-
bank-Actien verwendet hatte. Ja, nicht genug daran: die edle
Gesellschaft verklagte ihn auch noch wegen 4000 Thaler, die
er ihr, angeblich auf jene Effecten, die sie von ihm im Depot
hielt, und die er nie zu sehen bekam, schuldig geworden war.

Zu S. 65. **Märkische Torfgräberei.** Herr Jean Fränkel hat
„liquidirt" und an die Actionäre ca. 2 Procent herausgezahlt.

Zu S. 72. **Aachener Tuchfabrik.** Das Etablissement, welches
December 1872 ein Actiencapital von 450,000 Thaler bean-
sprucht hatte, wurde October 1875 im Wege der Auction für -
40,000 Thaler losgeschlagen. Für diesen Preis erstand es der
„Meistbetheiligte der Gesellschaft", der frühere „Präsident des
Aufsichtsraths" und Vater des Mit-Vorbesitzers — der Commerzienrath Schöller; wie es scheint, jetzt in Frankfurt a. M.

Zu S. 113. **Lichterfelder Bauverein.** Rechtsanwalt Winterfeldt
hat den Beweis geliefert, dass er weder zu den Gründern noch
zu den ersten Zeichnern gehört, vielmehr erst im Frühjahr
1874, als die Actien der Gesellschaft bereits den niedrigen
Cours von ca. 29 einnahmen, in den Aufsichtsrath resp. Vorstand getreten ist.

Zu S. 113. **Nordend.** Eisenbahn-Ingenieur Carl Stiller, als
Aufsichtsrath dieser Gesellschaft genannt, bemerkt dagegen:
Dr. Max Mattner machte mir den Antrag, von Nordend-Actien
1000 Thaler baar zu nehmen, und die baulichen Arbeiten der
Gesellschaft zu leiten. Ich ging darauf ein und parcellirte,
gegen drei Thaler pro Parcelle, ca. 67 Morgen Bauterrain.
Mit dem An- und Verkauf der Grundstücke habe ich nie etwas
zu thun gehabt, auch nicht den geringsten Gründergewinn bezogen. Für die Solidität der Gesellschaft schien mir Rechtsanwalt Lorek, der Vorsitzende des Aufsichtsraths, Bürge genug.
Derselbe acceptirte meinen Rücktritt „aus Gesellschaftsrück-
sichten" nicht früher, als bis meine deponirten 1000 Thaler
Actien ca. 7 standen, wodurch ich einen grossen Verlust erlitten habe.

Zu S. 113. **Thiergarten-Bauverein.** Als „erster Zeichner" ist
namentlich noch zu merken: Emil Heymann; dessen Schwager

und Compagnon Meyer Cohn (S. „Passage“ und „Lindenbau-
verein“) als „Aufsichtsrath cooptirt“ ward. Nachdem die Actien
der Gesellschaft bis ca. 3 gesunken, liquidirte man, und er-
nannte zum Liquidator Herrn Dr. juris Emil Lehmann, der
früher, neben Richard Schweder, als Director der „Preussischen
Boden-Credit-Actien-Bank“ fungirte. Der Thiergarten-Bauverein wandte sich, wahrscheinlich durch Vermittelung des Mit-
gründers, Kammerherrn Louis von Prillwitz (Siehe gleichfalls
„Passage“) an den Kaiser um verschiedene Subventionen; und
ist ihm auch, zum Zwecke der von ihm erbauten Brücke über
den Schifffahrts-Canal, ein „Allerhöchstes Gnadengeschenk“ im
Werthe von 7000 Thalern in Aussicht gestellt worden.

Zu S. 113. **Bauverein Königstadt.** Als „Aufsichtsräthe“
fungirten noch: Geh. Commerzienrath Emil Stephan, „Redacteur“ Franz Grunert, Kammerherr von Prillwitz, Baumeister
Julius Hennicke, Banquier Schnöckel; als „Directoren“ u. A.:
der Mitgründer Joseph Dorn und Hofbaurath Ernst Klingenberg (Siehe „Lindenbauverein“).

Zu S. 124. **J. A. W. Carstenn.** Dieser edle „Grossgrund-
besitzer“ gründete auch noch die Baugesellschaft „Berlin-Ham-
burger Immobilien“. Ausser seinem Factotum, dem Baumeister
Johannes Otzen, sind als Mitgründer genannt: Geometer
Otto Busse in Charlottenburg, Kaufleute Julius Rohde,
Johannes Wesselhöft und Wilhelm Vorwerk, und Senator
Godeffroy in Hamburg.

Zu S. 116 und 140. **„Wohnungsnoth“.** Die „Wohnungsnoth“
hat sich völlig in ihr Gegentheil verkehrt. Man schätzt die
Zahl der Ende 1875 in Berlin leer stehenden Quartiere bereits
auf 9000. Fast an jedem Hause sieht man wieder Vermie-
thungs-Zettel anhängen; vor den Thoren sind halbe Strassen
unbewohnt. Namentlich stehen leer grössere Wohnungen im
Preise von 500 Thalern und darüber; sowie eine Menge von
kostbaren Läden, öffentlichen Localen und Geschäftsräumen
aller Art. Die Zeitschrift der Baugewerksmeister beklagt die
Ueberproduction im Baufache, welche das Werk ist von specu-
lativen Unternehmern im Bunde mit schwachfüssigen Bau-

banken. Jene gewinnen dadurch eine Existenz, diese suchen ihre Terrains los zu werden; und die so entstehenden Neubauten werden mit Hypotheken überlastet. Ein Zusammenbruch, ein „Häuserkrach" scheint unvermeidlich, und er ist vielleicht näher als man denkt.

Die Bevölkerung Berlins, welche „rechnungsmässig" bereits im August die Zahl von einer Million „ansehnlich überschritten" haben sollte, scheint nach der Zählung vom 1. December in Wahrheit nur ca. 960,000 Seelen zu umfassen. Man hat sich also „ansehnlich" verrechnet. Das macht: der Zuzug fällt und der Abzug steigt. In Folge des Schwindels ist Berlin gegenwärtig fast die theuerste Stadt in Europa; theurer als Wien, Paris und London. Ebenso fällt, aus Gründen der überfüllten ungesunden Wohnungen, das Uebergewicht der Geburten über die Todesfälle, und es steigt erschrecklich die Gesammt-Sterblichkeit.

Auch in der Provinz enthüllt sich der Bauschwindel. Aus Düsseldorf schreibt man: Hier stehen im neuen Stadttheil 150 Häuser leer. Auf ein Haus in schönster Lage, welches zu 20,000 Thaler taxirt war, sind nur 2000 Thaler geboten.

Zu S. 131 und 184. **Quistorp.** In Folge des Accords ist der Concurs sowol über die Westend-Gesellschaft wie über die Vereinsbank und den Deutschen Central-Bauverein aufgehoben, und alle drei sind in Liquidation getreten. Herr Quistorp, der Unsterbliche, plant schon wieder „grosse Dinge". Es ist ihm gelungen, die Deutsche Pferde-Eisenbahn in Elberfeld-Barmen an eine Englische Gesellschaft zu verkaufen; und nun bewirbt er sich, wie wir hören, mit seinen alten treuen Kameraden, Regierungsrath a. D. Bühling und Ingenieur Büsing, um eine ähnliche Concession für Breslau, die ihm auch, und zwar unter den günstigsten Bedingungen, in Aussicht stehen soll. Dazu erliess er einen „Aufruf": die Actionäre der alten Gesellschaften mögen sich bei ihm melden; er beabsichtige ihnen „Propositionen" zu stellen. Von diesen „Propositionen" denkt die „Deutsche Börsen- und Handels-Zeitung" sehr gering, und sie meint, der „Aufruf" bezwecke weiter nichts als eine Courstreiberei der Actien.

Zu S. 158 u. 174. **Passage.** Die Anschläge am Schwarzen Brett sind, wahrscheinlich in Folge des Artikels in der „Gartenlaube", entfernt, aber die Festsäle, das Hôtel etc., noch immer unvermiethet; und soll Hermann Geber, der Erfindungsreiche, nunmehr die Sache in die Hand nehmen. — Im Kaisersaal der Passage wurde wieder ein Concert versucht, und wiederum geschah ein Unglück. Während man „Die Sandmännchen" vortrug, erfolgte ein Krach, und der ganze Chor versank. Das Podium war unter ihm zusammengebrochen!! — —

Zu S. 172 bis 174. **Kaiserhof.** Die Actien sind zum Theil durch sogenannte „Consortialbriefe", von Delbrück, Leo & Co. bei ihren Geschäftsfreunden und Kunden untergebracht. Einer derselben, der mit 10,000 Thaler „betheiligt" worden, bat kürzlich dringend, ihm die Actien, gleichviel zu welchem Course, wieder abzunehmen und schrieb: „Ich müsste, wenn Sie mir gar kein Gebot machen, annehmen, dass Sie selbst das Papier für ganz werthlos halten." — Delbrück, Leo & Co. scheinen allerdings dieser Ansicht zu sein, denn sie lehnten entschieden ab und bemerkten, dass sie von diesen Actien ohnehin einen zu grossen Vorrath hätten. Das „Wiener Fremdenblatt" behauptete, die Hôtelgesellschaft sei bereits bankerott, und der Aufsichtsrath beschloss, dieserhalb die Verleumdungsklage anzustellen.

Der Brand des Kaiserhofs kostet der auf Gegenseitigkeit beruhenden städtischen Feuer-Societät — 180,000 Thaler. Trotzdem ist die in der Stadtverordnetenversammlung, wegen der mangelhaften polizeiwidrigen Bauart des Kolosses, gestellte Interpellation nicht beantwortet — wie es den Anschein hat, hinterrücks beseitigt worden; und das Hôtel wird einfach reparirt.

Zu S. 181. **Möbel-Transport.** Gustav Borchardt und Albert Meyer kauften das Fuhrgeschäft von A. Schäfer, und „gründeten" es in Verbindung mit Moritz Eduard Meyer, Carl Jacob, Simon Schüler, Isidor Kadisch und Ferdinand Vogts. Actien-

Capital 250,000 Thaler, und ausserdem 100,000 Thaler Hypotheken!! „Director" wurde der Vorkäufer Albert Meyer; und
als Aufsichtsräthe fungirten noch: Rechnungsrath Rudolf Müller,
Rentier Robert Macks und Rechtsanwalt Ewald Hecker, vor
welchem bei Gründung der Gesellschaft das Statut verlaut-
bart war.

Zu S. 182. **Allgemeine Transport-Gesellschaft.** Gründer: Cor-
nelis Hoogendyk zu Antwerpen. Adolf Charlier-Memminger zu
Burtscheid, Eugen Charlier und Commerzienrath Leopold Scheibler
zu Aachen, Friedrich William Hintze, Alwin Philipp, Henry
Valette. Als Aufsichtsräthe fungirten noch die Gründer des
„Spediteur-Verein": Commissionsrath Rudolf Bergemann, Julius
Isaac, Emil Steinbrück, Hermann Cohn etc.

Zu S. 192 u. 194. **Flora.** Von der „Revisions-Commission",
welche die Missethaten der verflossenen Directoren untersuchen
sollte, ist nichts weiter zu hören gewesen. Wahrscheinlich
hat man die schmutzige Geschichte hinter den Coulissen ge-
ordnet, denn — ein Gründer hackt dem andern nicht die Augen
aus. Dagegen soll nun doch von den armen, ohne Aufhören
betrogenen und geplünderten Actionären an Concert- und Aus-
stellungstagen ein Entrée erhoben werden.

Herr Jean Fränkel wusste mit den Lotterie-Loosen der
„Flora" den Kaiser von Deutschland, den König von Baiern,
und neuerdings auch die Officiere der Armee und Marine zu
„betheiligen" — natürlich „lediglich im Interesse der Erhaltung des Etablissements, als grösstes Garten-Kunst-Institut
des Deutschen Reiches" (!!) — wie die Zeitungen im redactionellen Theil austrompeteten.

Zu S. 213. **Berliner Stadtbahn.** Der „vorläufige Kosten-
Entwurf" überschreitet den „ursprünglichen Anschlag" bereits
um 4 Millionen. Aus den „ursprünglichen" 16 Millionen sind
also „vorläufig" schon — 20 Millionen Thaler geworden. Aber
voraussichtlich ist es daran noch lange nicht genug. Die Zu-
schüttung des Königsgraben, die Anlegung neuer Strassen wird
noch manche Summe erfordern; und die Gesellschaft arbeitet
mit aller Macht, um sowol den Staat wie die Stadt bei diesen

Unkosten zu „betheiligen". Magistrat und Stadtverordnete sind auch wieder nicht abgeneigt, obwol man beim Stadtsäckel schon ziemlich auf den Boden gekommen ist. An die Rentabilität der Stadtbahn glaubt kein Mensch mehr, am allerwenigsten die Gründer. Die Berlin-Potsdam-Magdeburger, die Magdeburg-Halberstädter und die Berlin-Hamburger Eisenbahngesellschaft, welche von dem Grundcapital zusammen 5 Millionen zeichneten, sollen diese Unvorsichtigkeit jetzt bitter bereuen, und die Stadtbahn gern dem Staat allein überlassen wollen: indess scheint die Regierung dazu denn doch keine Lust zu haben.

Zu S. 220. **Reichsbank.** In den „Centralausschuss", wie der Aufsichtsrath der Bamberger'schen „Reichsbank" heisst, und der aus 15 Mitgliedern und 15 Stellvertretern besteht, sind vorwiegend Juden und Gründer-Matadore gewählt, von denen weitaus die meisten in Berlin sitzen. Baiern und Würtemberg sind gar nicht vertreten, was in Süddeutschland mit Recht Missstimmung erregt.

Zu S. 256. **Gründerprozesse.** Wieder ist ein „Gründling" verurtheilt: Consul Philipp Overlack; wegen der Cölner Bierbrauerei zu Nippes, zu einem Jahr Gefängniss. — Ein jüdischer Banquier äusserte dazu: „Es ist 'n Christ. Uns're Leut' sind nicht zu kriegen; sie haben's zu fein gemacht!"

Zu S. 311. **Börsensteuer.** In der „Volkswirthschaftlichen Gesellschaft" zu Berlin, welcher Herr Braun-Wiesbaden präsidirt, erklärte Herr Wackernagel, „Volkswirth" und Mitredacteur der „Nationalzeitung": Die Börsensteuer würde „den kleinen Capitalisten, darunter Hausknechte und Dienstmädchen, stärker treffen als den reichen Geldmann". — Ach, biederer Herr Wackernagel, wo sind die Zeiten hin, da „Hausknechte und Dienstmädchen" noch Börsen-Effecten kauften! Auch „Hausknechte und Dienstmädchen" sind inzwischen klüger geworden, und geben ihr Geld lieber auf die Sparkasse. Nachdem die Börse bankerott geworden ist, füllen sich wieder die Sparkassen; aber daraus darf man bei Leibe nicht mit Herrn Lasker und Consorten schliessen, dass die schwere wirthschaftliche Krisis, dass der allgemeine Nothstand nur eine Fabel böswilliger Krakehler ist, die dem Gründer-, Jobber- und Manchesterthum eine hochverrätherische Opposition machen.

Zu S. 313. „Ulk" an der Berliner Börse. Die Scandalscenen werden immer häufiger, und arteten neuerdings in wilde Tumulte aus. Ein Jobber, der ein falsches Insolvenz-Gerücht ausgesprengt hatte, wurde von dem Chef der betroffenen Firma, einem reichen Gründer, derb abgeprügelt und von der gesammten Börse gelyncht. Ein anderer Gründer und grosser Haussier, Oscar Hainauer, bearbeitete einen kleinen Baissier, Henry Salomon, mit einem sogenannten „Schlagring". Beide kämpften mit einer Tapferkeit, die bei semitischen Leuten fast unnatürlich erscheint, und Jeder trug schwere Wunden davon; beide Theile erhielten Succurs, und es entspann sich zwischen Haussiers und Baissiers eine allgemeine blutige Schlägerei, welche endlich das Einschreiten der Schutzmannschaft nöthig machte. Das Aeltesten-Collegium beschloss, ein Exempel zu statuiren und verhing über die Duellanten das höchste Strafmaass, verwies Beide für drei Monate von der Börse! — — Gewiss eine harte grausame Strafe, die jedoch in der Regel umgangen wird. Die Excludirten erscheinen oben auf der Zuschauer-Galerie und handeln von hier aus, mit Fingern und Händen, durch Zeichen und Geberden, auf telegraphischem Wege in den Saal hinab.

Die „Vossische Zeitung" meint: Das Renommé der „Börse ist bereits allzusehr geschädigt"; und selbst Herr Julius Schweitzer von der „National-Zeitung" liess in einem seiner Wochenberichte den Ausspruch fallen: „Die Berliner Börse hat nicht allein an ihrer Grösse, sondern auch an ihrem Rufe einen schweren Verlust erlitten". — — —

Zu S. 241, 244 u. 249. Lasker's „Enthüllungen". Herr Lasker hat unseren Erwartungen und den zahlreichen Aufforderungen, die an ihn ergangen sind, leider nicht entsprochen. In der Reichstagssitzung vom 20. November 1875, in welcher er sich mit den Manchesterleuten in der Regierung „wieder eins" erklärte, und speciell mit dem Finanzminister, Herrn

Camphausen, den Jom Hachipurim oder das Versöhnungsfest
feierte — versuchte er die wirthschaftliche Krisis und den
allgemeinen Nothstand überhaupt zu leugnen; versuchte er's,
die Schuld für den Gründungsschwindel und seine verheerenden
Folgen in erster Reihe den Conservativen und Freiconservativen
zuzuschieben. Herr von Kardorff, auf dessen Brochüre „Gegen
den Strom" (S. 221) Lasker merklich anspielte, fühlte sich mit
Recht getroffen, und vor Wuth zitternd, wollte er sich rechtfertigen, aber der Präsident schnitt diese Rechtfertigung als
überflüssig ab; und Herr Lasker beeilte sich zu versichern,
dass er nicht entfernt Herrn von Kardorff gemeint habe. —
Dagegen äusserte er gegen die Conservativen direct: „War es
nicht die liberale Partei (Lasker!), welche nachgewiesen hat,
dass von allen Seiten, insbesondere auch in conservativen Kreisen und ganz ausserordentlich, in dieser Ueberspeculation gesündigt ist? Haben Sie vergessen, wer die Genossen Strousberg's waren? Haben Sie vergessen, durch welches System
der leichtsinnige und schwindelhafte Eisenbahnbau begünstigt
worden ist?"

Herr Lasker kam also wieder auf seine „Enthüllungen"
zurück, und schien zu meinen, dass nichts weiter zu „enthüllen" sei. Sehr treffend, aber in der Form viel zu milde,
entgegnete ihm in der nächsten Sitzung Freiherr von Malt-
zahn-Gültz: „Ich will der Partei des Herrn Lasker das Zeug-
niss nicht vorenthalten, dass, nachdem diese üblen Folgen eingetreten waren, sie die erste gewesen ist, welche den Muth
gehabt hat, gegen die eigene Mitschuld die Augen zu ver-
schliessen, und unter den Reihen der politischen Gegner mit
einem grossen Aufwande sittlicher Entrüstung die Schuldigen
hervorzusuchen und an den Pranger zu stellen."

Wir haben gleich zu Anfang dieser Schrift (S. 8 u. 9) die
hochadligen Genossen Strousberg's in der schärfsten Weise verurtheilt; aber wir müssen jetzt für diese Herren doch hervor-
heben, dass sich Strousberg an sie gedrängt, dass er sie ver-
lockt hat, und dass sie, moralisch wie materiell, bereits hart
büssen müssen. Die „liberale" Presse hat nicht aufgehört, sie

zu kreuzigen; und sie müssen jetzt, nachdem Strousberg bankerott geworden, für eine sehr hohe Summe aufkommen, welche
sie der Rumänischen Eisenbahn-Gesellschaft resp. der Disconto-
Gesellschaft mit garantirt haben. Sie werden vielleicht Alles,
was sie je profitirt haben, wieder herausgeben müssen.

Im Uebrigen weiss Lasker so gut wie wir — muss er's
wissen — dass sich an dem Gründungsschwindel die Conservativen wie die Ultramontanen gerade am wenigsten betheiligt
haben; dass am schwersten compromittirt sind die Nationalliberalen; während die Freiconservativen und die Fortschrittsleute etwa in der Mitte stehen. Die Hauptgründer gehören
dem auserwählten Volke an, sind Lasker's Glaubensgenossen,
und die Hauptverbündeten derselben sind seine politischen
Freunde: Miquel, Hammacher, Braun, Bamberger, Hagen etc.
Herr Lasker hat nicht den Muth gehabt, sein Versprechen,
auch gegen die „liberalen" Gründer vorzugehen, einzulösen;
vielmehr hat er's im offenen Reichstage, Angesichts der Nation,
versucht, die Thatsachen zu verschieben und zu verdunkeln;
ein Verfahren, das jeder parlamentarischen Bezeichnung spottet.

Herr Lasker hat auch gegen unsere Kritik seiner „Enthüllungen" (S. 241) reclamirt. In No. 48 der „Gartenlaube"
behauptet ein Freund von ihm: „Ein abenteuerliches Speculiren
auf einen «Ministersessel» hat Lasker'n jederzeit gänzlich fern
gelegen". Indess scheint Herr Lasker doch nicht abgeneigt,
denn unmittelbar darauf schreibt er, oder vielmehr, lässt er
schreiben — was aber hier wol so ziemlich dasselbe ist: „Wer
kann vorher sagen, ob ihn (Lasker) und manchen Andern nicht
einmal ein schwieriger Moment, eine ernste Wendung im Vater-
lande auf einen hohen Verwaltungsposten berufen wird? Träte
aber eine solche Forderung an ihn heran, so würde
er bei dem strengen Gedankenernste (!), bei der Idea-
lität und bescheidenen Selbstlosigkeit seines genüg-
samen und uneigennützigen Wesens (!!), das auf sich
nehmen wie eine schwere Pflicht, der er sich nicht
entziehen dürfe, der er mit ausdauernster Hingebung
seine ihm so lieb gewordene Unabhängigkeit und den

letzten Tropfen seiner Kraft zu opfern habe." (!!!) Es ist dies derselbe „Stil" wie bei den „Enthüllungen" am 7. Februar 1873, wo Lasker u. A. äusserte: „Ich will gestehen, dass ich von dem Tage ab, an welchem ich auf Grund sehr glaubhafter Mittheilungen Namen und Personen hier genannt, viele der allerschlimmsten Tage meines Lebens zugebracht habe. (!) — — „Dass mir ein solches Geschäft nicht sonderlich zusagt, werden Sie mir Alle glauben. (!!) — — „Ich habe keine Freude daran, mit Anschuldigungen vorzugehen; ich wünsche, allein, dass die Schäden des Landes hier verhandelt werden, dass man nicht von Mund zu Mund sich die schlimmsten Dinge erzählt, und die Volksvertretung nimmt keine Notiz davon." (!!!) — — —

Genug, wir glauben, eben auf Grund jener Reclamation, die sonst sehr überflüssig wäre, und überhaupt etwas gewaltsam erscheint, annehmen zu dürfen: Herr Lasker ist vorkommenden Falls durchaus nicht abgeneigt; und von seinen politischen Freunden gewiss „manch Anderer" auch nicht. Der „Berliner Börsen-Courier" des Herrn Georg Davidsohn hat, als eventuellen Nachfolger des Herrn Camphausen, bereits Herrn Ludwig Bamberger vorgeschlagen; und für den Fall, das Fürst Bismarck eines schönen Tages seine Drohung wahr machen und zurücktreten sollte, circulirt unter den vereinigten „Liberalen" folgende Ministerliste, die wir aber selbstverständlich ohne jede Gewähr wiedergeben:

Auswärtiges: von Bennigsen; Inneres: von Kardorff; Justiz: Miquel; Finanzen: Bamberger; Handel: Hammacher; Verkehr (Post, Telegraphie, Eisenbahnen): H. B. Oppenheim; Gewerbe: Max Hirsch; Cultus: Friedenthal; Krieg: Lasker; Marine: Braun-Wiesbaden; Landwirthschaft: Sonnemann; Elsass-Lothringen: Adolf Hagen; Kanzler (von Bismarck selber empfohlen): Eugen Richter.

Zu S. 148 ff. Juden. Es leben gegenwärtig in Preussen ca. 500,000 Juden, im übrigen Deutschland ca. 200,000, zusammen an ³⁄₄ Million. Dagegen in Deutsch-Oesterreich nur 200,000, in Frankreich 80,000, in Grossbritannien 50,000, in in Italien 40,000, in Dänemark 5000, in Schweden 1000. Zu den ²/₄ Million Juden in Deutschland kommen noch die getauften Juden und die Abkömmlinge jüdischer Vorfahren, die gleichfalls eine grosse Zahl bilden, und die mit den eigentlichen Israeliten eng zusammenhalten, sich von diesen nicht wesentlich unterscheiden. Das bischen Wasser thut's nicht; es handelt sich weniger um den Glauben als um die Race, die sich durch Generationen nicht verwischt, die oft noch bei den Urenkeln frappant hervorbricht. Auch findet eine ununterbrochene und immer stärkere Einwanderung von Juden aus Russland und Polen, aus Galizien und Ungarn nach Deutschland statt.

Ist die Zahl der Juden bei uns schon sehr gross, so ist die Macht, die sie hier ausüben, eine noch ungleich grössere, eine wahre Uebermacht und drückende Herrschaft. Weitaus der grösste Theil der Presse befindet sich in ihren Händen: es giebt fast keine Zeitung, keine Zeitschrift, in deren Redaction sich nicht ein Jude eingeschmuggelt hätte. In der gesammten Presse wird rastlos für die Interessen des Judenthums gekämpft, rastlos für das Volk Israel agitirt. Auch wo man Juden anscheinend tadelt und verspottet, wird thatsächlich, z. B. in den jüdischen Witzblättern, stets für sie Reclame gemacht. Wer etwas gegen die Juden spricht oder schreibt, wird entweder sein Lebelang verlästert und verfolgt, oder — todtgeschwiegen; ist fortan geächtet und verfehmt. Wer dagegen in die Dienste der Judenschaft tritt, für sie arbeitet, kann auf reichen Lohn und schnelle Carrière rechnen. Auch drängen sich die Juden an jedes auftauchende Talent, an jede Berühmtheit und suchen sie für sich zu gewinnen.

Ueber die Bühnen dürfen nur edelmüthige hochherzige Juden schreiten; Ausbunde von Tugend und Vortrefflichkeit, wie sie in Wirklichkeit ganz unmöglich sind. Wie oft im Berliner Schauspielhaus auch Lessing's „Nathan" gegeben wird: die Vorstellung ist stets überfüllt. Neuerdings hatte man hier das veraltete unnatürliche Stück „Der Jude" von Cumberland wieder vorgesucht und brachte es an mehren Theatern gleichzeitig zur Aufführung. Aus dem Shakespeare'schen

Wucherjuden Shylock haben Dawison und andere jüdische Schauspieler einen tragischen Helden gemacht. Juden dagegen, die der Dichter nach dem Leben zeichnet, nennt die jüdische Kritik „Theaterjuden", und das Stück ist von vorn herein gerichtet.

Durch Schrift und Wort, namentlich auch in den Handwerker-, Bezirks- und ähnlichen Vereinen haben die Juden seit langer Zeit in „Bildung" und „Aufklärung" gemacht, die Volksmassen zu bearbeiten und zu drillen, die öffentliche Meinung für sich zu gewinnen gewusst. In der Presse wie in den Vereinen wird noch immer die äusserste Toleranz gegen die Juden gepredigt. Aber diese Toleranz-Predigten sind der reine Schwindel, denn die Juden herrschen und regieren. Es handelt sich schon lange nicht mehr um die Emancipation der Juden, sondern um die Emancipation von den Juden. Lebte Lessing heute und lebte er in Berlin, er würde sich hüten, den „Nathan" zu schreiben.

Je mehr die Macht der Juden wächst, desto höher steigen ihre Ansprüche; und diese Ansprüche werden nachgerade mafslos. Der jetzige Cultusminister, Herr Falk, thut viel für die Juden; er hat z. B. jüdischen Gelehrten zum Zwecke specifisch jüdischer Studien Subventionen aus Staatsmitteln gewährt. Aber er thut ihnen noch lange nicht genug. Ein Jude, der zum Inspector einer christlichen Gemeindeschule gewählt wurde, hat selbstverständlich nicht die Bestätigung gefunden; was die Presse sehr übel vermerkte. An verschiedenen Elementar-, Mittel- und Secundärschulen, in Berlin wie auswärts, wird bereits den jüdischen Schülern besonderer Religionsunterricht ertheilt. Aber damit nicht zufrieden, verlangten die Juden in Nakel von dem Director des dortigen simultanen Progymnasiums, er solle in den Andachten bei Anfang und Schluss der Woche nicht den Namen Jesu nennen, oder diese Andachten ausserhalb der eigentlichen Schulzeit legen. Der Moniteur der Juden, die Berliner „National-Zeitung" brachte darüber verschiedene Artikel; und augenscheinlich ist das Streben der Juden auf Entchristlichung der Schule und des ganzen Staats gerichtet wogegen sie selber an ihren verjährten Ceremonialgebräuchen zäh festhangen, sich selber im Gemeinwesen fort und fort als besondere Kaste halten.

Aber mit der Uebermacht, welche die Juden erringen, mit den grossen Reichthümern, welche sie zusammenraffen, kann man auch merken, wie sie mehr und mehr dem Materialismus und der Corruption verfallen. Für Poesie und Literatur, Kunst und Wissenschaft hat der Durchschnitts-Jude weder Sinn noch Verständniss. Er liebt überladene Pracht und in die Augen fallenden Luxus; er schätzt das Vergnügen um so höher, je kostspieliger es ist; und hauptsächlich ihm sind die horrenden Preis-Steigerungen der letzten Jahre zu danken. Die in Berlin sich so breit machende Prostitution, die auf hiesigen Theatern blühenden Possenzoten und aus dem Französischen übertragenen Ehebruchsdramen und Demimondestücke werden wesentlich von den Juden begünstigt und gefördert; wie denn auch frivole Bücher, obscöne Bilder ihren Hauptabsatz unter Juden finden. Vorzugsweise aus Juden recrutiren sich die Wucherer und „Halsabschneider", die Kuppler und Hehler, die Polizeispione und politischen Denuncianten. Betrügerischer Bankerott, Wechsel- und Depeschen-Fälschung, grosse Cassendiebstähle und Unterschlagungen aller Art sind Verbrechen, deren sich in den letzten Jahren besonders Juden schuldig machten. Viele jüdische Börsianer nahmen sich das Leben, und neuerdings standen auch nicht selten Juden unter der Anklage des Raubes und des Mordes. Sehr häufig erschienen sie als Anstifter von Misse- und Unthaten; und bei zahlreichen Criminalfällen, welche die Gerichte beschäftigten, bei vielen Schurkereien und Niederträchtigkeiten, welche die Gesellschaft in Aufregung versetzten, konnte man fast regelmässig fragen: Wie heisst der Jude? — Doch werden alle solche Geschichten in der Regel unterdrückt, von der Presse nur obenhin berührt, oder völlig mit Stillschweigen übergangen, und besonders die „National-Zeitung" leistet hierin Grosses.

Zu S. 293. **Brausteuer.** Die Erhöhung der Braumalzsteuer ist glücklich beseitigt. Dafür ist aber auch, wie dies freilich von der „liberalen" Majorität des Reichstags nicht anders zu erwarten war, die Börsensteuer verworfen. Sogar Herr Lasker sprach jetzt gegen dieselbe: „Von der Börsensteuer erkläre ich offen, dass sie nicht allein die Finanz-Einnahmen des Reiches zu erhöhen dient, sondern dass ein Gebot gerechter Ausgleichung sie früher oder später nothwendig macht. Diese Steuer darf aber nicht für sich allein auftreten, sondern nur unter Würdigung der gesammten Stempelsteuer. (Wer lacht da?)

Zu S. 241 bis 249. **Nochmals Lasker's „Enthüllungen".** Herr Lasker hat selber begriffen, dass seine neue Bezichtigung der Conservativen, (S. 340 und 341) höchst unklug, dass sie ein grober Fehler war. Am 18. December 1875 nahm er im Reichstag das Wort, um „offen zu bekennen", wie dies „besser unterblieben wäre". Herr Lasker widerrief in bester Form, aber die „liberale" Presse war gleich bei der Hand, um seine Entschuldigung zu escamotiren; und namentlich sein Leiborgan, die von ihm selber mitgeleitete „National-Zeitung" äusserte am nächsten Tage: Lasker habe in jener Erklärung „sich grossmüthig abwehrend verhalten"!!!

Register.

348

Volkmar & Bendix 184.
„Volkswirthe", moderne Volkswirthschaft 1. 2. 12. 23. 37.
70. 118. 126. 130. 141. 189.
238. 240. 245. 249. 280. 310.
311. 326. 338. 339. s. auch
Manchesterleute, Manchesterthum.
Volkswirthschaftlicher   Segen
der Baugesellschaften 140.
Volkszeitung 220.
Vorbesitzer der Gründungsobjecte und Vorkäufer 45. 56.
57. 67. 68. 71. 72. 85. 131.
153. 159. 188. 253. 287.
Vorbörse 295.
Vorwerk, Wilhelm in Hamburg
334.

W.

Wäsemann. Baurath 106. 113.
Wagenbauerei von Neuss 44.
Wagener, Geheimer Rath 26 ff.
Wahlen zum Abgeordnetenhause,
zum Reichstage und zur Ber-
liner   Stadtverordnetenver-
sammlung 150.
Wandel. Geh. Admiralitätsrath
112.
Webers, Maschinenfabrik 41.
Wehrenpfennig, Abgeordn. 74.
Weimar-Gera, Eisenbahn 214.
Weissbier, Weissbierbrauereien
277. 278. 284 ff.
Weissenburger, Julius (Deutsche
Unionbank) 200.
Werder'sche Brauerei (bei Pots-
dam) 287.
Wertheim & Gompertz in Amster-
dam 134.
von Werthern. Baron 66.
Wesselhöft, Johannes in Ham-
burg 334.
Westend (Quistorp). Baugesell-
schaft 35. 106. 113. 125 ff.
129. 335.

Westend-Berlin 131.
Westend-Potsdam-Baubank 106.
138.
von Westenholz, Baron in Ham-
burg 85.
Wetten 297. 311. s. auch Diffe-
renzgeschäfte, Zeitgeschäfte,
Ultimo.
„Wie heisst der Jude?" 345.
Wiener, Isaac 287.
Wiesenbach, Fr., Regierungs-
rath 200.
Wiesner'sche Brauerei in Bres-
lau 288.
Windthorst. Eisenbahn-Director
200.
Winkelbörse 157. 322.
Winterfeldt, Rechtsanwalt 113.
169. 333.
Wiss. Eduard, Dr. med. und
„Volkswirth" 129. 130. 134.
189.
Wittkowski, Arnold 265.
Witzblätter, jüdische 7. 259. 343.
Wöhlert. F., Commerzienrath
45. 85.
Wöhlert'sche   Maschinenfabrik
44. 84.
Wohnungsfrage.   „Wohnungs-
noth" 98 ff. 116. 118. 130.
135. 140. 260. 334. 335.
Wölfe in Schafskleidern 118.
Wölfe und Füchse 327.
Wolff, Alfred (M. Schie Nach-
folger in Dresden) 184.
Wolff. Anton Emil (Hirschfeld
& Wolff) 263.
Wolff. Gustav, Justizrath 134.
135.
Wolff, Hugo 264. 269.
Wolfswinkel, Papierfabrik 44.
Wollenberg. Leo 112.
Woltersdorf,   Baugesellschaft
106.
Wrede, Gebrüder 83.

Inhaltsverzeichniss.